抗击疫情复工复产

——中国就业确保稳定创新发展之路

中国就业促进会 编

中国劳动社会保障出版社

图书在版编目（CIP）数据

抗击疫情复工复产：中国就业确保稳定创新发展之路/中国就业促进会编． -- 北京：中国劳动社会保障出版社，2022
ISBN 978-7-5167-5596-9

Ⅰ.①抗… Ⅱ.①中… Ⅲ.①就业－研究－中国 Ⅳ.① D669.2

中国版本图书馆 CIP 数据核字（2022）第 159973 号

中国劳动社会保障出版社出版发行

（北京市惠新东街 1 号 邮政编码：100029）

*

北京市白帆印务有限公司印刷装订 　　新华书店经销
787 毫米 ×1092 毫米　16 开本　22 印张　219 千字
2022 年 9 月第 1 版　2022 年 9 月第 1 次印刷
定价：58.00 元

读者服务部电话：（010）64929211/84209101/64921644
营销中心电话：（010）64962347
出版社网址：http://www.class.com.cn

版权专有　　侵权必究
如有印装差错，请与本社联系调换：（010）81211666
我社将与版权执法机关配合，大力打击盗印、销售和使用盗版图书活动，敬请广大读者协助举报，经查实将给予举报者奖励。
举报电话：（010）64954652

编辑委员会

主　任　张小建
副主任　刘燕斌　李燕萍　刘明媛

编　委　张亚力　莫　荣　陈李翔　柏　莉　周腊元
　　　　田光哲　陈大红　陈　云　张丹丹　鲍春雷
　　　　颛孙静　王　琦　陈　寅　苏　颖　宋晶梅

序　言

2020年，新冠肺炎疫情突如其来，对人民生命安全构成严重威胁，对经济运行造成巨大冲击，给中国乃至全球就业带来前所未有的严峻挑战。在党中央、国务院的坚强领导下，全国就业战线上下一心，全力抗击疫情，千方百计推动复工复产，为稳就业促发展做出了重要贡献，取得了宝贵经验。为全面复盘中国在疫情防控下复工复产稳就业的工作历程，全景记录统筹推进疫情防控和复工复产稳就业工作中的决策部署、贯彻落实和实践创新，全方位总结取得的成果、提炼经验启示、探索成功之道，中国就业促进会联合湖北省有关单位组织完成了《抗击疫情复工复产——中国就业确保稳定创新发展之路》纪实研究。

本书以研究报告为主线，辅以专项工作实录、企业调查研究和政策大事记录，并收录了有关领导和几十位参与研究的专家学者、就业战线同志的观点主张等，以使读者能跟随本书视角多维度了解中国抗疫复工复产稳就业工作全貌。本书包括四个部分：

第一部分将研究寓于纪实中，辅以实时数据图表和地方创新专栏，图文并茂，清晰回答了中国抗疫复工复产稳就业实际工作干了什么，深入分析了疫情对就业造成了怎样的冲击和挑战，深刻阐述了党中央、国务院为什么在疫情防控不同阶段作出如此决策和部署，生动展示了各地区各部门推出了哪些推动政策落实和实践创新的举措，并从中总结提炼了抗疫复工复产稳就业取得的显著成果和成功经验，直观再现了中国抗击疫情复工复产确保就业稳定创新发展的全景图。

第二部分将典型融入研究中，辅以感性认识和理性分析，囊括了国务院及人力资源社会保障部推进复工复产稳就业的专项工作专栏、湖北省抗疫就业保卫战研究报告、中国劳动学会的企业复工百日跟踪调查报告，以及中国社会科学院专家的新冠肺炎疫情对中国劳动力市场影响的研究报告，充分展现了疫情下顶层设计、部门协同、群策群力的"战疫"场景。这些特写对全景纪实起到了很好的辅助和补充作用。

第三部分主要汇编了研究论证过程中有关领导的重要讲话，以及课题专家、业务司局和地方部门同志对研究成果的评价及对研究成果运用的意见建议等，以期帮助读者以另一视角的评价判断全面解读这一纪实性研究。

附录按时间顺序记录了2020年至2021年党中央、国务院及各部门推进抗疫复工复产稳就业工作的一系列重大会议、主要活动和政策文件，在方便读者系统查询的同时，也为实际工作和文献研究留下了重要索引。

希望本书的出版能对行政部门和一线工作者推动当前工作和做好今后工作提供借鉴，为专家学者开展史料研究提供参考，也为世界各国抗击疫情稳就业保就业提供有价值的"中国方案"。

张小建

2022年4月

目　录

第一部分　主报告 /1

一、背景环境：面对疫情巨大冲击，全面实施严防严控，努力推动经济复苏 /2

　　（一）疫情突发，生命至上 /3

　　（二）经济运行受阻严重，突破困境成效显著 /7

　　（三）坚持常态化疫情防控，加快经济复苏步伐 /18

二、重大挑战：突遇疫情严重冲击，复工复产遭遇难点堵点，就业面临空前困境 /19

　　（一）疫情对就业造成严重冲击 /19

　　（二）疫情给复工就业带来重大困难 /25

　　（三）疫情给常规就业工作带来新的难题和严峻挑战 /27

三、当机决断：应对就业严峻局势，有序复工果断决策，稳就业保就业及时部署 /32

（一）严格防控阶段（2020年1月至2月）：实行应急严防严控，分类有序启动复工复产，加强兜底保障 /32

（二）防控与复工并行阶段（2020年3月至5月）：继续加强防控，加快复工复产，以"保"促"稳"，统筹推进 /38

（三）常态下稳中有进阶段（2020年5月至2021年3月）：在疫情防控进入常态化后，防疫抓重点，全面复工复产，推动就业工作稳中有进 /46

四、砥砺前行：针对难点断点堵点，政策协同精准发力，贯彻落实创新发展 /54

（一）大面积大力度援企稳岗，确保职工就业稳定 /54

（二）创新推出"健康码"保安全返岗复工，及时提供"点对点"健康出行服务 /66

（三）组织线上就业服务和职业培训，瞄准市场需求，构建数字化工作新平台 /73

（四）建立完善鼓励支持灵活就业和新就业形态的

政策措施 /83

（五）对重点地区、重点行业企业、重点群体实行更有针对性的特别政策 /88

五、显著成果：抗疫复工复产稳就业之战取得重大进展，工作卓有成效，经验启示弥足珍贵 /108

（一）恢复经济和稳就业保就业取得重大进展成效显著 /108

（二）稳就业经验启示弥足珍贵 /114

第二部分 典型分析 /129

复工复产稳就业专项工作实录

——基于国务院和人力资源社会保障部11个专项工作部署的推动情况 /129

2020年湖北省抗疫就业保卫战研究报告

——基于湖北省就业促进会组织的回顾和研究 /154

一、抗疫就业保卫战的主要经过 /155

二、抗疫就业保卫战胜利的基本经验 /169

三、抗疫就业保卫战的重要启示 /176

企业复工百日跟踪调查报告（摘要）
——基于中国劳动学会组织的专项跟踪调查 /183

一、疫情防控与复工复产"双兼顾"协同推进的总体进展与分类比较 /184

二、常态化疫情防控下复工复产的新变化和面临的新挑战 /192

三、巩固和扩大复工复产复市的政策措施建议 /194

附："四小"企业百日复工跟踪调查报告（摘要）/197

新冠肺炎疫情对中国劳动力市场的影响
——基于学者对个体追踪调查全面分析 /204

一、引言 /204

二、新冠肺炎疫情防控措施及其影响综述 /207

三、疫情对中国劳动力市场的冲击 /210

四、评估新冠肺炎疫情防控措施对复工和从业者心理健康的影响 /218

五、对防控措施的讨论 /223

六、结论与政策启示 /228

第三部分　研究论证 /230

课题总结和专题综述

纪实抗疫复工全过程　谱写中国就业新篇章

　　——在复工复产稳就业课题研究结题会上的总结讲话 /230

农民工防疫与复工双兼顾的实践与创新

　　——在复工复产稳就业课题研究结题会上的主题发言 /236

专家评论

一、课题专家评述 /243

二、业务专家评述 /251

三、地方专家评述 /257

附录　国家推进复工复产稳就业工作大事记 /276

第一部分
主 报 告

新型冠状病毒肺炎（简称新冠肺炎）是近百年来人类遭遇的影响范围最广的全球性大流行病，也是新中国成立以来我国遭遇的最大的突发公共卫生事件，其传播速度之快、感染范围之广、防控难度之大及对人民生命的威胁，都堪称空前，不仅对经济运行造成了巨大冲击，而且对就业形成了前所未有的压力和挑战。新冠肺炎疫情发生后，以习近平同志为核心的党中央立足全局、着眼大局，审时度势，准确把握形势变化，作出统筹推进疫情防控和经济社会发展的重大战略部署。全党全国上下迅速打响疫情防控的人民战争、总体战、阻击战，各地各部门紧急动员，落实党中央、国务院的决策部署，多措并举应对疫情冲击，全力做好"六稳"工作，落实"六保"任务。全国就业战线的同志，上下齐心，团结奋斗，紧密围绕稳就业、保民生大局，在抗击疫情中，千方百计推动复工复产，为稳就业促发展做出了重要贡献，取得了重大成果。中国在疫情防控、经济社会复苏、就业民生稳定方面都走在了世界前列，成为全球新冠肺炎疫情发生以来第一个经济恢复增长的主要经济体，也为世界各国抗击疫情、恢复经济和稳定就业提供了宝贵经验。

对抗击疫情复工复产稳就业的工作实践和做法经验进行纪实和总结，对做好疫情防控常态化时期的就业工作和贯彻落实《"十四五"就业促进规划》、实现更加充分更高质量就业具有十分重要的意义。

本课题以中国在2020年[①]复工复产中就业确保稳定创新发展为主线，简述新冠肺炎疫情冲击下严防严控和经济复苏的背景情况，分析由此对就业带来的严峻挑战，进一步列述党中央、国务院统筹疫情防控和经济社会发展的重大决策部署，梳理各地各部门在有序推动复工复产中做好就业工作的创新做法，辅之以典型分析、专题研究和大事记，总结取得的成果，提炼经验启示，探索成功之道，供行政部门和一线工作参考，也为世界各国抗疫复工复产稳就业介绍可供借鉴的"中国方案"。

一、背景环境：面对疫情巨大冲击，全面实施严防严控，努力推动经济复苏

新冠肺炎疫情突如其来，对人民生命、经济运行和民生就业造成了巨大冲击。党中央、国务院紧急动员部署，全面展开疫情防控行动，

---

① 本课题主要内容以2020年为时间节点，部分内容延伸至2021年。

统筹疫情防控和经济社会发展，及时推进复工复产复市，为复苏经济作出巨大努力。

（一）疫情突发，生命至上

1. 疫情暴发突然，蔓延迅速，威胁生命。

一是疫情突发，迅速蔓延。2019年12月27日，湖北省武汉市报告发现不明原因肺炎病例。2020年1月8日，国家卫生健康委员会专家评估组初步确认新型冠状病毒为疫情病原。随着春节临近，人员流动和聚集加快，武汉市新增确诊病例数量迅速增加，其他地区也开始出现关联确诊病例，疫情已从初期的点状分布迅速扩散，呈现出直线上升趋势并迅速蔓延至全国。截至2020年1月31日，31个省（自治区、直辖市）和新疆生产建设兵团累计报告确诊病例11 791例；2月16日，全国日新增病例在2 000例以上；截至3月1日，全国（不含香港、澳门特别行政区和台湾地区，下同）累计报告确诊病例超过8万例（见图1-1）。二是疫情严重威胁人民生命和健康。由于新冠病毒具有潜伏期长、传播途径广、传染力强、变异性高等特点，新冠肺炎治疗难度大、死亡率高，人民生命安全和身体健康面临严重威胁。疫情初期，患者数量急剧增长，新增死亡病例呈上升趋势（见图1-2）。截至2020年2月10日，全国累计死亡病例超过1 000例；截至2月23日，全国累计死亡病例超过2 500例。截至2020年12月31日，全国累计死亡病例4 634例，死亡率0.330 1/10万，致死率是2009年H1N1流感的10倍。

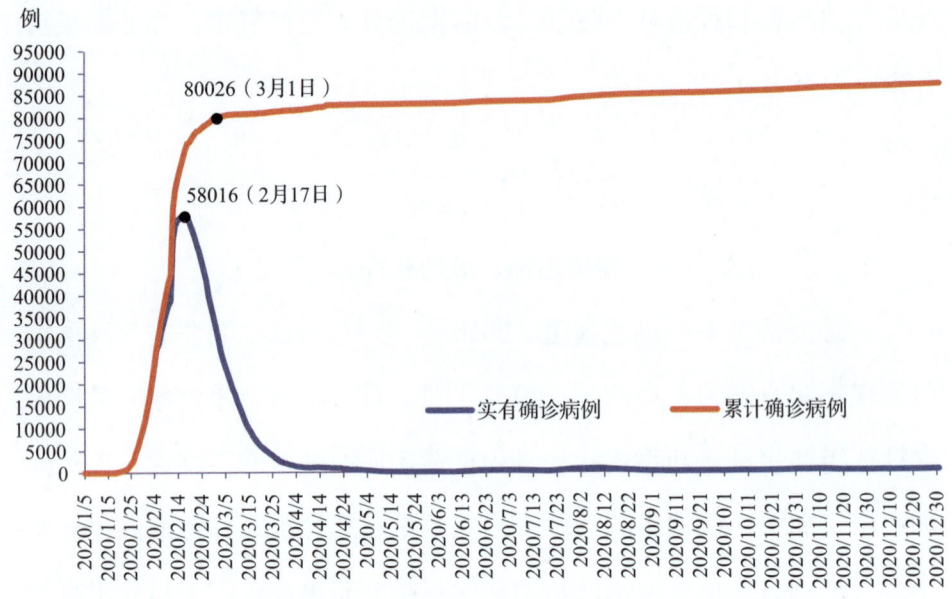

图 1-1　2020 年 1 月至 12 月我国新冠肺炎确诊病例总体情况

资料来源：国家卫生健康委员会官方网站。

图 1-2　2020 年 1 月至 4 月我国新冠肺炎日新增死亡病例情况

资料来源：国家卫生健康委员会官方网站。

2. 一般防治难以应对,封城封区阻断流动传播。

针对疫情在人群密集环境中更易传播、一般性防治难以应对的实际情况,为坚决遏制疫情蔓延势头,在党中央直接指挥下,各级政府、各部门迅速构建全民参与的严密防控体系,采取了极其严格的隔离防控措施。2020年1月下旬,湖北省武汉市人员流动和对外通道实行严格封闭管控。进而,全国各省份陆续启动重大突发公共卫生事件一级应急响应,延长春节假期,推迟开学,错峰出行,最大限度减少人群聚集,以降低疫情升级风险。

3. 医疗救助和供应的紧急动员。

疫情发生后,党中央、国务院迅速成立了中央应对新型冠状病毒感染肺炎疫情工作领导小组,全面部署,指挥督导。国务院应对新型冠状病毒感染肺炎疫情联防联控机制(以下简称国务院联防联控机制)统筹协调,各地区各部门履职尽责,社会各方面全力支持,打响了疫情防控的人民战争。一是举全国之力驰援武汉市和湖北省其他地区。紧急动员全国各地医疗资源全力支援湖北省武汉市等地。从2020年1月24日除夕夜第一批医疗队到达武汉市,至3月8日,全国有346支医疗队4.26万人支援武汉市和湖北省其他地区;人民军队闻令而动,先后派出4 000多名军队医护人员驰援;集合各地约4万名建设者,10天建成火神山医院,12天建成雷神山医院,用中国建设的"中国速度"助力武汉市抗击疫情取得胜利。同时,建立省际对口支援工作机制,统筹安排19个省份对口支援湖北省16个市州及县级市。二是在国务院联防联控机制的统一调度下,优先保障医用物资供给。紧急安排中央医药储备重点物资调送到武汉市，调配部分省市医用物资保障抗疫一线供给。同时，加快推进相关物资生产企业复工转产、增产扩能，建立按日供需精准对接和重点企业调度机制，千方百计保障疫情重灾区的物资供给。三是紧急启动社区防控线。按照"早发现、早报告、早隔离、早治疗"要求构建社区防控阵地。组织社区工作者、基层干部、志愿者投入抗疫阻击战，动员快递、环卫、抗疫物资生产运输人员坚守岗位，构筑起群防群控的人民防线。

4. 保护生命获成果，防控疫情建机制。

（1）救治生命，群防群控。党中央、国务院本着对人民生命高度负责的态度，以非常之举应对非常之事，形成了中国特色防控疫情的新机制，保护了人民的生命和健康。一是坚持生命至上。坚持把人民生命安全和身体健康放在第一位，坚持以"两提高""两降低"为目标，坚持"四集中"原则，中西医结合，全力救治患者、拯救生命。二是发动群众。防控以基层社区为坚强堡垒，实行地毯式、无死角防疫机制和网格化、人性化管理，严格落实群防群控，从而实现发病率大幅度降低，死亡率大幅度降低直至清零。

（2）点面结合，快速处置。2020年4月底以后，疫情防控进入常态化。一是实行点面结合，精准管控。以省域为重心，强化疫情监测、及时发现、快速处置、精准管控、有效救治的常态化防控。二是坚持内防反弹，外防输入。对内加强重点人群健康管理、特殊场所管控，覆盖全人群、全场所、全社区，不留死角、不留空白、不留隐患，扎牢防控网。对外严格落实国境卫生检疫措施，强化从"国门"

到"家门"的全链条、闭环式管理，堵住所有可能导致疫情反弹的漏洞。

（3）疫苗和防控措施取得功效。一是实施科研应急攻关。组织全国优势科研力量，加快推进药物、疫苗、新型检测试剂等研发和应用。国务院联防联控机制科研攻关组专门设立疫苗研发专班，启动5条技术路线布局12项研发任务[①]。二是免费接种，建立全民安全免疫屏障。按照"应接尽接、梯次推进、突出重点、保障安全"的原则，开展宣传动员，组织免费接种。截至2021年12月底，全国完成新冠疫苗全程接种人数超过12亿人，全程接种率达到85%，为安全复工复产提供了保障，也为建立全民免疫屏障提供了支撑。

总之，在党中央、国务院的坚强领导下，全国人民经过艰苦卓绝的奋战，夺取了抗疫斗争的决定性胜利，维护了人民生命安全和身体健康，也为维护地区和世界公共卫生安全做出了重要贡献。

（二）经济运行受阻严重，突破困境成效显著

新冠肺炎疫情的暴发，严重干扰了正常的经济活动，使许多地区生产活动锐减，产业链供应链受阻，特别是中小企业面临严峻的生存压力。叠加国内经济转型和国际环境多变等因素，经济受到巨大冲击。

1. 局部停产停市，波及全国多地经济活动减缩。

由于许多地区的正常生产生活秩序受到疫情严重影响，经济活动

---

① 董瑞丰，张泉. 新冠病毒疫苗研发再加速 两款灭活疫苗启动临床试验[EB/OL]. 新华网. 2020-04-14.

明显缩减，经济运行受到多重阻碍。一是宏观经济出现负增长。受疫情冲击，经济增长和工业增加值同比出现大幅度下降。2020年一季度，GDP增长率同比下降6.8%（见图1-3），环比下降9.8%。其中，第一、第二、第三产业同比分别下降3.2%、9.6%和5.2%；全国规模以上工业增加值同比下降8.4%。分地区看，全国有30个省份2020年一季度GDP为负增长，其中湖北省下降39.2%。二是经济景气指数创新低，经济发展趋于收缩。2020年2月，制造业采购经理指数（PMI）为35.7%，同比下降13.5个百分点；非制造业商务活动指数为29.6%，同比下降24.7个百分点，跌至历史最低。三是产能利用

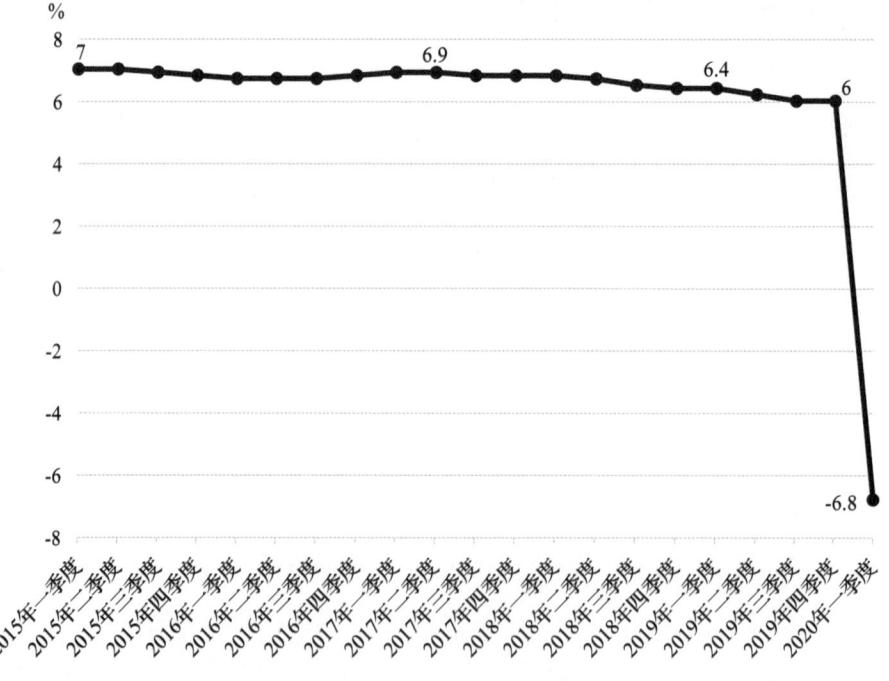

图1-3　2015年一季度至2020年一季度我国GDP同比增长情况

资料来源：国家统计局官方网站。

率明显下降,企业营收减少。受疫情影响,企业复工复产延迟,订单需求下滑,产能利用率整体下降。2020年一季度,全国工业产能利用率为67.3%(见图1-4),比上年同期下降8.6个百分点;1—2月,工业企业实现出口交货值同比下降19.1%。四是用电量下滑,经济社会活跃度下降。企业受疫情影响开工不足,全社会用电量减少。2020年1—2月,全社会用电量同比下降7.8%,低于2009年以来历年同期水平(见图1-5)。2020年一季度,全国24个省份用电量负增长,中东部经济发达地区的湖北省(-22.2%)、浙江省(-15.8%)、江苏省(-13.2%)、上海市(-11.7%)、广东省(-10.4%)等地用电量下降幅度较大。

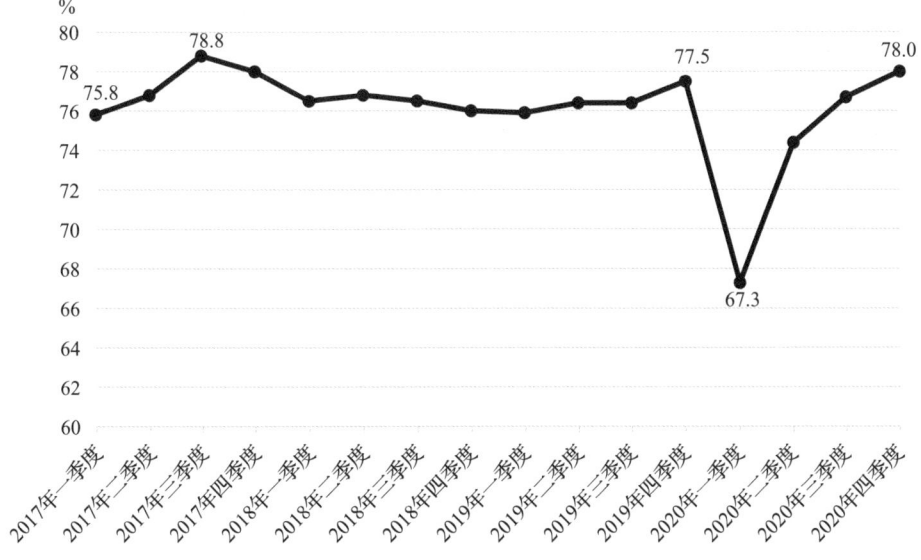

图1-4 2017年一季度至2020年四季度全国工业产能利用率

资料来源:国家统计局官方网站。

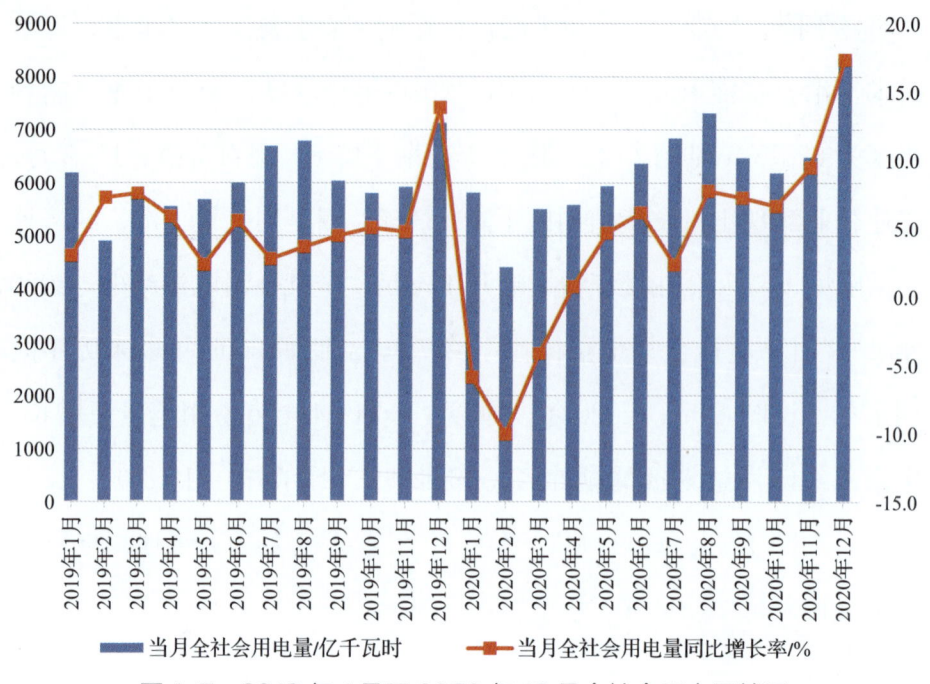

图 1-5 2019 年 1 月至 2020 年 12 月全社会用电量情况

资料来源：国家能源局官方网站。

2. 需求侧紧缩和供给链隔断问题亟待解决。

疫情对经济造成的冲击很快在需求和供给两端显现，并因产业链、供应链断裂在地域间产生连锁反应。2020 年一季度，消费、投资、进出口三大需求均出现不同程度的下降，导致经济疲软。一是消费受到抑制，国内需求紧缩。社会消费品零售总额大幅下降，2020 年 1—2 月，社会消费品零售总额同比下降 20.5%。餐饮、住宿、家政、交通、旅游等生活服务和社交接触类行业受冲击明显，1—2 月餐饮行业收入同比下降 43.1%，出行汽车类和石油类商品同比分别下降 37% 和 26.2%。社会消费信心受挫。2020 年 2 月，消费者信心指数为 118.9 点，比上年同期下降 7.1 点；全国居民人均消费支出实际下降 12.5%。二是投资放缓。2020 年 1—2 月，全国固定资产投资同比下降 24.5%。其中，制造业、基础设施、房地产开发投资分别下降 31.5%、30.3%、16.3%。三是国际需求疲软，外贸进出口下滑。2020 年 1—2 月，货物进出口总额同比下降 9.6%。其中，出口下降 15.9%，进口下降 2.4%，服务进出口总额同比下降 11.6%。全国吸收外商直接投资金额同比大幅下降，2020 年 1—2 月实际使用外资同比下降 10.4%。2020 年一季度，波罗的海干散货运价指数（BDI）平均为 591 点，比 2019 年四季度低 967 点，说明国际航运活跃度下降，全球对矿产、粮食、煤炭、水泥等初级商品的需求急剧缩减。四是企业复工复产面临交通物流和人力资源受阻，以及上下游复工不同步、经营成本增加等困难，再加上制造业生产活动收紧，供应链产能不足，致使物价抬高。2020 年 2 月，全国居民消费价格指数（CPI）为 105.2%，比上年同期上升 3.7 个百分点，处于历史较高位。五是外贸出口供给端受到明显影响。商务部调查显示，疫情暴发后，约九成以上企业存在出运和收汇被迫推迟的情况。此外，多数出口型企业面临劳动力缺乏、防疫物资供给不足、疫情防控难度增加等困境。六是疫情加速全球供应链、产业链格局变化。新冠肺炎大流行严重影响了跨国企业的全球运营，在华企业受影响更甚。据有关机构[①]调研发现，近五成企业表示停工已对其全球供应链产生了影响。

3. 实行疫情防治与复产复市有序递进。

一是科学有序，重点推进。在疫情防控状态下恢复经济平稳运行，

---

① 该调查由上海美国商会组织实施。

难度之大超过以往。如何统筹推进疫情防控和经济社会发展，能否按期完成既定的扶贫攻坚、全面建成小康社会的历史性任务，这对全党全国都是一场重大的考验。在党中央、国务院的坚强领导下，抗疫复工复产及时启动，有序展开。首先是推动疫情防控重点物资生产企业，特别是关键医疗物资、能源、粮食、交通物流等重点企业实现复工复产；其后又分区分级实现复工复产，快速出台政策，使物流业尤其是快递行业实现较快复工复产；再就是加强跨区域联动，推进全产业链协同复工复产，支持供应链核心企业带动上下游特别是配套中小企业复工复产，保障在全球产业链中有重要影响的企业和关键产品的生产出口。二是抓好当前，兼顾长远。一方面，在推进复工复产过程中，有效对冲化解当前危机。以"六保"为着力点，加大"六稳"工作力度，优先稳就业保就业保民生，稳住经济基本盘，为实现当前目标和长远发展夯实基础；聚焦扩内需、促消费、补短板，实现有效应对疫情冲击和推动经济社会发展良性循环。另一方面，继续深化改革，增强发展新动能。深化"放管服"改革，完善营商环境；加快要素市场改革，激发各类要素潜能；抓住数字化发展机遇，强化科技创新，提升发展新动能，为推动经济社会高质量发展提供支撑。

4. 复产复市持续推进，经济增长由负转正。

2020年二季度至四季度，统筹推进疫情防控和经济社会发展的各项政策措施取得成效，加快了经济回暖复苏。复产复市水平稳步提升，经济运行持续稳定，中国在世界主要经济体中率先实现正增长。

（1）经济逐季好转、稳定恢复。一是产能利用率逐季回升。2020

年，全国工业产能利用率呈逐季回升态势（见图1-4）。截至12月，规模以上工业企业达到正常生产水平八成以上的企业比例为77.9%，较6月提高9.5个百分点；营业收入同比增长为0.8%，实现由负转正。二是宏观经济运行逐季好转。2020年一季度至四季度GDP增速分别为-6.8%、3.2%、4.9%和6.5%（见图1-6），四季度GDP增速超上年同期。2020年12月，中国制造业采购经理指数为51.9%，比上年同期上升1.7个百分点；非制造业商务活动指数为55.7%，同比上升2.2个百分点。两项指数连续10个月保持在荣枯线以上。2020年8月以后，全社会用电量恢复正增长，同比增长3.1%。这说明经济运行态势持续

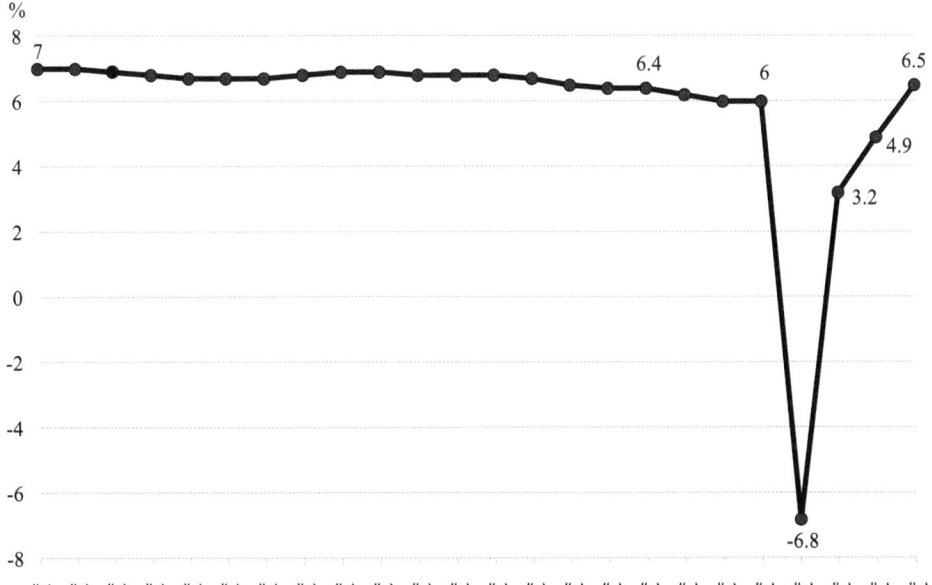

图1-6　2015年一季度至2020年四季度我国GDP同比增长情况

资料来源：国家统计局官方网站。

向好。

（2）打通供需两侧，稳定经济发展。2020年下半年，三大需求均出现不同程度的复苏，带动经济增长。一是投资需求增速恢复较快，成为拉动经济增长的主要动力。2020年，全国固定资产投资（不含农户）为518 907亿元，比上年增长2.9%。从全年看，固定资产投资呈现逐月恢复趋势（见图1-7），一二三产业投资同比增长全部转正。基建、房地产等投资增速提升，制造业投资降幅收窄，对恢复固定资产投资起到重要作用；高技术产业投资增长10.6%，快于全部投资7.7个百分点；社会领域投资增长11.9%，快于全部投资9.0个百分点，其中卫生、教育投资分别增长29.9%和12.3%。① 二是出口稳步恢复，再现

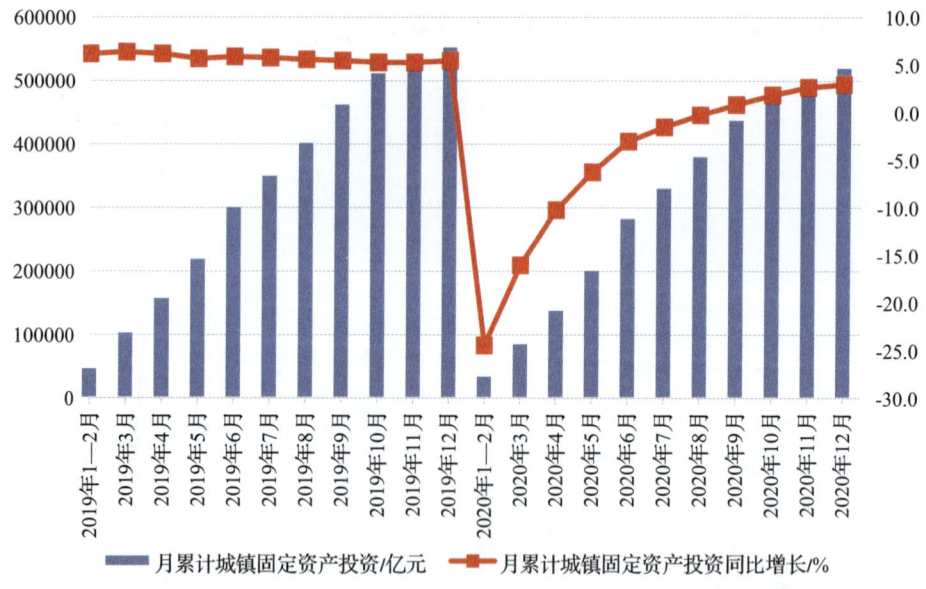

图1-7　2019年1月至2020年12月城镇固定资产投资情况

资料来源：国家统计局官方网站。

---

① 信息来源：国家统计局官方网站。

拉动经济增长作用。2020年，全年货物进出口总额比上年增长1.9%；2020年6月以来，我国进出口总额同比增长由负转正（见图1-8）。由于我国率先控制住疫情并快速推进复工复产，加之持续优化营商环境，外商直接投资逆势增长，加速流入我国（见图1-9）。全年实际使用外资额比上年增长6.2%，其中，高技术产业增长11.4%。三是消费对经济增长拉动作用稳步回升。消费市场逐步复苏，需求持续释放，其拉动作用在2020年一季度至四季度分别为-4.3、-2.3、1.4和2.6个百分点。2020年社会消费品零售总额虽然比上年下降3.9%，但也呈现了逐月回升态势，截至12月社会消费品零售总额同比增长4.6%（见

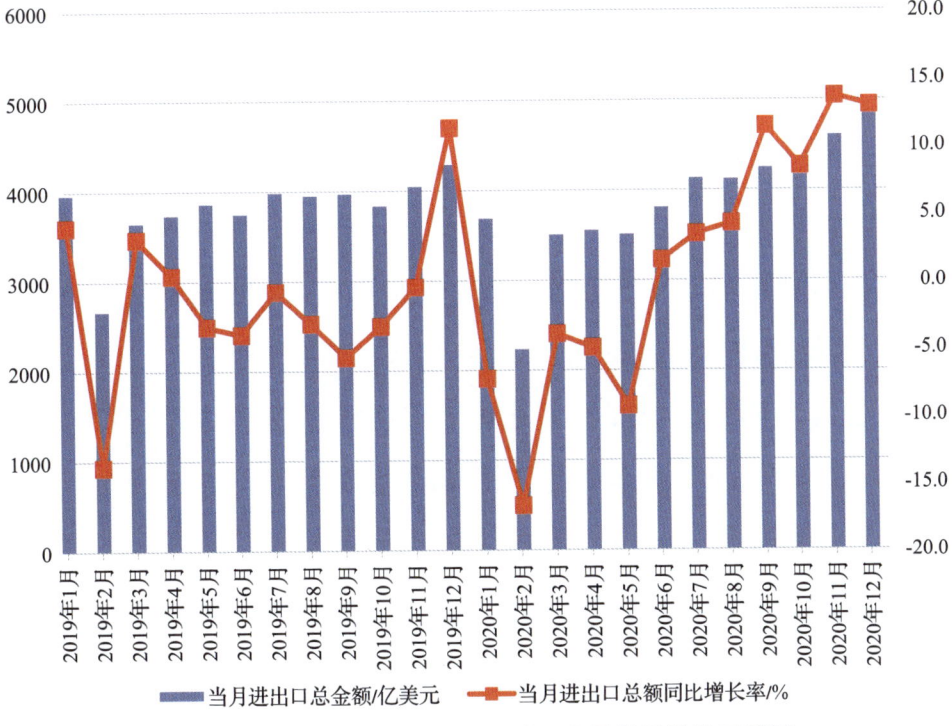

图1-8　2019年1月至2020年12月当月进出口情况

资料来源：海关总署官方网站。

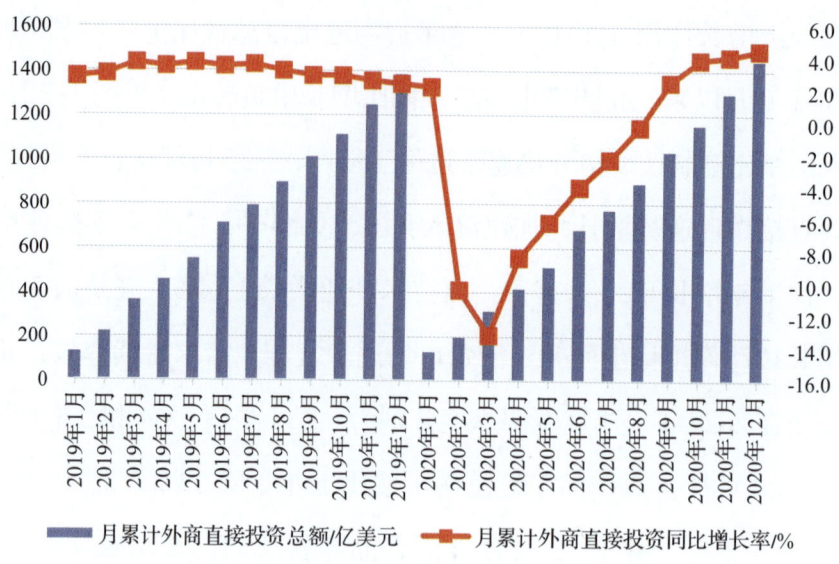

图 1-9　2019 年 1 月至 2020 年 12 月累计外商直接投资情况

资料来源：商务部官方网站。

图 1-10）。2020 年全国网上零售额比上年增长 10.9%。线上消费、升级消费逆势增长，成为促进消费增长新动力。四是多数行业增加值实现正增长。2020 年工业（2.4%）、建筑业（3.5%）实现正增长。服务业中，信息传输、软件和信息技术服务业增加值（16.9%）实现两位数增长，金融业增加值（7.0%）保持较高增长。2020 年四季度，全部行业增加值实现正增长，多数行业增速有所加快。服务业中受疫情影响最大的住宿和餐饮业、租赁和商务服务业，在四季度首次实现由负转正。五是新动能保持高速增长。在积极应对疫情挑战中，相继出台实施工业互联网创新发展战略，大力支持新能源汽车产业等一系列政策举措，促进新产业新业态成长壮大，装备制造业和高技术制造业呈现集群化、信息化和智能化发展态势，有力地支撑了经济的快速恢复。2020 年，

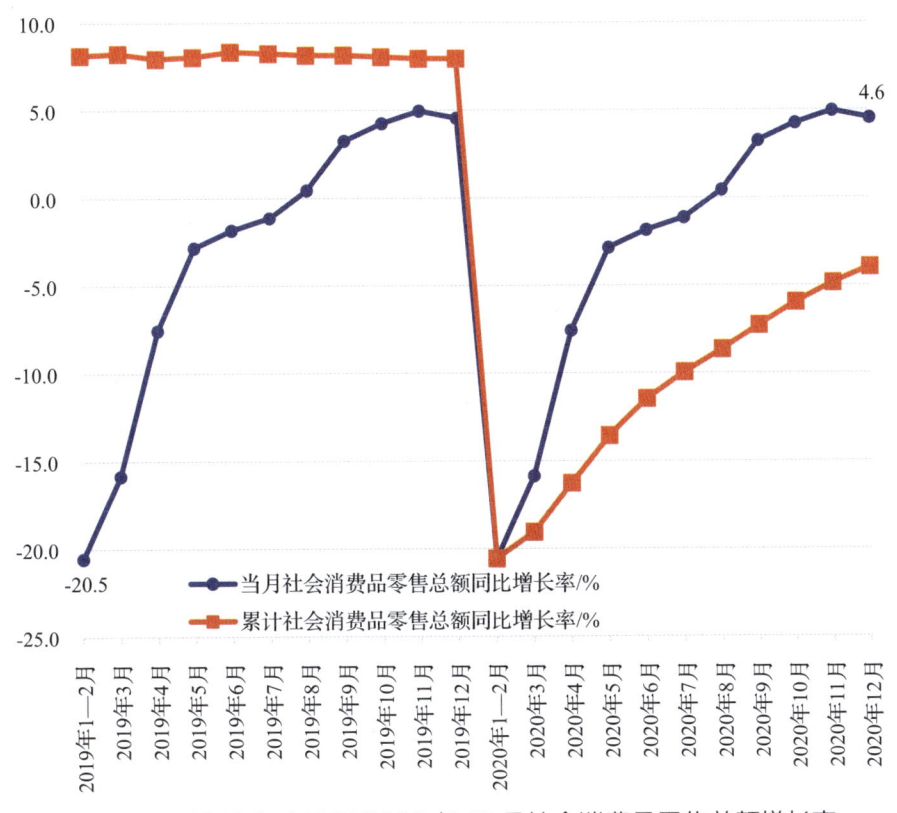

图1-10　2019年1月至2020年12月社会消费品零售总额增长率

资料来源：国家统计局官方网站。

我国经济发展新动能指数达到2015年以来的最高点（440.3），比上年增长35.3%。2020年，规模以上工业战略性新兴产业增加值比上年增长6.8%，高技术服务业、科技服务业和新兴服务业营业收入增速更高，网络经济新业态、新商业模式得到蓬勃发展。

（3）双循环战略导向，构建新发展格局。为适应国内基础条件和疫情发生后国际环境变化的特点，党中央提出"加快形成以国内大循环为主体、国内国际双循环相互促进的新发展格局"战略。一是持续释放内需，畅通国内大循环。改善消费环境，释放消费潜力，促进消费提质扩容，形成新的内需体系；深化供给侧改革，完善分配体系，畅通流通体系，激发市场活力；推进体制机制改革，持续释放改革红利，推动创新驱动型经济发展。二是坚持扩大开放，推动国际循环。将全球价值链重构与国内经济结构调整相结合，稳步推进对外贸易；不断增强中国制造在全球的优势地位，稳定全球产业链供应链；构建新型互利互惠的国际循环体系。三是国内国际双循环相互促进，构建新发展格局。充分发挥我国自身完备的制造体系和强大的内需市场优势，立足国内大市场，加速推进产业转型升级，形成核心技术优势，促进经济转型实现高质量发展；促进国内国际产业链与创新链深度融合，加快形成内外互促、良性互动的新发展格局。

（三）坚持常态化疫情防控，加快经济复苏步伐

经过艰苦努力，我国的疫情防控取得了阶段性成果。然而，全球疫情还在发酵，病毒还在变异，加强防控仍然不能放松，推动经济在复苏中稳步发展仍在路上。

1. 持续防疫不松懈。

按照全面落实"外防输入、内防反弹"的总体防控策略，坚持及时发现、快速处置、精准管控、有效救治。一是坚持预防为主，养成戴口罩、勤洗手、用公筷等生活习惯，减少非必要的聚集性活动。二是切实落实早发现、早报告、早隔离、早治疗"四早"措施，降低感染和扩散风险。三是突出重点环节，加强社区、医疗机构、学校、养老机构、福利院等重点机构防控。四是强化支撑保障，提高核酸检测

2. 持续推动复苏经济不减力。

按照党中央关于统筹推进疫情防控和经济社会发展工作的要求，坚持应急处置和常态化防控相结合，有力有序积极推进复工复产；加大企业尤其是中小微企业帮扶纾困力度，结合保障供应链稳定推动全产业链协同复工、尽快达产；结合补短板发展壮大新兴产业；结合保障改善民生，扩大国内有效需求；结合加大放管服改革力度，有效激发市场主体活力，增强经济回升动力。

3. 推进双循环新格局继续加力。

为落实党中央推进双循环新发展格局战略部署，有关部门加大宏观政策调节力度，相继出台政策，增加流动资金贷款和中长期贷款，鼓励为核心企业及上下游小微企业提供全链条、全方位的金融服务；小型微利企业和个体工商户可延缓缴纳所得税，延长阶段性减免企业社会保险费政策实施期限等，以更加有力地支持复工复产和经济复苏，并在构建双循环新发展格局中推进中国经济持续发展。

二、重大挑战：突遇疫情严重冲击，复工复产遭遇难点堵点，就业面临空前困境

（一）疫情对就业造成严重冲击

疫情导致的停工停产对就业产生直接冲击，使就业形势更加严峻，

在失业待岗人员大量增加的同时，就业岗位也急剧萎缩。

1. 失业水平急剧攀升，就业增长陷入停顿。

（1）大面积停工歇业导致失业率大幅上升。一是城镇调查失业率升至历史最高点。2020年2月，全国城镇调查失业率为6.2%，同比和环比各上升0.9个百分点；31个大城市城镇调查失业率为5.7%，同比和环比分别上升0.5和0.7个百分点，失业率及其升幅均为历史最高（见图1-11）。二是周期失业风险加大。疫情对经济形成阶段性冲击，初期的总需求急剧萎缩、中期的复工复产不充分、后期的经济复苏不均衡，使失业也表现出较强的周期性特征。三是疫情常态化防控时期失业率有所回落但不稳定。随着疫情防控取得成效，经济社会生活秩序逐步恢复，全国城镇调查失业率有所回落，但直到2020年8月仍在5.6%以上较高位徘徊，以后才逐步降低到5.5%以下水平。2020年全

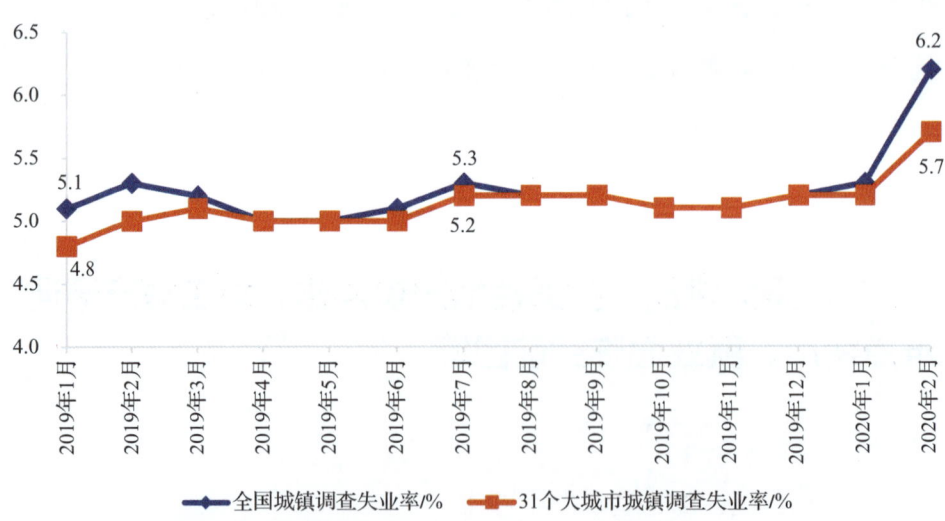

图1-11　2019年1月至2020年2月城镇调查失业率

资料来源：国家统计局官方网站。

年月平均调查失业率水平为5.61%，比2019年高出0.46个百分点。一些地区因受疫情持续影响，调查失业率处于更高的水平。

（2）停产断流使扩增就业遇到瓶颈。受疫情影响，就业预期下降，用工需求减少，结构性风险呈累积趋势。一是用工需求急剧收缩。疫情对各行业均产生冲击，市场需求明显萎缩，企业经营困难和行业发展不确定性增大，导致企业就业不稳和用工需求下降。2020年一季度，劳动力市场需求"断崖式"下滑，智联招聘、58同城等市场机构网络招聘数据显示，春节后累计用工需求总量大幅萎缩，需求人数同比减少过半。大部分行业和地区用工需求同比减少，部分受冲击较大行业的用工需求基本冻结，一些特大型城市用工需求复苏缓慢。2020年2月，制造业从业人员指数为31.8%，同比下降15.7个百分点；非制造业从业人员指数为48.3%，同比下降10.7个百分点。二是与此相对应的劳动者不能及时求职就业。全国城镇新增就业出现大幅度下滑。2月累计同比减少66万人，减幅为37.9%，为2008年金融危机以来最大减幅。2020年一季度城镇新增就业229万人，比上年同期减少95万人，下降29.3%。之后降幅逐步缩小，但也有9个月为同比减少，致使全年同比减少13.43%（见图1-12）。三是劳动力市场短期波动较大。受疫情影响，企业压缩招聘计划，线下招聘活动受限，市场供求活跃度明显下降。2020年一季度，公共就业服务机构市场需求人数和求职人数分别比上年同期下降了7.3%和24%，市场求人倍率约为1.62（见图1-13），高于2009年以来历年同期水平。

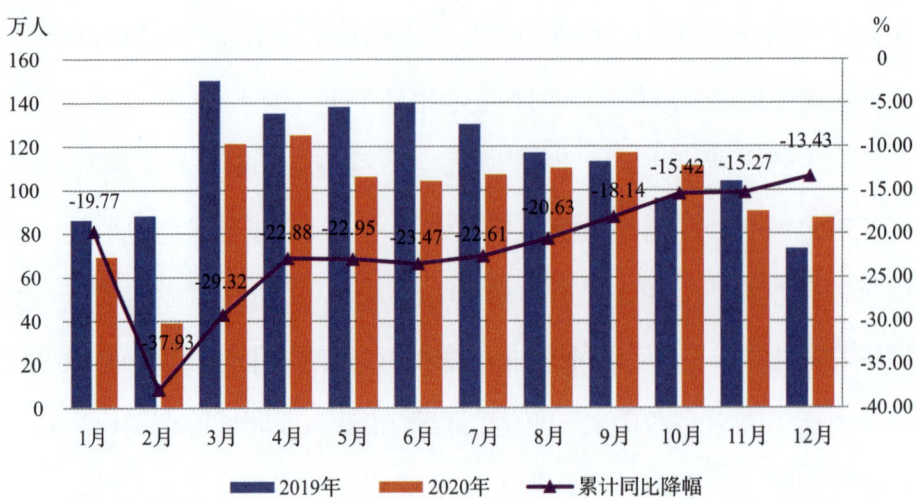

图 1-12　2019 年和 2020 年各月城镇新增就业人数及累计同比增减幅度
资料来源：人力资源社会保障部官方网站。

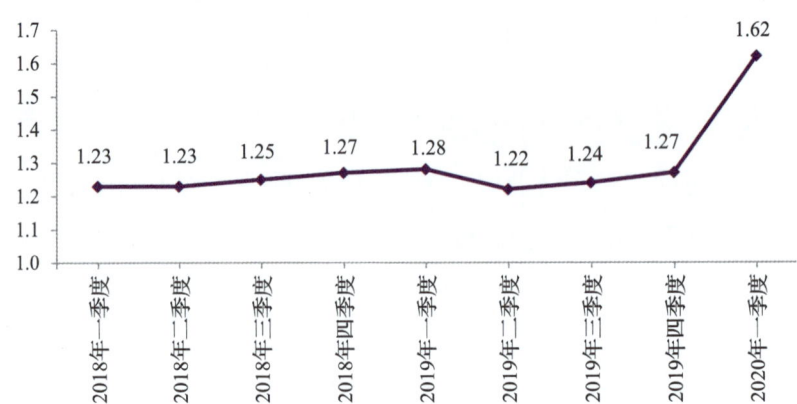

图 1-13　2018 年一季度至 2020 年一季度公共就业服务机构市场求人倍率
资料来源：人力资源社会保障部官方网站。

2. 中小微企业、重点行业企业受重创，就业基本盘受冲击。

（1）企业稳就业困难重重。一是企业生产经营受疫情冲击，难以稳岗。有些企业延期开工影响交货，有的订单客户大幅流失，还有些企业面临物流成本增加和原材料价格上涨、资金链紧张等问题。一些外贸企业在前期开始复工复产,但因国外疫情暴发,遭遇二次打击,出现订单突然取消或产品无法出货等情况。由于企业生产经营困难,稳岗压力普遍加大。二是企业职工就业不稳定性加大。一些企业因支付能力不足,减时降薪、减员裁员、欠薪欠保等现象增多,特别是中小微企业和个体经营者承受力不足,出现较多企业、店铺关停和人员待岗失业等情况。人力资源社会保障部对6万多家企业3 000万个岗位动态监测结果显示,2020年2月岗位流失率为0.68%,为近10年来历史同期最高。据有关研究机构对3 000多家企业的调查[①],23.9%的企业有不同程度的裁员打算。三是小店、小铺、小厂、小工程等"四小"企业生存困难,停工歇业较为普遍。调查显示[②],在疫情冲击下,许多"四小"企业面临供应链断裂和市场不景气叠加的双重压力,在"不开业愁死、开业亏死"的生存线上挣扎。受疫情影响,浙江省东阳市有1 300多家木雕红木家具企业销售量大幅下滑,1 239家小工厂中约50%歇业、半歇业;浙江省的珠岙村是有名的童装加工基地,因出口订单大幅减少,工厂工人从最高时的2万人下降到8 000人左右;与太原军威科技有限公司进行建设项目合作的85个小工程队、小企业,也因建设项目开工不足,劳务用工量较上年同期减少60%。

(2)部分行业用工需求急剧缩减。一是复工复产遭遇困境。由于疫情发展和行业特点的不同,用工需求的释放面临不同风险。关系国

---

① 该调查由中国劳动和社会保障科学研究院组织实施,在20个省份79个城市随机调查各类型企业3 193家。
② 该调查由中国劳动学会组织实施,对20家有影响力的"四小"企业复工情况进行了跟踪调查分析。

计民生的企业，如生产运输医药物资产品、生活必需品的企业遭遇困境，员工难以返岗。住宿餐饮、文体娱乐、旅游商贸、家居服务等即时消费行业受影响最为直接，受冲击更大；教育、房地产业、居民服务、修理和其他服务业复工复产时间明显滞后。二是部分行业企业已计划进行裁员。调查显示[①]，2020年2月，住宿餐饮行业计划裁员的企业比例最高，为39.7%；文体娱乐业、金融业、居民服务、修理和其他服务业企业的比例都在三成以上。

3. 农民工返岗复工、大学生求职就业受到疫情严重影响。

疫情对各类劳动者群体就业都产生影响。先是节后返岗的各类单位从业人员受到影响，即便是疫情期间上岗复工人员，包括抗疫一线的医护人员和各类组织保障、基层工作人员等，他们大多处于高强度连续工作状态；而其他一些群体人员则面临更大就业困难。

（1）规模庞大的返乡农民工外出务工受阻。2020年一季度，外出务工农村劳动力总量达12 251万人，同比减少5 400万人，下降30.6%；3月城镇外来农业户籍人口失业率达到6.7%的历史高点。调查显示[②]，受疫情影响农民工失业率高于总体调查失业率；其在2020年11月的调查数据显示，在失业群体中，农民工占29%。农民工群体5.3%的失业率，也高于总体从业者4.4%的失业率。这说明，农民工群体受到更大的冲击，就业恢复也更为缓慢。

---

① 该调查由中国劳动和社会保障科学研究院组织实施，在20个省份79个城市随机调查各类企业3 193家。

② 该调查由蔡昉等人开展实施，基于5 600多名从业者的个体跟踪数据进行分析。研究论文《新冠肺炎疫情对中国劳动力市场的影响——基于个体追踪调查的全面分析》刊载于《经济研究》2021年第2期。

（2）青年特别是大学生春季求职遭遇"倒春寒"。高校毕业生就业面临供给增加、需求下滑、招聘延后、求职受限等一系列困难。尤其是疫情严重时期的2—4月与高校毕业生求职招聘的高峰期叠加，原有市场秩序被打乱，高校毕业生从学校到工作的正常进程也被打断。一段时间内青年失业率明显攀升，高校毕业生求职焦虑情绪增加，就业压力加大。2020年6月，全国16~24岁人口城镇调查失业率达15.4%，同比上升3.8个百分点，其中，全国20~24岁大专及以上人员调查失业率达19.3%，同比上升3.9个百分点。另外，调查研究也显示，女性就业受到的冲击更为显著。国家统计局数据显示，城镇调查失业率中女性失业率持续高于男性的差距进一步扩大。前述调查[①]中也显示，样本中女性失业者占78%，已婚者占68%，至少有一个孩子的占82%，这反映了在疫情期间学校和育儿机构的关停使职场妈妈面临更大的就业冲击。

（二）疫情给复工就业带来重大困难

1. 疫情之下，复工开工面临多重困难。

调查显示[②]，企业复工复产受到不同程度影响。一是企业复工开工进度受阻。2020年2月末仍有36.6%的企业"没有复工，暂时完全关停"。而在复工复产企业中，17.8%的企业"关停实体，部分保留线上业务"；7.7%的企业"实体维持部分生产经营"，其中有54.1%的企

[①②] 该调查由中国劳动和社会保障科学研究院组织实施，在20个省份79城市随机调查各类型企业3193家。

业产能或营业额不到平时的一半。二是员工返岗到岗难以到位。55.3%的企业开工到岗率（或预计开工到岗率）为一半及以下，其中39.4%的企业到岗率不到三成。即使在实际已开工且维持正常生产经营的企业中，也有43.9%的企业到岗率为五到七成，15.2%的企业到岗率为五成以下。从保持线上经营的企业来看，到岗率五成以上的企业占29.8%，五成以下的占71.2%。三是影响企业复工复产的因素复杂多样。既有供给端劳动者出不来的原因，也有需求端企业开不了工的原因；既有客观因素的制约，也有主观意愿的疑虑；既有企业本身开工条件不具备、经营状况不佳的原因，也有政策限制、产业链中断等因素。调查显示[①]，有七成企业反映"受防控措施影响，员工无法按时返岗"，三成企业反映"风险大，员工返岗意愿低"，四成企业反映"担心出现感染，不敢复工"，近三成企业反映"交通物流受阻，生产资料或货物供应不上，不能开工"，还有部分企业反映"防护用品和场地短缺，不具备开工要求""政策'一刀切'，导致企业无法复工""生产经营出现困难，不具备开工条件"。

2. 疫情反弹，风险不断，常态化防控下就业面临新的困难。

一是疫情对经济社会和就业的影响，与疫情持续的时间、扩散的范围以及防控的强度有着密切关系。2020—2021年，从疫情暴发初期经济运行严重受阻，劳动力市场障碍重重，到国内疫情持续期经济开始复苏，劳动力市场有限恢复，再到疫情进入内防反弹、外防输入的

---

① 该调查由中国劳动和社会保障科学研究院组织实施，在20个省份79城市随机调查各类型企业3193家。

常态化防控阶段经济社会秩序总体恢复，劳动者基本实现有条件流动，经历了两年的时间。但随着疫情持续，病毒变异传播形成新的风险，一些地区生产长期难以恢复，部分行业企业困难不断累积，一些市场主体没能经受住冲击而关停倒闭，劳动力市场面临新一轮的波动。减员甚至裁员也时有出现，部分劳动者面临失业再就业问题。二是行业性、区域性失业风险始终存在。疫情暴发以来的两年中，作为就业增长主要来源的非制造业，其从业人员指数持续低迷，处于50以下（见图1-14）。主要是社会消费特别是服务业消费需求受到抑制，批发零售、住宿餐饮等服务行业复苏艰难。

图1-14 2018—2021年制造业与非制造业从业人员指数变化情况

资料来源：根据国家统计局发布的数据整理。

（三）疫情给常规就业工作带来新的难题和严峻挑战

1. 大批企业受冲击面临停产关闭，稳定就业成为一大难题。

一般情况下，对于一时遇到困难的个别行业少部分企业，主要是鼓励企业强化社会责任，并辅之以政府援企稳岗政策措施，使之少裁员、不裁员。但在疫情暴发之后，面临停产关闭的企业是大面积的，且持续时间长，复工复产难度大。若企业规模性裁员，将员工推向社会，会导致社会失业人员骤增，影响社会稳定；若将员工留在企业内部，对员工来说是吃了"定心丸"，但企业要付出巨大成本代价，有些是企业自身难以消化的，有些是企业短期内可承受但长期难以持续承受的。特别是受疫情持续反弹影响，企业生产经营预期不明，订单不稳，这也导致用工的不稳定，企业员工在工资收入等方面难以得到保障，进而使员工流失率增高。因此，为帮助大批企业渡过难关并稳住就业，必须采取新举措、新办法。

2. 在人员返岗复工就业之时，如何在保证出行安全的前提下实现与企业顺利对接，也是面临的新难题。

以往我国跨地区的务工就业者达到几亿人，主要是通过劳动者自主自由流动来实现的，而且劳动者务工就业必然要出行到工作场所进行集体活动。但疫情之下，为防止病毒传播，人们的流动和聚集都受到限制。这就形成了"两难"：为做好疫情防控工作，让人们居家为好，但如果不出行不流动，返岗复工和务工就业就难以实现；而如果放开出行和流动，虽在当下有利于复工就业，但由于个人和他人的安全没有保证，一旦疫情大面积传播，其后的复工就业又会停滞甚至泡汤。如何在防疫的同时保证大多数健康劳动者平安上岗，使他们进入封闭场所工作学习、消费购物、乘车乘机时避风险保平安，同时使大批跨地区务工就业人员克服空间阻隔，与招人用人的企业做到供求对接，实现安全通行和顺利上岗，成为推进复工复产稳就业的一个新难题。为此，必须进行创新，在安全防控与出行流动之间找到平衡点和结合点。

3. 劳动力市场中断，给就业服务和职业培训带来新的挑战。

以往主要通过举办现场招聘活动，辅之以网上招聘，组织线下培训班，结合网上培训来推动就业。但在疫情暴发后，一是常规就业服务模式难以适应。一方面，现场就业服务停办。春节后农民工外出求职的"春风行动"、应届高校毕业生的"春招"等线下现场招聘服务活动全面停摆；企业外出招聘活动受到限制，企业用工和劳动者求职原有的对接渠道中断；传统面对面交流对接的形式都无法开展。另一方面，大面积普及推广网上招聘、远程招聘成为当务之急，但线上招聘在网络技术、方法、安全和信息及时、准确、可靠等方面都有许多问题亟待解决。二是常规培训格局难以持续。一方面，原有的线下培训大批停办，实训难开展。另一方面，线上教育培训在一定程度上解决了时间、空间局限，增强了培训灵活性，但在实践中也遇到培训项目课程难以对接企业需求的问题，导致企业积极性不高，培训有效性有待提高；企业与培训机构、院校结合度不够，供需双方之间存在断点，实操培训落实困难；培训供给方资源开发不足，出现课程种类和数量难以满足实际需求等问题。因此，必须抓紧对现行就业服务和职业培训模式进行改造创新，对线上服务培训进行完善。

4. 传统就业形态难以扩展，新就业形态逆势发展需补齐短板。

以往我们稳就业促就业，政策措施的着眼点和落脚点主要放在实体用工和传统就业形态上。但在疫情期间，传统就业形态受损较大，难以实现更大扩展，而新就业形态以其由新技术应用带来的生命力，具有为劳动者增加就业机会和收入机会的便利性以及在工作空间时间上的弹性等特点，在突破困境中"脱颖而出"，对疫情造成的空间断点，通过线上连接；对供应链和消费端的卡点，也通过网络实现对接。新就业形态不仅在推动复工复产中做出了积极贡献，也为稳就业保就业带来了新的动能，因而得到习近平总书记的充分肯定。总书记强调要及时补齐劳动者法律保障和保护消费者合法权益的法律短板。一是法律短板。现有的相关法律规定和劳动标准都是基于工业化的传统就业模式，继续套用不仅难以涵盖和应对当下的问题，而且难以满足新就业形态劳动者对自身权益保障的强烈要求。二是政策短板。现行的就业政策内容和执行标准方法主要是面向实体经济和传统形态的就业者，具体政策的扶持帮助仍难以覆盖新就业形态和相关平台。三是社保短板。现行社会保险的参保方式主要是依托传统用工模式和劳动合同，而对灵活性强的新就业形态缺项明显，在出现权益纠纷时，缺少提出诉求的渠道和维权途径。四是服务短板。现有公共就业服务的对象主要还是传统就业形态劳动者，欠缺对新就业形态劳动者在灵活流动性就业中的服务保障。

5. 重点地区、重点行业企业、重点群体遭遇困境，用一般性政策措施难以解决。

以往的就业政策面向全国全体劳动者，主要解决一般性的、共性的问题，但疫情对各地各行业企业和各群体就业的影响大不相同，必须区别对待。一是一些地区特别困难。疫情严重的湖北省等地，复工晚于全国，跨省返岗和劳动输出难度加大，仅凭本省之力难以应付。一些中西部省份农民工返岗率较低，本地就业压力加大；进入常态化防控后，东北、西北、中部等一些省份多次受到疫情、灾情等影响，出现岗位持续流失和失业率阶段性上升。二是一些服务性行业中小微企业受疫情影响，复工晚，复市难，中断多，维持困难大，就业难以稳定持续。一些外贸企业在前期抓紧复工复产，但由于国外疫情暴发，订单突然取消或产品无法出货，遭遇二次打击，因此稳岗压力普遍加大。三是几类群体更加困难。先是节后返程返岗的各类单位从业人员受到影响，之后是规模庞大的返乡农民工外出务工受阻，再以后是高校毕业生就业面临劳动力供给增加、需求下滑以及招聘延后、求职受限等一系列困难局面，农村贫困劳动力转移就业和城镇就业困难群体就业也面临新的压力和困难。因此，对于一般性政策难以解决的上述难题应制定特定时期特别政策，实行特事特办。

此外，在疫情冲击下，我们不仅看到就业工作必须应对的新难题和新挑战，也看到一些制度政策上急需补齐的短板缺项。一是就业政策在针对性、可及行、有效性方面亟待加强，特别是对易被忽视的中小微企业和个体户，对需区别对待、重点解决的问题要特事特办。二是就业服务和培训的模式和格局要从根本上变革和改进，大力加强线上服务和培训，推进线上线下相互融合，提高服务质量和培训实效。三是就业促进工作和失业保险制度上的短缺要抓紧补足，特别是消除城乡、地区之间存在的政策、资金和机制等障碍，明确跨地区流动就业劳动者政策扶持和资金补贴的落实责任,以及在失业保险制度的实际覆盖面上需将中小微企业从业人员、灵活就业人员、返乡农民工等失业风险更大的群体纳入制度保障范围。四是就业失业动态状况的统计监测急需完善,应抓紧解决劳动力市场实时动态监测存在的不足问题,特别是补足对中小微企业用工状况、农民工返乡情况、灵活就业和新就业形态劳动者就业失业状况,以及对工资、工时等反映市场变化和就业质量的统计监测,并将统计指标加以完善、有效整合,形成科学的综合评价体系。

三、当机决断:应对就业严峻局势,有序复工果断决策,稳就业保就业及时部署

面对突如其来的疫情,党中央、国务院果断决策、精心部署,根据疫情曲线和防治状况,有序推进复工复产和稳就业保民生工作,在严格防控阶段、防控与复工并行阶段、常态下稳中有进阶段,及时采取了一系列重大政策措施。

(一)严格防控阶段(2020年1月至2月):实行应急严防严控,分类有序启动复工复产,加强兜底保障

2020年1月,新冠肺炎疫情突然暴发后,在全国人民都感到十分忧虑的当口,习近平总书记多次主持召开中共中央政治局会议,分析疫情,进行决策,要求各级党委和政府及有关部门把人民群众生命安

全和身体健康放在第一位,迅速行动,积极采取切实有效措施,主动作为、特事特办,坚决遏制疫情蔓延势头。党中央决定成立中共中央政治局常务委员会领导下的中央应对新型冠状病毒感染肺炎疫情工作领导小组,加强对全国疫情防控的统一领导、统一指挥。国务院联防联控机制专门召开电视电话会议,对新冠肺炎疫情防控工作进行了全面部署。在果断采取一系列严防严控措施遏制住疫情蔓延势头后,迅即对启动复工复产作出及时安排。

1. 科学推进,根据疫情防控等级要求,分类有序推进复工复产。

为防止疫情蔓延,在采取以武汉封城、全国各地封闭管理、春节假期延长为标志的一系列严防严控措施下,复工复产何时才能启动?如何兼顾疫情防控和生产需要推进?这些成为从上到下特别是企业和劳动者最为关切的问题。2020年2月,习近平总书记多次主持召开中共中央政治局常务委员会会议,要求围绕做好"六稳"工作,全力支持和组织各类生产企业复工复产;要求各级党委和政府把支持复工复产、恢复和稳定就业、畅通交通运输、保障市场供给等各项工作做实做细。同月,中央在京召开统筹推进新冠肺炎疫情防控和经济社会发展工作部署会议,习近平总书记出席会议并发表重要讲话。会议提出落实分区分级精准复工复产,加大宏观政策调节力度,全面强化稳就业举措,坚决完成脱贫攻坚任务,推动企业复工复产等要求。国务院联防联控机制先后印发《企事业单位复工复产疫情防控措施指南》(国发明电〔2020〕4号)、《关于印发全国不同风险地区企事业单位复工复产疫情防控措施指南的通知》(国发明电〔2020〕12号),指导和推动全国低风险地区企事业单位全面复工复产，尽快恢复正常生产生活秩序。与此同时，部署高风险、中风险地区继续按照科学防控、精准施策、分区分级的要求，统筹做好企事业单位疫情防控和复工复产工作，有序恢复生产生活秩序。

一是地区分类推进。按全国的疫情状况划分高、中、低风险三类地区，同时要求每个省将所辖的县按疫情划分成三类地区。全国绝大多数县都属于低风险地区。复工复产首先是从低风险地区开始全面展开，高风险地区转为中低风险后方可展开复工复产。以后疫情状况划分又进一步下到街道、乡镇和社区分类，使严防死守安全覆盖系数和复工复产的活动范围做到有机结合。

二是行业分类推进。复工复产首先从医疗卫生业、网络流通业和制造业、公共工程项目等重点行业领域开始。具备条件时，逐步启动交通运输业、室外餐饮业，限流量开放室外旅游景点。对于餐饮业、文体娱乐业等室内人群聚集的行业活动限制开放；有条件开放时，则实行严格的准入检疫和分散保持距离等措施。

三是群体分类推进。复工就业者首先是原企业员工和企业所在地人员。对于跨地区流动的就业者，要检查输出省、输入省互认的健康码（分红、黄、绿三种），持绿码者可直接上岗，不用隔离。每个地区和企业单位都要制定防护措施和应急预案，做好个人和集体的防护，保证生产正常进行。一旦发现确诊病例，马上医治，对可能传染人员也要进行相应的检查和隔离。

2. 快速出策，针对疫情严重冲击，及时出台对冲政策，加强稳岗返岗和兜底保障工作。

启动复工复产的工作，如何与防控疫情相匹配，抓住重点突破？如何把握政策举措的正确性和有效性？这些问题成为决策的关键。根据党中央部署，采取用政策支持企业稳定就业，用健康安全服务保障帮助从业者返岗，用援助为困难群体兜底。这与西方国家实行的企业大裁员、失业者靠吃失业救助的补救办法是截然不同的。

一是稳岗当先，及时出台对冲政策，帮助企业减负稳岗。企业是复工复产的主阵地。2020年2月，针对疫情造成的企业停工停产困难，国务院及有关部门及时研究出台阶段性减免社保缴费、普遍降准、专项再贷款等一系列对冲政策，从减轻企业负担入手，为企业复工复产创造条件。李克强总理主持召开国务院常务会议，确定鼓励金融机构对中小微企业贷款给予临时性延期还本付息安排，并新增优惠利率贷款，部署对个体工商户加大扶持力度，为中小微企业和个体户纾困，缓解疫情影响。人力资源社会保障部、教育部、财政部、交通运输部、国家卫生健康委印发《关于做好疫情防控期间有关就业工作的通知》（人社部明电〔2020〕2号），明确规定要确保重点企业用工，对其开工吸纳就业给予补贴；要做好返岗复工企业和劳动者的疫情防控，关心关爱重点地区劳动者；要支持中小微企业稳定就业，加大失业保险稳岗返还力度，放宽中小微企业失业保险稳岗返还政策裁员率标准，支持企业开展在岗培训并按规定纳入补贴类培训范围；并要求推广优化线上招聘服务等应对举措。在推进社会保险援企"免减缓"方面：人力资源社会保障部、财政部、税务总局出台文件明确规定，阶段性减免企业基本养老保险、失业保险、工伤保险单位缴费部分；国家医保局、财政部、税务总局出台文件明确规定，阶段性减征职工基本医疗保险费，以减轻企业负担。在减税降费方面：财政部、税务总局印发文件明确规定，实施免征增值税等税费减免政策，支持疫情防控重点保障物资生产企业、个体工商户加快复工复业；住房城乡建设部实施住房公积金阶段性支持政策；国家发展改革委出台文件阶段性降低非居民用气成本、降低企业用电成本，支持企业复工复产。在资金支持方面：银保监会、人民银行、国家发展改革委、工业和信息化部、财政部出台文件对中小微企业贷款给予临时性延期还本付息安排等举措，纾解中小微企业资金困难；工业和信息化部会同有关部门出台文件，通过加强财政支持、金融扶持、创新支持、公共服务和统筹协调等举措，帮助中小企业复工复产渡过难关。

二是返岗跟进，有序推动返岗复工，全力保障企业用工。农民工是复工复产的主力军。针对他们节后受疫情影响出行返岗的困难，2020年2月，李克强总理主持召开中央应对新型冠状病毒感染肺炎疫情工作领导小组会议，要求有针对性地制定实施农民工返岗运输组织方案，开行"点对点"直达包车，帮助农民工有序返岗。同月，人力资源社会保障部、公安部、交通运输部、国家卫生健康委、国家铁路集团印发《关于做好农民工返岗复工"点对点"服务保障工作的通知》（人社部明电〔2020〕4号），建立农民工返岗复工"点对点"服务协作机制。3月，人力资源社会保障部办公厅、国家卫生健康委办公厅印发文件要求扎实推进农民工健康信息互认。人力资源社会保障部还上线了农民工返岗复工"点对点"服务小程序和用工对接服务平台，与铁路交通运输部门联手，面向用工集中地区和企业开行"点对点"专车专列，并提供返岗登记、定点联系、实时对接等服务，引导农民工有序返岗复工。同时，针对防疫物资生产企业、群众生活必需品生产企业等重点企业用工短缺和部分劳动者无法返岗的难题，2020年2月，人力资源社会保障部印发《关于建立24小时重点企业用工调度保障机制的通知》（人社部明电〔2020〕3号），明确建立24小时重点企业用工调度保障机制，多措并举保障企业用工。

三是保障兜底，加强援助帮扶工作，维护劳动者合法权益。对劳动者的保障是复工复产的必保底线。针对困难群体基本生活和劳动者权益方面更加突出的问题，为保证复工复产正常进行，2020年3月，中央应对新型冠状病毒感染肺炎疫情工作领导小组印发《关于进一步做好疫情防控期间困难群众兜底保障工作的通知》（国发明电〔2020〕9号），要求保障好疫情防控期间困难群众、陷入临时困境外来人员及特殊困难人员基本生活，切实做好兜底保障工作。同月，人力资源社会保障部办公厅出台文件，要求确保失业保险金畅通领、安全办、网上办，针对疫情防控期间可能出现的失业风险，要求切实保障失业人员基本生活，确保符合条件失业人员的失业保险金应发尽发，应保尽保。中国残联出台文件，要求在疫情防控期间稳定残疾人就业岗位、加强就业帮扶，切实保障残疾人基本生活。人力资源社会保障部、中华全国总工会、中国企业联合会、全国工商联等部门出台相关文件，要求稳定疫情防控期间劳动关系，维护劳动者合法权益，兜牢劳动者权益保障底线，为疫情防控大局奠定社会稳定基础。

（二）防控与复工并行阶段（2020年3月至5月）：继续加强防控，加快复工复产，以"保"促"稳"，统筹推进

1. 明确工作着力点，统筹推进疫情防控和经济社会发展，加快恢复生产生活秩序和有序推进复工复产工作。

在疫情防控取得成效且复工复产启动后，如何增强复工复产动能和后劲，对新出现的断点、堵点如何化解，这些问题又成为新的考验。特别是在2020年3月以后，国内疫情防控形势持续向好、复工复产加快推进，但受国际疫情持续蔓延、世界经济下行风险加剧影响，不稳定不确定因素显著增多。面对错综复杂的国内外形势，习近平总书记多次主持召开中共中央政治局常务委员会会议，加强对国内外疫情防控和经济形势的分析研判，部署统筹推进疫情防控和经济社会发展重点工作；并在3月10日考察武汉时作出重要指示，继续加大对湖北支持力度，在湖北最艰难时搭把手、拉一把，帮助湖北早日全面步入正常轨道。党中央明确要求：一是要把复工复产与扩大内需结合起来，在扩大对外开放中推动复工复产，有针对性地开展援企、稳岗、扩就业工作，做好高校毕业生、农民工等重点群体就业工作，积极帮助个体工商户纾困。二是要加快建立同疫情防控相适应的经济社会运行秩序，积极有序推进企事业单位复工复产，努力把疫情造成的损失降到最低限度。三是要在做好疫情防控的前提下，支持疫情严重的湖北有序复工复产，加强援企稳岗促就业保民生。四是要因地制宜、因时制宜优化完善疫情防控举措，千方百计创造有利于复工复产的条件，不失时机畅通产业循环、市场循环、经济社会循环。要加大复工复产政策落实力度，加强对困难行业和中小微企业的扶持，着力扩大国内需求，有序推动各类商场、市场复工复市，促进生活服务业正常经营，积极扩大居民消费，加快推进投资项目建设，形成供需良性互动。2020年4月，中央应对新型冠状病毒感染肺炎疫情工作领导小组印发《关于在有效防控疫情的同时积极有序推进复工复产的指导意见》（国发明电〔2020〕13号），要求从压实地方和单位疫情防控主体责任、常态化防控与应急处置相结合、分区分级恢复生产秩序、推动全产业链复工复产、推动服务业复工复市、做好客运恢复和返岗服务、加强交通秩序保障七个方面做好工作，在防控常态化条件下加快恢复生产生活秩序，有序推进复工复产。

为进一步贯彻落实中央决策部署，明确复工复产工作着力点，并化解复工复产中出现的断点和堵点，李克强总理多次主持中央应对新型冠状病毒感染肺炎疫情工作领导小组会议和国务院常务会议，提出一系列扩大有效需求、助企业、稳就业的对策措施。一是进一步优化复工复产中防控疫情措施，加强地区间协调。强调必要的健康证明要做到全国互认，加强服务保障，推进全面复工复产，加快恢复经济社会秩序。二是进一步畅通产业链资金链，推动各环节协同复工复产。支持交通运输、快递等物流业纾解困难，加快恢复发展；有序推动制造业和流通业复工复产复业；加大对企业尤其是中小微企业的帮扶纾困力度，推动全产业链协同复工，尽快达产。三是进一步加大对地方财政支持力度，提高保基本民生保工资保运转能力。更好发挥专项再贷款再贴现政策作用，支持疫情防控保供和企业纾困发展。提前下达一批地方政府专项债额度，带动扩大有效投资；强化对中小微企业的金融支持；加大对困难群体补助政策力度。实行财政金融政策联动，将部分已到期的税收优惠政策延长到 2023 年年底。四是深入推进"放管服"改革，培育壮大新动能促进稳就业，加快重大投资项目开复工，有效补短板惠民生。

2. 全面复苏就业，统筹推进疫情防控和稳就业工作，将稳就业放在做好"六稳"工作的首位。

在应对疫情冲击中，就业成为复苏经济与保障民生的首要结合点。在搞好复工复产中如何体现依靠人、为了人，如何用稳就业这一主线促进复工复产，这些被提上了重要日程。2020 年 3 月，国务院办公厅印发《关于应对新冠肺炎疫情影响强化稳就业举措的实施意见》（国办发〔2020〕6 号），立足当前推动尽快返岗复工，着眼中长期多措并举拓宽就业渠道，从五个方面明确政策措施，统筹推进疫情防控和复工复产中的稳就业工作，为新形势下应对新挑战提供稳就业的政策支持和工作指导。

《关于应对新冠肺炎疫情影响强化稳就业举措的实施意见》出台后，国务院及时召开统筹推进疫情防控和稳就业工作电视电话会议，李克强总理作出重要批示指出，就业事关基本民生、经济发展和社会稳定大局。要将稳就业放在做好"六稳"工作首位，更大力度实施就业优先政策。要千方百计加快恢复和稳定就业,为就业创业、灵活就业提供更多机会。胡春华副总理出席会议并发表讲话,强调对复工复产稳就业的政策措施落实要加快、加力、加大、加强。

一是减负、稳岗、扩就业并举。针对部分企业因生产经营困难、稳岗压力加大可能出现的减员裁员风险,对减负的政策提速,要求通过建立日调度制度督促实施阶段性、针对性减税降费政策,特别是阶段性社保缴费减免等政策加速落地。对稳岗政策提标,要求在前期扩大中小微企业享受失业保险稳岗返还政策受益面的基础上,对不裁员或少裁员的中小微企业,返还标准由原来的企业及其职工上年度缴纳失业保险费的50%,提高到最高达100%,对湖北可以放宽到所有的企业。对困难企业适当放宽认定标准,扩大了企业的受益面。对扩就业的政策加力,要求用好用足促进就业创业各项补贴政策。对企业吸纳重点群体就业的,向其给予社保补贴、定额税收减免、担保贷款和贴息。对劳动者个人自主创业的,通过限额税收减免、增加再贷款再贴现额度、场地安排等举措给予支持。同时,明确要求国有企事业单位、基层服务项目扩大招聘招募规模,加大资金激励。

二是优化有利于恢复和稳定就业的政策环境。对于加快复工复产稳定就业,要求在有效精准防控前提下,尽快提高复工复产服务的便利度,纠正限制返岗的不合理规定。以制造业、建筑业、物流业、公共服务业和农业生产为突破口,全力以赴推动重点行业和低风险地区就业,循序渐进带动其他行业和地区复工复产。对于提升产业发展带动就业能力，要求在制定重要产业规划、实施重大项目时，各级政府明确带动就业的目标，对岗位创造多的产业和项目优先选择、优先投资。对于部分带动就业能力强、环境影响可控的项目，要制定审批正面清单，尽量少采取查封扣押、限产停产等可能对就业造成影响的"一刀切"的管制措施。对于激发双创活力带动就业，要求持续深化"放管服"改革，简化登记手续。扩大创业担保贷款政策覆盖范围。加大场地扶持力度，政府投资开发的孵化基地等创业载体，免费提供给高校毕业生、农民工等重点群体。针对以往一些地方搞评比达标、城市美化过程中盲目清理小商品市场等问题，明确将带动就业能力强的"小店经济""夜市经济"、步行街发展状况作为重要评比条件。对于加大对灵活就业的支持力度，要求对没有固定经营场所的摊贩，预留自由市场、摊点群等经营网点，方便其就业谋生。对于依托平台的就业人员，要对其购置生产经营必需工具给予创业担保贷款和贴息支持。对于灵活就业人员，要按规定给予其社保补贴。

三是多措并举引导农民工转移就业。针对农民工返工流动受阻、受疫情冲击影响最直接等问题，要求强化重点企业用工调度保障，推进农民工"点对点、一站式"返岗复工服务，推广健康信息互认等机制提高复工复产服务便利度，采取专车、专列、包车等方式成规模、成批次组织农民工尽快返岗复工。要求通过引导投身农业生产，组织参与城乡基础设施、公共服务设施建设和农村人居环境改善，发展特色养殖、精深加工、生态旅游等行业和新型农业经营主体，加大以工代赈工程实施力度等手段，多渠道、多方式支持帮助农民工就近就地就业。要求通过在企业复工复产、重大项目开工、物流体系建设中优先组织使用贫困劳动力，鼓励企业更多招用贫困劳动力，支持扶贫龙头企业、扶贫车间尽快复工复产，公益性岗位优先安排贫困劳动力，并通过财政专项扶贫资金给予奖励。

四是拓宽高校毕业生就业渠道。为扩大企业吸纳规模，要求对招用毕业年度高校毕业生的中小微企业给予一次性吸纳就业补贴，鼓励企业吸纳高校毕业生。国有企业要连续两年扩大高校毕业生招聘规模。为扩大基层就业规模，要求开发一批城乡社区等基层公共管理和社会服务岗位，扩大"三支一扶"计划等基层服务项目招募规模。为扩大招生入伍规模，教育部专门出台文件，明确扩大2020年的硕士研究生招生、普通高校专升本招生和大学生应征入伍规模。为扩大就业见习规模，支持企业和政府投资项目、科研项目设立见习岗位，相应延长见习补贴期限。同时，适当延迟录用接收，对延迟离校的毕业生相应延长相关手续办理时限。

五是强化困难人员兜底保障。在保障失业人员基本生活方面，要求开通失业登记全国统一服务入口，足不出户办理失业登记，畅通失业保险金申领渠道，取消申领失业保险金期限，阶段性实施失业补助金政策，加大对特殊情况下困难人员帮扶力度；对于生活困难家庭，及时将其纳入最低生活保障、临时救助等社会救助范围。在强化困难人员就业援助方面，要求将受疫情影响的失业人员及时纳入就业援助范围进行重点帮扶，开发公益性岗位托底安置，给予其岗位补贴和社会保险补贴。在加大重点地区就业支持方面，要求对湖北重点地区实行就业政策、事业单位招聘和基层服务项目、对口劳务对接的"三个倾斜"和疫情严重地区劳动者权益的"一个维护"，大力支持更多湖北籍务工人员及早实现健康返岗、安全返岗、暖心返岗。

这些政策措施，既是对以往历次应对风险冲击有效政策的汇集，更是针对这次前所未有的突发危机，在政策内容和组合上进行创新发展后，形成的新一轮积极就业政策的"组合拳"。

3. 稳基攻坚，用"六保"推进"六稳"，为稳住经济基本盘和打好攻坚战提供支撑。

顶住疫情突发和经济停顿首轮冲击后，是否能够松一口气，如何巩固基础，面对更大风险做到有备无患，能否继续打好攻坚战，这些问题又摆在了面前。2020年4月17日，中共中央政治局召开会议，强调要稳住经济基本盘，兜住民生底线。要在稳的基础上积极进取，在常态化疫情防控中全面推进复工复产达产，恢复正常经济社会秩序。坚决打好三大攻坚战，加大"六稳"工作力度，保居民就业、保基本民生、保市场主体、保粮食能源安全、保产业链供应链稳定、保基层运转。这也是中共中央政治局会议在强调加大"六稳"工作力度的同时，首次提出"六保"任务，充分体现了中央对经济运行的底线思维和对作为民生之本的就业工作的高度重视。此外，中共中央政治局多次召开专题会议，进一步研究确定了支持湖北省经济社会发展的一揽子政策，部署研究提升产业链供应链稳定性和竞争力等工作。习近平总书记在陕西省、山西省考察时再次强调，要坚持稳中求进工作总基调，坚持新发展理念，扎实做好"六稳"工作，全面落实"六保"任务，努力克服新冠肺炎疫情带来的不利影响，确保完成决战决胜脱贫攻坚目标任务，全面建成小康社会。

为进一步贯彻落实中央决策部署，李克强总理多次主持召开国务院常务会议，进一步明确了"六保"与"六稳"的关系，指出："六保"的提出是针对当前突出矛盾和风险隐患，是直面和克服困难挑战的积极举措；必须将"六稳"作为"六保"工作的着力点和支撑，保住了就业、基本民生和市场主体，就有收入，就会拉动消费、扩大市场需求。在此基础上，国务院进一步研究部署相关举措：一是加大对贫困人口、低保人员和失业人员的帮扶保障力度，决定提高普惠金融考核权重和降低中小银行拨备覆盖率，加强对小微企业的金融服务。二是引导金融机构进一步向企业合理让利，加快降费政策落地见效，为市场主体减负，助力稳住经济基本盘。三是推出和进一步完善相关政策，加大稳企业保就业力度。四是加大宏观调控对冲力度，充分发挥财政、货币、社保、就业等政策合力，围绕"六稳""六保"实施更加精准的调控。五是加大改革开放力度，尊重基层首创精神，在完善打基础、利长远的制度机制上多下功夫，更大激发市场主体活力和社会创造力。要通过扩大开放，在促进与各方合作共赢中稳定产业链供应链，不断增强经济发展的韧性和潜能。

"六保"是用保住底线和基本盘的理念和实际举措来应对最大的困难和风险，为复工复产稳就业提供了工作方向和政治保障。

（三）常态下稳中有进阶段（2020年5月至2021年3月）：在疫情防控进入常态化后，防疫抓重点，全面复工复产，推动就业工作稳中有进

2020年4月至5月，随着武汉市等中高风险地区"解封"，社会生产生活逐步恢复，在稳住大局基础上推进发展是从根本上解困之道。

1. 稳定当头，将"稳就业""保居民就业"放在"六稳""六保"的首位。

进入防控常态化后，保民生、稳大局成为人心所向。"如何实现？""怎样去抓？"必须加以明确。就业是民生之本，将稳就业保就业优先布局安排，再次凸显一切为了人民的执政理念。2020年5月，习近平总书记在中共中央政治局会议上指出，就业优先政策要全面强化。要加大宏观政策实施力度，着力稳企业保就业。5月22日，李克强总理在全国人大会议上作政府工作报告，明确指出，要统筹推进疫情防控和经济社会发展工作，在疫情防控常态化前提下，坚持稳中求进工作总基调，坚持新发展理念，坚持以供给侧结构性改革为主线，坚持以改革开放为动力，推动高质量发展，坚决打好三大攻坚战，加大"六稳"工作力度。强调要优先稳就业保民生，坚决打赢脱贫攻坚战，努力实现全面建成小康社会目标任务；城镇新增就业900万人以上，城镇调查失业率6%左右，城镇登记失业率5.5%左右……这次政府工作报告没有提出全年经济增速具体目标，是为了引导各方面集中精力抓好"六稳""六保"，以"保"促"稳"、稳中求进，通过稳就业、保

民生来促消费、稳增长。守住"六保"底线，就能稳住经济基本盘，从而走出一条有效应对冲击、实现良性循环的新路子。

2. 强化优先，深入实施就业优先政策，推进稳就业保就业促就业。

稳就业保就业的实现要靠政策的组合功效和工作的协同联动。就业优先政策在2018年提出后，其具体方略和协同发力如何实现，在这次应对疫情危机中得到真正的贯彻和充分的体现。为落实"两会"提出的目标任务，李克强总理多次主持召开国务院常务会议，研究部署推进工作的新举措，领导国务院有关部门和各级政府、基层机构强化协同，上下联动，综合发力，做好稳就业保就业工作。

一是强协同。坚持就业优先导向的宏观调控，聚力稳就业保就业。进一步明确政府在稳就业保就业中的责任，把就业摆在"六稳""六保"的首要位置，全面强化和提升就业优先政策在宏观政策中的摆位，加大就业与财政、货币、产业、金融、区域、贸易等经济政策的协同力度，推进经济发展与稳定扩大就业的良性互动。各级政府和基层组织上下联动，不断完善协调机制，确保稳就业新政落实落细。二是稳存量。落实中小微企业免征、大型企业减征、困难企业缓缴社会保险费的阶段性政策，扩大失业保险稳岗返还受益面，用好用足就业的吸纳补贴、培训补贴等，帮助企业特别是中小微企业稳定就业存量。三是拓增量。围绕政策联动、产业带动、支持自主创业、鼓励灵活就业四个方面着力拓宽就业空间。加大创业担保贷款贴息力度，将创业担保贷款扩大到平台从业人员等群体，加速释放创业创新带动就业潜力。进一步激发灵活就业、新就业形态扩就业潜能。四是保重点。针对高校毕业生、农民工、就业困难群体等强化精准帮扶，有针对性地制定实行具体措施，促进尽快实现就业创业。五是促匹配。用足就业服务、职业培训两大手段，提升人岗匹配效率。持续优化就业服务，扩大以工代训范围，做实线上线下就业服务和培训平台，帮助更多劳动者长技能、好就业。六是兜底线。牢牢兜住失业人员基本生活保障这一民生底线，进一步扩大失业保险的保障范围，及时发放失业保险金、失业补助金，并加强与低保、社会救助的衔接，切实保障失业人员的基本生活。

专栏1-1

宏观政策协同发力　多措并举稳定就业

面对疫情冲击和国内外不确定因素影响，党中央、国务院统筹疫情防控和经济社会发展，作出以"保"促"稳"、稳中求进的战略部署，将就业摆在优先位置，各有关部门聚力复工复产稳就业，深入实施就业优先政策，加大政策协同力度，形成共促就业的合力。

在政策制定实施上，要求坚持就业优先的导向机制，将就业优先政策置于宏观层面发力。财政、货币、产业等宏观政策的酝酿出台要评估其对就业的影响，政策的操作落实要统筹考虑其给就业带来的变化，统筹考量，围绕就业发力；对拉动就业能力强的投资项目优先实施，对吸纳就业能力强的劳动密集型产业、小微企业优先支持。

在资金支持安排上，要求有关部门在预算安排上优先保障、应保尽保，建立民生资金直达的长效机制，确保资金精准直达受益对象，增强惠民政策获得感和可持续性。加强对文旅企业及线下零售、住宿、交通运输等受疫情影响较大行业的定向金融服务，做好对制造业升级发展的融资支持。进一步加强小微金融服务，引导金融机构围绕市场主体做好区域融资支持。

在支持企业稳岗上，各相关部门紧扣"免、减、缓、降、返、补"积极出台政策，支持稳企业、保就业，并在进入常态化防控后，继续实施普惠性失业保险稳岗返还、以工代训扩围、困难人员培训生活费补贴、就业见习补贴提前发放、失业保险保障扩围等政策，继续放宽技能提升补贴条件，继续支持高校毕业生基层就业；对企业吸纳重点群体就业的，按规定给予税收减免、社保补贴等；强化集体协商制度，创新完善协商方式，稳定劳动关系，保障职工权益，助力企业发展。

在扩大就业渠道上，出台健全支持中小企业发展制度的意见，推出完善支持其发展的相关财税、融资和基础性制度等25条政策措施。出台支持多渠道灵活就业11条新举措，并将责任落实到各相关部门。出台支持数字经济15种新业态新模式发展的19项创新支持政策，出台维护新就业形态劳动者劳动权益的指导意见，开展"小店经济"推行行动等措施办法，加大对灵活就业和新就业形态的扶持力度。

在支持重点群体就业上，有关部门出台加强就业见习、贫困家庭毕业生就业帮扶等政策措施，启动实施高校毕业生就业创业推进行动7项举措，密集开展"百日千万网络招聘专项行动"等线上招聘行动，实施就业创业服务攻坚季等专项服务活动。出台做好当前农民工就业创业工作意见，围绕拓宽外出渠道、促进就地就近就业、强化服务保障、优先保障贫困劳动力稳岗就业等推出16项新举措，组织实施农民工稳就业职业技能培训计划、百万青年技能培训行动等。同时，进一步加强就业政策与乡村振兴政策衔接，出台加强就业帮扶、巩固拓展脱贫攻坚成果、助力乡村振兴的指导意见，把就业作为增强脱贫稳定性的基本措施。

3. 稳中求进，构建新发展格局，坚持推进实现更加充分更高质量就业。

2020年10月，党的十九届五中全会通过《中共中央关于制定国民经济和社会发展第十四个五年规划和二〇三五年远景目标的建议》，提出以推动高质量发展为主题，加快构建以国内大循环为主体、国内国际双循环相互促进的新发展格局，促进全体人民共同富裕等新的重点要求。在确立经济社会发展目标中进一步明确要实现更加充分更高质量就业的目标。12月召开的中央经济工作会议确定，要抓好坚持扩大内需这个战略基点，扩大消费最根本的是促进就业，完善社保，优化收入分配结构，扩大中等收入群体，扎实推进共同富裕。要完善职业技术教育体系，实现更加充分更高质量就业。要做好基本民生保障工作，促进重点群体多渠道就业，持续改善人民生活。

2021年3月5日，李克强总理在全国人大会议上作政府工作报告，总结了过去一年统筹推进疫情防控和经济社会发展情况，并在今后工作任务中对就业工作作出部署和安排。会后，国务院印发《关于落实〈政府工作报告〉重点工作分工的意见》（国发〔2021〕6号），要求着力稳定现有岗位，延续降低失业和工伤保险费率，扩大失业保险返还等阶段性稳岗政策惠及范围，延长以工代训政策实施期限。拓宽市场化就业渠道，促进创业带动就业。支持和规范发展新就业形态。做好重点群体就业工作，完善困难人员就业帮扶政策，促进失业人员再就业。

为贯彻落实中央决策部署，做好后疫情阶段稳就业促就业工作，推动经济稳中加固行稳致远，李克强总理多次主持召开国务院常务会议进行专题研究部署，国务院有关部门相继推出相关举措。一是继续强化就业优先政策。加强财政民生支出保障，加大对受疫情持续影响行业企业的金融支持。二是完善稳就业政策体系。将部分减负稳岗扩就业政策期限延长到2021年年底。促进市场化就业，加大对"双创"政策支持力度。三是加强对灵活就业和新就业形态的支持。进一步加大政策扶持力度，持续减负清障。支持自谋职业、自主创业和灵活就业，保障新就业形态劳动者的劳动权益。四是扎实推进重点群体就业。拓展市场化社会化就业渠道，对离校未就业毕业生开展重点帮扶。进一步推进农民工就业创业，完善服务、培训、权益维护协调联动和一体推进的工作体系，促进农民工外出务工和就地就近就业。建立健全对困难群体的就业帮扶长效机制。五是加强职业技能培训。持续实施职业技能提升行动，加大对农村转移劳动力和其他重点就业群体的职业技能提升培训和创业培训力度。六是健全全方位公共就业服务体系。持续优化公共就业服务，实施就业服务升级计划，进一步提高人力资源服务水平，大力支持劳动力市场、人才市场、零工市场建设。进一步规范人力资源市场秩序，加大网络招聘服务监管力度。七是巩固就业扶贫成果。拓展政策帮扶效应，加强与乡村振兴的政策衔接，加大就业帮扶力度。

党中央、国务院对复工复产稳就业的一系列新要求都集中体现了稳中求进，以新的发展冲破困局，变被动为主动的战略态势。《"十四五"就业促进规划》的出台，勾画了实现更加充分更高质量就业的蓝图，标志着我们在经历如此巨大的风雨冲击后所具有的发展韧性和战略定力，大大激发了全国劳动者为美好前景而奋斗的信心和意志。

专栏1-2

"十四五"就业促进规划

2021年8月,国务院印发《"十四五"就业促进规划》(国发〔2021〕14号,以下简称《规划》),对"十四五"的就业工作作出了规划部署安排,提出了政策措施和工作要求。《规划》指出"十四五"时期要以实现更加充分更高质量就业为主要目标,深入实施就业优先战略,健全有利于更加充分更高质量就业的促进机制,完善政策体系、强化培训服务、注重权益保障,千方百计扩大就业容量,努力提升就业质量,着力缓解结构性就业矛盾,切实防范和有效化解规模性失业风险,不断增进民生福祉,推动全体人民共同富裕迈出坚实步伐。《规划》明确了"十四五"时期促进就业的基本原则,即坚持就业导向、政策协同,坚持扩容提质、优化结构,坚持市场主导、政府调控,坚持聚焦重点、守住底线。到2025年,实现就业形势总体平稳、就业质量稳步提升、结构性就业矛盾有效缓解、创业带动就业动能持续释放、风险应对能力显著增强等目标。《规划》提出七项重点任务:一是坚持经济发展就业导向,不断扩大就业容量;二是强化创业带动作用,放大就业倍增效应;三是完善重点群体就业支持体系,增强就业保障能力;四是提升劳动者技能素质,缓解结构性就业矛盾;五是推进人力资源市场体系建设，健全公共就业服务体系；六是优化劳动者就业环境，提升劳动者收入和权益保障水平；七是妥善应对潜在影响，防范化解规模性失业风险。《规划》从加强党的领导、强化资金保障、提升政策效果、鼓励探索创新、认真组织实施五方面进一步完善支持保障措施。

四、砥砺前行：针对难点断点堵点，政策协同精准发力，贯彻落实创新发展

在应对疫情重大冲击的过程中，按照党中央、国务院决策部署，各部门及时出台一系列重大政策措施，各地在推动落实和化解难题上创新举措办法，推动复工复产稳就业工作扎实有序开展。

（一）大面积大力度援企稳岗，确保职工就业稳定

针对大批企业受到冲击面临关停倒闭风险、职工就业难以稳定的难题，为支持企业少裁员不裁员、稳住就业基本盘，按照党中央、国务院的决策部署，各部门及时打出"免减缓返补"的政策"组合拳"，为全面推进复工复产和减负援企稳岗稳就业提供了重要支撑。

1. 加大援企稳岗政策支持和工作力度，支持企业稳岗渡难关。

相关部门落实国务院关于对企业稳岗的要求，加快出台实施阶段

性、有针对性的减税降费政策：加大失业保险稳岗返还，对不裁员或少裁员的中小微企业提高返还标准；加快实施阶段性减免、缓缴社会保险费政策。加强资金保障：加大就业补助资金和稳岗补贴投入力度；支持市、县政府根据稳就业工作推进和政策实施需要，统筹用好就业创业、职业培训、风险储备等方面资金。支持企业开展在岗培训：对在停工期和恢复期组织职工参加线下或线上职业培训的，按规定纳入补贴类培训。放宽申请贷款条件：对受疫情影响暂时失去收入来源的个人和小微企业，申请贷款时予以优先支持。加大创业载体奖补力度：支持创业孵化园区、示范基地降低或减免创业者场地租金等费用。

进入2021年，由于疫情有反复，原定截至2020年年底的"免减缓返补"政策也及时延长。人力资源社会保障部、财政部等部门联合印发《关于延续实施部分减负稳岗扩就业政策措施的通知》（人社部发〔2021〕29号），继续实施普惠性失业保险稳岗返还政策，继续实施以工代训扩围政策，继续实施困难人员培训生活费补贴政策，继续放宽技能提升补贴申领条件，继续实施就业见习补贴提前发放政策，继续实施失业保险保障扩围政策。对2020年度享受期未满的减负稳岗扩就业政策，可继续按原政策享受至期满为止。鼓励各地制定实施符合本地实际的就业创业扶持政策。

为使"免减缓返补"政策尽快落实落地，各地在操作办法中采取了许多好做法好措施。北京市、江西省、福建省、浙江省等地推出援企稳岗和惠企惠民系列措施，从发展经济扩大就业、支持企业稳定就业、突出重点保障就业、提升技能服务就业等方面提出全面要求；实施以稳岗返还、以工代训为重要内容的稳岗扩岗专项支持计划，细化政策措施，优化经办服务，用足用好失业保险基金、职业技能提升行动专项资金，支持企业稳定岗位；升级稳就业政策措施，构建就业前、就业中、就业后全就业链政策扶持体系，推动稳就业工作迅速落地生花；创新"1234"稳就业工作法，即创建一套"任务下达、权限下放、资金下沉、政策松绑"的政策体系，坚持稳定岗位和扩大供给"两手抓"，关注做大就业增量、盘活就业存量、控制就业变量三项指标，聚焦四类重点群体，推进就业工作平稳发展。湖北省、海南省、宁夏回族自治区等地加大稳岗返还力度，降门槛、简程序、惠企业、稳就业，将所有参保企业列入稳岗返还对象，实现全覆盖。对困难企业按6个月标准一次性返还失业保险费，对中小微企业稳岗提高返还标准，同时降低小微企业创业担保贷款申请条件。广东省、广西壮族自治区、海南省、辽宁省沈阳市、贵州省贵阳市等地对疫情期间新招用员工的生产、配送疫情防控急需物资企业，给予一次性吸纳就业补助，同时对疫情期间企业为保障职工安全所支付的工资，给予稳岗工资补贴；扩大失业保险保障范围，为符合条件的参保失业人员发放失业补助金，对失业农民工发放3个月临时生活补助。广西壮族自治区、江苏省连云港市、陕西省铜川市等地出台系列复工复产服务保障措施，通过发放一次性吸纳就业补贴、农民工就业困难补贴、防疫补贴和创业补贴等保障农民工就业创业。

 **专栏 1-3**

苏州市首创失业保险稳岗返还"比对发放"模式

苏州市为加快失业保险稳岗返还政策落地，实行"免企申报、数据比对、部门联审、社会公示、直接到账"，精准满足企业急需，解决申领难、周期长的问题，真正实现了政策"一出台就落地，对标准即享受"。苏州市连续两年在全国范围内率先兑现普惠性稳岗返还。2020年以来，苏州市已发放稳岗返还33亿元，惠及各类用人主体44万户、劳动者636万人。

苏州市稳岗返还十部门联合审核会议现场。

中亿丰建设集团股份有限公司作为苏州市建筑行业的龙头企业，连续两年直接获得稳岗返还资金119.9万元，用于外地务工人员生活补助和开展技能培训。企业惊叹于人力资源社会保障部门的"苏州速度"和"苏州温度"，并表示"跟以前拿到补贴要等待很久不一样，这两年的稳岗返还资金直接到账，这让我们觉得只要企业努力生产、健康发展，政府部门就会把好政策送上门，感到了贴心的温暖"。

专栏1-4

襄阳市落实政策 聚焦三"快"

襄阳市实行"快""准""优"服务，积极落实惠企利民政策。一是失业保险政策落实"见效快"。用时一个月，全市就落实免征2月、3月企业失业保险费8 000余万元。积极保障失业人员基本生活，全年为50 979人次发放失业保险金，为近5万人次发放价格临时补贴，为近5 000人发放技能提升补贴，共计9 000多万元。二是失业保险稳岗"返还快"。创新"无申享"服务，确保资金直达。发挥信息系统作用，实行"企业不申报，数据库中抓，部门联合审，资金直接达"的办法，在全市推广并引发全市优化营商环境大讨论。全年向5 871家企业发放稳岗返还，资金近1.4亿元，稳定岗位25万个。三是一次性吸纳就业补贴"发放快"。湖北省政府通知要求，对为疫情防控开工生产、配送急需物资及提供服务的企业发放一次性吸纳就业补贴，工作人员加班加点，采取"不见面"申报、审核、发放方式。仅一周时间，就为32家企业发放补贴83万元，全年共发放1 616万元，惠及222家企业。

襄阳市劳动就业管理局"复工复产冲锋队"研究失业保险稳岗返还"无申享"服务。

专栏1-5

淄博市千方百计保障企业用工稳岗

淄博市针对政策落实过程中经办环节多、落地速度慢等问题，运用大数据赋能，推出就业服务"无形认证、政策找人"新方式。一是突出一个"简"字，把好大数据比对"认证关"。建立项目补贴"无形认证、政策找人"信息系统，对企业缴纳失业保险费情况、企业裁员率等进行比对分析，确定享受政策企业名单和补贴金额。二是抓住一个"准"字，把好政策享受资格"确认关"。通过"信用中国"平台和行政审批数据逐一比对企业信息，向社会公示，确保享受政策企业、个人名单和补贴金额准确可靠。三是实现一个"快"字，开辟资金拨付"快速安全通道"。建立人社、财政联动链条，资金调度一体化办理。通过银行获取企业账户信息和个人社保卡号信息，直接将补贴津贴拨付到位，实现网上电子凭证传递资金拨付"零等待、零在途、零差错"。通过单位自查、专项检查、聘请第三方机构评价三种递进式监督措施，确保补贴资金支出合理、有效、安全。由此实现就业政策落实、创业担保贷款、企业工资发放、社会保险费缴纳等40余项业务效率平均提升3倍以上。

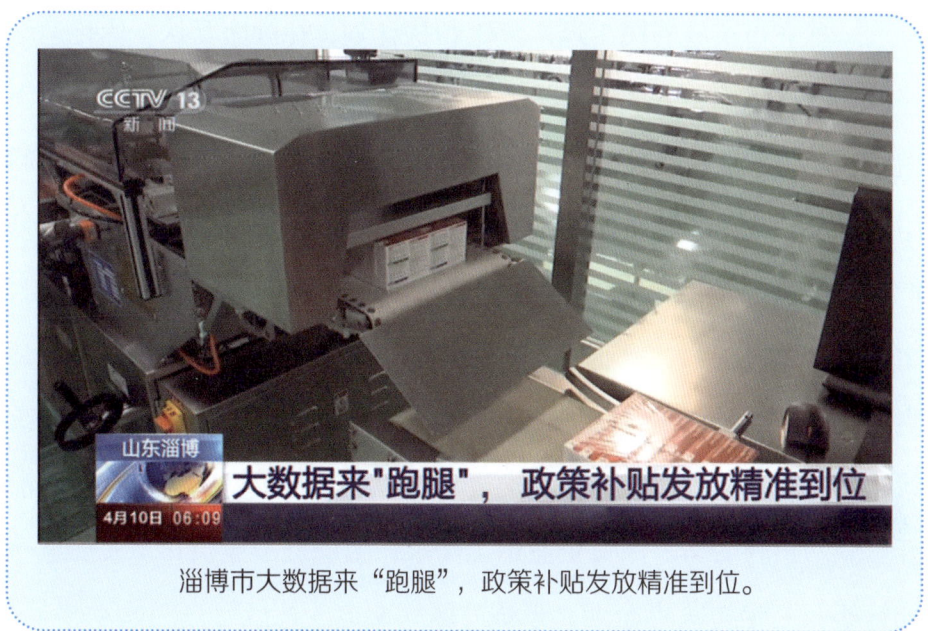

淄博市大数据来"跑腿",政策补贴发放精准到位。

2. 为重点企业用工和中小微企业稳定就业做好保障。

人力资源社会保障部、教育部、财政部、交通运输部、国家卫生健康委联合印发文件,提出对保障疫情防控、公共事业运行、群众生活必需及其他涉及重要国计民生的企业和重大工程,指定专人对接,优先发布用工信息,满足企业阶段性用工需求。对提供职业介绍的人力资源服务机构,按规定给予就业创业服务补助。同时,对于贫困劳动力所在企业,建立定期联系专人帮扶机制,加强用工指导、政策宣介,及时排忧解难,落实各项援企稳岗、减税降费优惠政策。对生产经营遇到困难、确实需要裁员的企业,提前介入指导,同等条件下优先留用贫困劳动力;对不裁贫困劳动力的企业,优先落实失业保险稳岗返还、困难企业培训补贴政策,帮助企业渡过难关。

一些省市实施农民工返岗复工帮扶计划，在健康互认、优化运输路线、疫情防护和生活便利等方面帮扶返岗复工；实施重点企业用工监测，加强就业市场监测分析，建立"点对点"服务重点企业复工联络员制度，全面了解企业用工需求和招工缺口，及时解决企业复工复产难题；建立重点建设工程企业联系机制，鼓励返乡农民工定向招聘，主动对接社区工厂、就业扶贫基地，引导其优先招用，开发防疫公益岗位重点吸纳。广东省深圳市福田区、江苏省苏州市等地出台惠企政策，支持企业复产达产，扎实推进"点对点"返岗复工服务，全面铺开互联网招聘活动，保障企业用工需求；组织班子成员和"人社惠企先锋小组"走访重点企业，形成"区-街道-社区"三级联动格局，深入了解企业用工难点，建立"一企一策"跟踪服务档案。广西壮族自治区支持鼓励人力资源服务机构参加"双千结对"岗位技能培训支持企业稳岗扩岗，聚焦未摘帽贫困县开展人力资源服务机构助力脱贫攻坚行动。四川省等地出台支持和促进人力资源服务业发展十五条措施，立足"强主体、建园区、创品牌、优生态、聚人才"，坚持集成与创新相结合，全力推进本地区人力资源服务业发展。青海省等地通过开展联合招聘、重点行业和小微企业就业、重点群体就业、就业创业指导和培训、就业扶贫、供求信息监测"六项服务"，推进本地区人力资源服务行业助力促进就业。

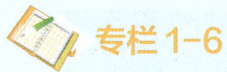
专栏1-6

海南省六措并举　助力复工援企稳岗

一是精准调度满足用工需求。及时成立全省重点项目用工调配中心，建立24小时用工调度保障机制，开展"就业直通车""复工专机"等专项服务输送职工返岗，使用农民工返岗"点对点"平台输送务工人员比例居全国第二。二是加速补助兑现促复工。迅速响应出台吸纳就业补贴、返琼务工隔离生活补助等系列复工复产稳就业奖补政策，督促市县加速兑现补助，提振企业复工复产信心。三是快速减免社保助企纾困。贯彻落实阶段性减免政策，严格按照免、减、缓、延要求，应减必减、应免必免，帮助市场主体渡过难关。四是扩大稳岗返还援企保就业。对因受疫情影响生产经营困难的企业、不裁员或少裁员的参保企业，给予稳岗返还。大力精简流程，做到了"零佐证材料、零跑腿"。五是强化政策扶持降低用工成本。进一步扩大企业申报就业见习基地范围，支持职业院校学生参与重点企业建设顶岗实习，支持高校毕业生就业见习，有效解决企业用工难和用工贵问题。六是启动大数据预测预警稳就业。委托中国联通依托联通手机信令大数据平台，对全省农民工外出务工进行大数据监测，超前预判预警就业形势和失业风险，促进人力资源合理配置和有序自由流动。

海南省人力资源和社会保障厅编印复工复产政策汇编及服务指南口袋书，加强政策宣传。

 专栏1-7

武汉市为中小微企业纾困解难

　　武汉市密集出台应对新冠肺炎疫情支持中小企业经营发展和支持企业复工复产促进稳定发展21条"真金白银"的政策措施，着力减轻企业负担、降低企业成本、保障企业用工等，使中小微企业纾困解难工作机制不断完善，不断优化经办流程，推行远程不见面服务，受到企业普遍欢迎。一是实施降免延缓，实施降低社会保险费率综合方案，为企业降低成本。二是快速精准落实稳岗返还政策，采取"降门槛、提标准、扩范围、简手续、提速度"等多项措施，共为7万多家参保单位发放稳岗返还资金15亿多元。三是加强政策引导，鼓励中小微企业吸纳高校毕业生等重点群体就业。降低一次性创业补贴享受门槛，不断完善创业担保贷款政策措施，2020年向各类重点群体创办的小微企业（实体）新发放创业担保贷款与上年度相比均有较大幅度增加。

武汉市促进企业复工复产，助力精准扶贫。

（二）创新推出"健康码"保安全返岗复工，及时提供"点对点"健康出行服务

针对劳动者务工就业出行流动难、安全保障难、与企业对接难等问题，为全面统筹疫情防控和复工复产工作，做到既保证人员出行安全，又能最大限度满足企业复工复产的供需对接，多部门大力协同，强化合作，着力引导农村劳动者安全有序流动就业。创新运用"健康码"及跨区互认机制，保证安全出行，及时建立农民工返岗复工"点对点"服务协作机制，实现"从家门到厂门"的有序直达。

1. 创新运用健康码及跨区互认机制，为安全出行打通绿色通道。

为贯彻党中央、国务院关于统筹推进疫情防控和经济社会发展的工作部署，落实分区分级精准防控和有序推动企业复工复产，各地积极探索创新健康安全出行管理方式，打通复工堵点，推进复工复产在安全中不断加速。

专栏1-8

健康码的用途和作用

健康码是科技人员为适应人员流动安全管理，经过几天几夜奋战发明创造出来的，是以真实数据为基础，由出行人员通过自行上网申报个人信息和健康情况，经后台审核后生成显示个人健

康状况的二维码，作为个人出行的电子凭证。健康码对劳动者健康出行、返回工作岗位具有重要作用。健康码的推出，替代了纸质健康证明和烦琐的办理手续，为科学、准确地判断劳动者的健康状况提供了有效手段。健康码的应用涵盖了社区管理、企业复工、交通出行、学校教学、买药登记、超市商场等诸多场景，可以协助社区、企业、学校等了解人员健康状况并做好防疫管理等重点工作。健康码可以实现高效率的人员流动管理，在办公楼、商场、地铁、火车站等人流密集地提高过检效率，避免过多的人员聚集，成为防感染保安全的绿色通行证，进而推动了复工复产和生产生活正常运转。一批省市通过发布公告和12333人社热线广泛宣传，先行引导城乡劳动者和用人单位申领和使用健康码。2020年3月初，人力资源社会保障部与国家卫生健康委联合发文予以推广并推进各省互认。

湖北省恩施市首趟扶贫专列抵杭后，务工人员凭健康码返岗。

浙江省在全国率先推出健康码，运用大数据实施对出行人员的"绿码、黄码、红码"三色动态管理。浙江省赴河南省、贵州省、重庆市、云南省、湖南省等劳务输出大省，签订"劳务合作备忘录"，开展省际劳务协作对接。采取"亮码互认""验码互认""转码互认"三种方式实现健康码跨省互认。对于通过支付宝平台申领健康码并生成绿色健康码的人员，一律给予通行方便。浙江健康码作为人员出行的法定健康证明，为赴浙工作劳动者开通了"绿色通道"。

安徽省实施健康码动态管理，人员通过网上登录填写相应信息，即可申领健康码，享受便捷的社区进出管理、门岗查验和企业复工上班打卡、个人健康信息申报等功能。显示绿码者可正常亮码通行；显示黄码者要进行7天的集中或居家隔离，在连续7天正常健康打卡后转为绿码；显示红码者要进行14天的集中或居家隔离，在连续14天正常健康打卡后转为绿码。随着健康码在本省全覆盖，安徽省又融入长三角互认通用机制，为三省一市复工复产和正常生活提供便利。

各地运用健康码返岗复工的实践，为全国健康证明互认奠定了坚实基础。按照中央应对新型冠状病毒感染肺炎疫情工作领导小组会议关于健康证明要做到全国互认的要求，2020年12月，国家卫生健康委等三部门在《关于深入推进"互联网＋医疗健康""五个一"服务行动的通知》（国卫规划发〔2020〕22号）中明确，各地要落实健康码全国互认、一码通行。2020年3月，工业和信息化部推行"通信大数据行程卡"管理服务，对出行到各地的人员提供规避疫情中高风险地区的导航标识。2021年1月，国家发展改革委联合多部门出台文件，要求春运期间推动健康码全国互认、一码通行，并实行健康码与行程码结合，全国各地安全通行，为在疫情防控下复工复产提供了保障条件。

2. 搞好农民工返岗出行"点对点"服务，提高供求对接效率。

有关部门贯彻中央关于帮助农民工有序返岗的部署，对落实做好农民工返岗复工"点对点"服务保障、出行健康服务和运输服务保障工作发出紧急通知，要求主要输出地、输入地政府部门对跨地区进城务工的农民工，作出合理安排，确定出行时间、出行方式，畅通返岗渠道，协调组织开展对用工集中地区和集中企业"点对点"的农民工专车（专列）运输服务，实行"点对点"集中运送到岗，保障成规模、成批次外出的农民工安全有序返岗复工。同时按照分区分级差异化防控要求，开展农民工"点对点"出行健康服务，为人员跨省有序流动提供便利条件。进入 2021 年，又将阶段性用工保障转向常态化用工服务，建立重点企业用工常态化服务机制，着力为重点企业提供全方位、多渠道、常态化的用工服务和指导。

陕西省对省内转移就业人员，持绿色健康码可全省通行直接复工。对用工单位跨市县接回务工人员的，由输出地人力资源社会保障部门牵头协调相关部门在健康码互认、优化运输路线、疫情防护和生活便利等方面给予保障。输入地人力资源社会保障部门牵头协调当地疫情防控指挥机构，妥善解决返岗农民工入厂入小区难、住宿就餐不便等问题，确保外出务工人员返岗复工安心、企业用工放心。浙江省、云南省等地一些城市纷纷启动"千辆包车接员工""驻点招工"行动，精准借力省劳务协作群、社保系统大数据，对接企业需求，倾力保障复工复产；成立就业服务小分队，采取"点对点、一站式"直达运输的方式，将农村劳动力集中统一输运至相应企业，保障务工人员"出门进车门，下车进厂门"。

2020年2月16日，全国首趟复工人员专列抵杭。

青岛市实行"一条龙"劳务对接服务

青岛市通过发送劳务协作专列专机、开展"春风行动"和"归巢计划"等活动，聚集各类资源，搭建对接平台，提供精准服务，保障企业用工。一是春风西送、就地招聘，精准对接、山海共情。春节前，对东西部协作地区在青务工人员进行走访调查，及时掌握协作地区在青务工人员留岗、返乡和返岗情况。二是全市发力、对口输送，专列专机、满载来青。连续推出"定西—青岛"劳务专列，"陇南—青岛"劳务专机。三是"点对点、家到企"，无忧保障温暖人心。坚持"点对点"服务，让务工人员享受从家门到企业的一条龙服务。"春风行动"围绕留岗有关怀、就业有帮扶、用工有支持、创业有保障4个目标，开展"农民工招聘大集"、重点企业用工"助力"等8项行动，蓄能10万个岗位，保证全市就业形势总体稳定。

务工人员搭乘"定西—青岛"劳务专列返岗。

专栏 1-10

荆州市倾力护航"点对点" 复工返岗"心连心"

荆州市统筹考虑疫情防控形势，采取"点对点"等多渠道输送方式，摸排计划外出务工人员82万人，与广东省对接十余万人，经过12个日夜的连续奋战，全面完成务工人员返岗任务。一是多点协作实现信息互联。以广东省为调查重点，从多个城市收集10万多名需返岗务工人员名单，逐一核实姓名、务工地和单位等信息。二是科学衔接，打消出行疑虑。对有意愿返岗的务工人员逐一开展核酸检测，验证健康码；组织专车将人员从各县市区集中到荆州火车站、送上专列，即时完成首批返粤人员核酸检测，且返岗后没有出现一例阳性。三是粤鄂牵手，采取"点对点、一站式"的办法，集中精准输送人员安全返岗。湖北省委书记亲赴荆州站送行，广东省委书记、省长等领导专程到广州南站迎接，向全社会传递湖北人健康出行、勤劳勇敢的积极信号，打破了疫情隔阂，拉开了集中输送返岗就业的序幕。四是专列输送。全市一盘棋，组建专班，多部门联动，加强沟通衔接，打通运力站点，做好细节方案，推动促成粤鄂牵手、浙鄂牵手，累计服务完成13趟赴粤专列、1趟赴浙专列共9 700人的输送，保障务工人员及时返岗复工。五是包车服务。建立"点对点"包车常态化运输机制，实现一站式送达,荆州市开通前往广东省、上海市、浙江省、湖南省、江苏省等地的客车预约登记,组织客车包车2 275车次输送务工人员近6万人。同时,鼓励支持自驾拼车出行,提升服务效率,推动自驾出行返岗29万人。

湖北荆州站务工人员搭乘首趟赴粤专列返岗复工。

(三)组织线上就业服务和职业培训,瞄准市场需求,构建数字化工作新平台

针对现场就业服务和线下培训都被迫中断暂停,传统就业工作模式难以施展的情况,有关部门和各地方政府积极组织开展网上就业服务和线上职业技能培训,并着力强化供求的有效对接,为消除疫情影响畅通就业和强化培训打开新局面。

1. 创新推出网上就业服务，实现供求精准对接。

在疫情冲击下，线下劳动力面对面供求对接服务受到限制，有关部门和地方政府及时利用互联网、大数据等科技手段创新推出线上对接平台，为劳动力供求提供精准匹配服务，为企业复工复产解燃眉之急。

一是充分运用"互联网+"云平台，强化人力资源线上精准对接与服务。人力资源社会保障部印发专项通知，提出人力资源服务机构要创新服务方式，强化网络招聘等线上服务，充分运用"互联网+"、云平台等，针对高校毕业生、农民工等重点群体，畅通沟通渠道，设置服务热线，开通企业微信等线上服务，依托公共人力资源服务机构和经营性人力资源服务机构，密切结合疫情影响和防控情况，做好人力资源市场供求信息的统计分析，及时监测市场供求变动状况，广泛收集针对性强、适合度高的岗位信息，建立贫困劳动力就业需求数据库，提供更加精准有力的对接服务。充分发动各级人力资源服务产业园、人力资源服务机构举办线上扶贫专场招聘，统一开展"百日千万网络招聘专项行动"国家级人力资源服务产业园专场招聘等活动，发动用人单位提供招聘信息。对高校毕业生设置网上招聘专区，开设行业招聘专场，提供职业指导"云课堂"、线上培训课程，提供一站式、全方位服务。落实好实名制服务，确保高校毕业生就业工作不断档、不断线。对农民工开展线上招聘，加强输出地、输入地信息对接，支持跨区域组织定向劳务协作。及时开通失业保险全国统一服务入口，加强数据比对，促进失业保险待遇精准发放，加快推动线上失业登记服务。进入 2021 年，又提出在疫情防控常态化前提下，有序恢复线下服务活动，全面开通并优化线上失业登记、线上失业保险申领、线上就业补贴申办平台。持续优化就业服务，扩大以工代训范围，做实线上线下就业服务和培训平台。

二是利用线上对接平台，推动做好劳务协作和输出服务。人力资源社会保障部、国务院扶贫办联合印发专项通知，建立重点地区劳务输出保障机制。要求各地加强信息对接，推广使用农民工"点对点"返岗复工用工对接平台和农民工出行服务小程序，组织开展农民工外出务工需求摸底调查，形成重点地区拟输出人员名单。落实输入地工作责任，依托东西部劳务协作机制、对口援助工作机制、省内劳务协作机制和重点企业用工调度保障机制，收集企业用工信息，推动线上应聘、视频面试，实现跨区域用工对接。同时，加强劳务输出地、输入地对接服务工作。

专栏1-11

吉林市创新"互联网＋公共就业服务"
引领就业服务走向新时代

吉林市综合利用大数据和云技术，创新"互联网＋公共就业服务"载体，建设一网、二端、三平台、四系统。一网是指吉林市公共就业服务网。设置信息公开、岗位搜索、人才搜索等板块，企业和个人在线自助发布查询招聘信息、投递简历、发送面试邀请、预定招聘会场次和招聘展位。二端是指求职者在电子触摸屏、智能一体机自助查询和即时对接终端，在智能电视、智能平板发布信息终端。三平台是指吉林市公共就业服务平台，用于智能推送岗位及求职信息，应用语音识别和电子地图导航交通路线；吉林市公共就业信息平台，用于开通政策服务微课堂、职业指导在线、就业援助咨询栏目和就业直播间，线上测评指导，提供"点对点"精准就业援助；吉林市创业就业服务云平台，用于线上线下同步提供创业项目推介、电商培训以及专家指导服务和开展职业技能培训、项目路演、人才交流、融资对接活动。四系统是指开发失业人员电子档案管理、技能培训管理、公益岗位出勤监管和远程面试互动系统，实行就业服务全过程信息化管理和服务。从而实现，扫一扫，"码"上找工作；聊一聊，就业有方向；看一看，家中学本领；点一点，业务全办完。"口袋"里的人力资源市场、"指尖"上的公共就业服务走进用人单位和寻常百姓家。

吉林市就业服务局办事大厅远程面试系统。

专栏1-12

浙江省杭州市与四川省广元市携手打造国内首个东西部劳务协作数字化服务平台

杭州市和广元市积极应对疫情冲击，充分发挥杭州市高质量发展建设示范区和数字经济优势、广元市充沛的劳动力资源优势，联合打造国内首个东西部劳务协作数字化服务平台——"杭广共富云"，推动劳务协作数字化、多元化、品牌化发展，为求职者和企业提供定制式、互动式、体验式全周期服务，为务工人员提供就业指导、技能培训、维权救助等云服务。该平台在构建几个月时间里，已聚集杭、广两地招聘企业739家、创业服务机构79家、创业载体16个、注册用户1.39万人，匹配就业岗位3 173个，助力广元市劳动力外出就业、返乡创业，走上乡村振兴、共同富裕的新征程。

广元市昭化区人社大厅双创驿站展示的"杭广共富云"功能板块。

2. 线上职业培训的大发展发挥重要作用。

有关部门大力推行"互联网+职业技能培训"管理服务工作模式，构建线上培训资源充足、线上线下融合衔接、政策支持保障有力、监管有序到位的工作格局，鼓励支持线上职业技能培训发展。

国家发展改革委、人力资源社会保障部、工业和信息化部和中华全国总工会联合发文，支持鼓励劳动者参与线上职业技能培训。人力资源社会保障部会同财政部出台政策性文件，部署实施"互联网+职业技能培训计划"、百日免费线上技能培训行动。要求各地开放线上职业培训资源，对劳动者实行重点课程免费开放。提升线上职业技能培训资源质量。充分利用门户网站、移动App、微信小程序等多种渠道，提高线上培训的可及性。依托线上职业技能培训平台在疫情期间开展大国工匠、世界技能大赛获奖者风采展示等活动，提升线上培训的吸引力。建立劳动者线上职业技能培训台账，做好培训积分管理，加大线上培训政策扶持。加强职业培训线上线下融合，面向企业返岗、待岗职工以及农村转移就业劳动者等城乡各类劳动者，大力实施"互联网+职业技能培训计划"。进入2021年，又推动进一步扩大线上培训规模，提高线上培训质量，并开展职业技能提升行动质量年活动，提升培训针对性、实效性。组织实施稳岗留工专项培训，进一步巩固以工代训和线上培训政策效果。全面推行中国特色企业新型学徒制培训，加大技能人才培养。依托电子社保卡全面推广职业培训券。

各地因地制宜，创新思路，拓展手段，积极推进职业技能培训提升。山东省对重点群体提供"全面普及+重点推荐"的线上培训资源、

"全员免费+重点补贴"的线上培训政策支持和"全程服务+重点监管"的线上培训制度保障；部分省市实行5天线上和2天线下相结合的"5+2"模式，对完成线上创业培训学习任务的，经验收合格后核拨培训补贴。吉林省推进"互联网+职业技能培训计划"，提高应对突发重大公共卫生事件能力，制订公共卫生辅助服务员职业技能培训方案，面向全国开展线上培训，颁布职业技能评价规范，填补了国内空白。云南省明确2020年实现"166"线上培训目标，即面向全国征集遴选10家以上优质线上职业技能培训平台，推出覆盖60个以上职业（工种）的数字培训资源，全年开展6万人次以上线上职业技能培训，不断健全"互联网+职业技能培训"管理服务工作模式。北京市延庆区开展对口"云帮扶"，采取培训项目"列菜单"、报名培训"点菜单"、分配机构"派订单"、严格监督"查订单"等措施，助力职业技能提升；搭建专门职业培训平台，提供在线学习、在线考核、在线监管、就业推荐、建档立卡登记查询、职业资格证书查询等服务。四川省成都市大力推进"互联网+职业技能培训"新模式，围绕"开放学、免费学、能学懂、好就业"的目标，持续丰富云平台运用场景，打通从培训到就业的关键环节，实现"线上培训－岗位推荐－就业质量跟踪－培训效果评估"的闭环服务，有效助力职业技能提升三年行动计划全面落实；南充市围绕细化流程、平台建设、组织培训、课程开发、会议推进、宣传推广、企业参与、资金拨付和总结通报等出台线上技能培训10条措施，推动中小企业职工线上职业培训。浙江省义乌市创新"培训开班备案制+培训过程留痕制+监督管理抽查制+补贴申领承诺制"四"制"管理方式,最大限度简化报批流程,最大程度堵塞监管漏洞,最大力度给予企业帮扶补贴,确保培训实效,提升企业获得感。

# 专栏1-13

上海市推行线上线下深度融合的"互联网+"职业技能培训

上海市探索实施"互联网+"职业技能培训,推行线上线下深度融合、分散学习与集中教学相结合、优质培训资源集聚可达、劳动者学习更便利更高效的培训方式,推动职业技能培训转型升级和模式创新。"互联网+"职业技能培训体现出了独特的优势:一是以学员为中心,促进学习效率倍增。对理论知识、通用职业素质,以及适合模拟仿真和多媒体演示的应知内容,以线上分散培训为主;对实操性强、需要团队合作的应会技能,以线下集中实训为主。学员可以自主安排学习进度,自主强化薄弱环节,合理处理工学矛盾,大大提高了个体针对性和学习效率。二是以优质资源为载体,促进培训质量跃升。依托互联网线上培训平台和课程资源,提升课程、师资等优质培训资源的集聚程度和可及性,带动课程加速更新和服务功能升级,使培训更加贴近产业发展、企业需求和个人成长需求,不断发展的个性化课程定制甚至使"千人千课"成为可能,从而使培训质量得到保证。三是以信息技术为支撑，促进培训管理转型。"互联网+"职业技能培训在扩大职业技能培训规模的同时，给每个学员提供学习行为的精准画像和改进建议，给企业和培训机构提供丰富的数字化教学工具。全样本数据的监管方式还将有效推动政府管理方式转型发展，提升政府服务管理水平。四是及时出台实施线上培训补贴政策。2020年疫情暴发后，上海市第一时间出台的企业职工线上培训补贴政策，是特殊时期充分应用"互联网+"职业技能培训新模式的典型案例，帮助受疫情影响的企业降成本、稳军心、练内功，发挥了很好的援企稳岗作用。2020—2021年，上海市参加企业职工线上培训143万人次，为4 155家企业拨付培训补贴资金。

上海市某企业在受疫情影响无法线下复工的情况下，邀请业内高级技师为员工开展线上培训和交流，受到员工普遍欢迎和好评，企业负责人也表示线上培训补贴政策真正为企业雪中送炭。

专栏 1-14

苏州市实施"留苏优技"项目　开启专项培训工作模式

为鼓励职工留苏过年，苏州市在春节期间实施"留苏优技"项目制培训，支持重点企业组织留苏职工参加线上培训，结合生产实际需求，融入多项实用培训内容。对在各级人力资源社会保障部门认可的"职业技能培训网上平台"学习不少于24课时，且考核合格的，按照每人300元的标准给予企业培训补贴。

"留苏优技"项目制培训是以企业为主体开展的专项培训。企业在组织培训时，可以根据自身生产和发展的实际，融入岗位技能、安全生产、职业道德和疫情防控等培训内容。为留苏过年的职工提供在线上给大脑"充电"服务，通过培训增强其知识储备、提高其专业素质，为职工的职业规划提供有益帮助，也为企业的持续发展贡献有生力量。2021年，苏州市申请"留苏优技"项目制培训的企业达1 409家，申报参与在线学习的人数达61万人次，已发放补贴1.13亿元。

苏州燃气集团有限责任公司认为人力资源社会保障部门适时推出"留苏优技"培训项目，对企业和职工做了一件大好事，既节约了企业培训的费用，节省了职工节后复工培训的时间，又让职工在春节这样轻松惬意的氛围中受到了教育和启示，其安全意识、防疫意识都得到了较大提升，安全管理理念也深植人心，确实是一举多得。

"留苏优技"线上培训学员在线学习。

（四）建立完善鼓励支持灵活就业和新就业形态的政策措施

针对新就业形态在发展中遇到的劳动者权益保障问题，为补齐法律政策上的短板，补足社会保险和就业服务方面的欠缺，各部门协同发力，及时出台多项有效政策措施，鼓励、支持和规范新就业形态等多渠道灵活就业，充分发挥其在抗疫复工复产稳就业中的重要作用。

1. 鼓励支持灵活就业和新就业形态。

根据国家支持新就业形态等多渠道灵活就业的要求，相关部门具体和细化相关举措。支持劳动者依托平台就业，取消灵活就业人员参加企业职工基本养老保险的省内城乡户籍限制，并按规定对重点群体给予社会保险补贴。拓宽灵活就业发展渠道，鼓励个体经营发展。持续深化商事制度改革，提供便捷高效的咨询、注册服务。引导劳动者以市场为导向，依法自主选择经营范围并按规定给予创业担保贷款、税收优惠、创业补贴等支持；落实财政、金融等针对性扶持政策，推动非全日制劳动者较为集中的行业提质扩容。对新就业形态实施包容审慎监管，促进数字经济、平台经济健康发展，加快推动网络零售、移动出行等行业发展，为劳动者居家就业、远程办公、兼职就业创造条件。对有创业意愿的灵活就业人员组织开展创业培训，促进提升创业能力和创业成功率。推进线上线下结合，灵活安排培训时间和培训方式，按规定落实各项补贴政策。将灵活就业岗位供求信息纳入公共就业服务范围，提供职业指导等服务。支持建立灵活就业、"共享用工"服务平台，提供线上职业培训、灵活就业供需对接等就业服务，鼓励兼职云客服岗位，支持企业间开展共享用工。

各地创新服务，多措并举。山东省出台支持多渠道灵活就业20条，发展"小店经济"，扩大新就业形态规模，优化灵活就业供需匹配，开展新就业形态技能提升和就业促进项目试点，在全国首创新就业形态灵活就业意外伤害保险补贴，加大对灵活就业人员劳动权益保障力度，全面清理取消对灵活就业的不合理限制和收费。广东省东莞市创新推出企业"共享员工"模式，有效地帮助了急需用工的企业恢复生产。广西壮族自治区推出支持和鼓励经营性人力资源服务机构参与或承接公共就业等服务活动和项目，聚焦重点行业企业提供用工服务，并将灵活就业岗位供求信息纳入公共人力资源服务范围。内蒙古自治区兴安盟首创兴安零工市场"零工宝"，整合灵活用工资源，通过"线上+线下"相结合模式，开展多种灵活就业工种培训，并为灵活就业人员提供务工服务、政策帮扶、依法维权服务,有效解决了灵活就业人员务工难、工作时效性不强、就业岗位不稳定的问题。

专栏1-15

湖北省鼓励和支持多渠道灵活就业

2020年12月,湖北省人民政府办公厅印发《关于鼓励和支持多渠道灵活就业的实施意见》(鄂政办发〔2020〕65号),提出5方面18条具体措施。一是鼓励多种形式的灵活就业,具体措施包括促进个体经营发展,扩大非全日制就业,发展新就业形态。二是支持自主创业,具体措施包括优化灵活就业监管服务,提供担保贷款支持,落实税费减免支持,发放创业补贴,降低灵活就业场地成本。三是加强灵活就业服务,具体措施包括实行承诺制登记,支持职业技能培训,优化人力资源服务,鼓励设立零工市场,加强灵活就业人员帮扶。四是加大灵活就业保障力度,具体措施包括维护灵活就业劳动权益,支持灵活就业人员参加社会保险。五是营造鼓励灵活就业的浓厚氛围,具体措施包括强化组织领导,强化政策激励,强化宣传引导。

省人力资源和社会保障厅对各地推进零工驿站规范建设提出"四统一"要求,即统一目标,各县(市、区)至少建成一家"零工驿站";统一命名为"零工驿站",方便群众辨识;统一"零工驿站"标识，让群众求职更安心；统一服务功能，要求各地"零工驿站"应具备求职登记、信息发布、能力提升、政策咨询等功能，统一配备休息等候、饮水、急救药箱等设施用品，放置宣传资料、政策手册，公布服务热线，让群众更省心。各地在充分调研评估的基础上，在"零工驿站"选址上重在"接地气"，尽量贴近人流量大的中心地段和灵活就业人员集中的市场，引导供需双方自愿进入"零工驿站"招聘求职；在建设规模上重在"小而精"，针对灵活就业人员特点和需求，在为其提供遮风挡雨、冬暖夏凉场所的同时，"零工驿站"就业服务功能一应俱全，最大限度地为灵活就业人员提供便利；在建设方式上坚持线上线下同步，把灵活就业信息纳入公共就业服务范围，积极引导社会力量建设和管理"零工驿站"。截至2021年年底，全省已建成"零工

湖北省推进"零工驿站"规范建设。

驿站"136家,每日进场近6 000人次,提供就业信息8.5万余条。同时在湖北公共招聘网设立零工招聘专区,实现信息推介、数据共享、岗位推送,为灵活就业人员及雇主提供24小时全天候、不打烊的线上线下服务平台。

2. 加强对灵活就业人员和新就业形态劳动者权益保障。

2021年7月,人力资源社会保障部等八部门出台《关于维护新就业形态劳动者劳动保障权益的指导意见》(人社部发〔2021〕56号)。一是明确了劳动者权益保障责任。要求企业依法合规用工,积极履行用工责任;对符合确立劳动关系情形、不完全符合确立劳动关系情形的劳动者,企业应承担相应劳动保护责任;平台企业采取劳务派遣、外包等合作用工方式的,与合作企业依法承担各自的用工责任。二是健全了劳动者权益保障制度。提出要健全公平就业、劳动报酬、休息、劳动安全、社会保险制度,强化职业伤害保障,完善劳动者诉求表达机制。三是优化了劳动者权益保障服务。提出了优化就业服务和社会保险经办、加强职业技能培训、完善工作生活服务保障等措施。四是完善了劳动者权益保障工作机制。各地区各有关部门协同推进新就业形态劳动者权益保障工作,做好政策宣传,拓宽工会维权和服务范围,加强矛盾纠纷调处,加大监管力度,切实维护新就业形态劳动者权益。

各地制定多项措施,不断强化灵活就业人员和新就业形态劳动者权益保障。山东省"六有"促进灵活就业，即：就业有岗位、创业有扶持、求职有帮手、培训有专项、权益有保障、环境有改善。浙江省、广东省、广西壮族自治区、重庆市等地分别出台支持多渠道灵活就业、将灵活就业人员纳入企业职工基本养老保险范围、维护新就业形态劳动者权益等政策措施，鼓励支持灵活就业，补齐政策制度短板，为维护新就业形态劳动者权益提供了保障。四川省成都市构建灵活从业人员公共服务管理体系，建立建档立卡、匹配就业、住宿保障、救助帮扶、权益保障、互助治理、协作联动、多元协同八大机制，开发服务管理库，构建灵活从业人员全周期、全过程、全链条、全方位公共服务管理体系。此外，29个地区相继出台政策，加强对新就业形态劳动者的权益保障。

（五）对重点地区、重点行业企业、重点群体实行更有针对性的特别政策

针对受疫情影响大的重点地区、重点行业企业、重点群体稳就业急需政策加码，以获得更多更实支持帮助的需求，各部门在面上采取多项政策措施的基础上，按照党中央、国务院要求对重点地区、重点行业企业、重点群体制定实施更有针对性的就业援助政策和兜底保障措施，充分体现特事特办，务实功、求实效。

1. 对重点地区特事特办。

（1）国务院要求加大对湖北省等疫情严重地区的就业支持，加大资金、政策、项目倾斜，开展专场招聘和专项帮扶；建立农资"点对

点"保障运输绿色通道，支持湖北省组织农业生产；对湖北高校及湖北籍 2020 届高校毕业生，给予一次性求职创业补贴，湖北省各级事业单位面向上述毕业生开展专项招聘，高校毕业生基层服务项目向湖北省倾斜。按照国务院对重点地区特事特办的要求，人力资源社会保障部办公厅印发《关于组织开展支援湖北劳务协作专项对接工作的通知》（人社厅发〔2020〕28 号），并会同财政部办公厅、民政部办公厅印发《关于加大湖北地区和湖北籍劳动者就业支持力度的通知》（人社厅发〔2020〕46 号）等文件，加大对湖北省就业工作的支持。按照国务院坚决纠正针对疫情严重地区劳动者的就业歧视的要求，人力资源社会保障部印发文件要求东部省市为滞留当地的湖北籍劳动者提供专项帮扶，对其中获取健康码"绿码"的人员，优先提供职业介绍等服务，落实就业扶持政策。对符合条件的纳入就业援助范围，进行重点帮助。湖北地区和湖北籍失业人员，可在常住地办理失业登记，享受当地就业创业服务和政策扶持。对通过市场渠道确实难以就业的，按规定通过公益性岗位托底安置。及时为有求职意愿的治愈出院患者提供就业服务。加大对湖北地区和湖北籍残疾人就业的帮扶力度等。一系列强有力的专项政策举措为湖北省突破困境加油添力。

（2）组织开展支援湖北劳务协作专项对接，实施"6+1"劳务协作专项行动。上海市、江苏省、浙江省、福建省、山东省、广东省等东部省市与湖北省建立劳务对接机制，签署劳务协作协议或合作备忘录，以市、县为主体，开展定向劳务协作；充分利用互联网推送信息，举办网络招聘；通过农民工返岗复工"点对点"用工对接服务平台，组织开展定向招聘，做好需求清单与供给清单的匹配对接，积极稳妥推进湖北籍劳动者安全返岗和有序输出。广东省创新开展"点对点、一站式"返岗专车专列活动，全链条闭环输送务工人员入粤返岗，开行了全国首趟湖北返粤务工人员高铁专列。

（3）湖北省在国家政策和兄弟省市的支持下，克服疫情最重、封城最长、冲击最大的困难，执行防控坚决，复工复产快速，稳就业保就业努力，结合实际实施针对性、时效性、操作性更强的就业政策，含金量足，精准度高。经过一年奋战冲出疫情重围，并在复工复产稳就业和稳定扩大贫困劳动力外出务工等方面取得突破性进展。

专栏1-16

深圳市全力做好湖北省务工人员入深返岗服务保障工作

深圳市以"三专"疏通道、"三端"强管理、"三级"优保障，精准组织湖北省务工人员入深返岗，累计完成10趟专列、71班专车组织接站工作，共接回8 473名湖北省务工人员。

一是加强组织保障，"三专"快速响应打通道。即：建专班，成立湖北省务工人员入深返岗工作专班，强化部门联动，整合各方资源，统筹协调湖北省务工人员入深返岗；开专列，主动联系华为、腾讯、比亚迪等核心产业链企业及深圳市重大项目建设单位，精准收集务工人员返深需求；包专车，加强与湖北省当地政府的沟通协调，面向暂未开行专列地区开行复工专车，帮助务工人员尽快返深复工。

二是做好风险防范，"三端"闭环管理保安全。即：返岗前端组织，主动对接湖北省人力资源社会保障部门，精准推送人员名单，协调完成名单核对、健康审查、高铁出票等工作，组织持有绿色健康码的湖北籍务工人员安全有序返深返岗；返岗中端防护，建立两地协同服务机制，"一车一策"实现专线运送全程管控，切实保障务工人员健康安全；返岗末端安置，设置专门出站通道，安排专人引导，做好名单核查和体温监测，发放防疫物资小礼包，协调各区派出交通接驳大巴，让务工人员"离家进车门、下车进厂门"。

湖北省务工人员安全有序入深返岗。

> 三是强化省市区联动,"三级"协同推进优保障。粤鄂两省专班率先建立"粤康码"与"湖北健康码"健康证明互认机制,将电子健康码申报前置到湖北省当地,畅通返深返岗通道。市专班主动收集返深务工人员出行需求,率先组织本市务工人员搭乘省首批复工专列入深返岗。龙华区对接宜昌市、咸宁市两地开通返岗专列,南山区、龙岗区主动联系鄂州市、十堰市、襄阳市、秭归县等地开通"点对点"专车接回务工人员。

2. 对重点行业企业特别扶持。

相关部门紧紧围绕重点行业企业和中小微企业复工复产、稳就业、保就业,解难点、除痛点、疏堵点、补盲点,在特定时期实行特别扶持,为其恢复生产经营和可持续发展提供切实支撑和保障。

(1)加大对重点企业的财税支持力度。重点行业企业实行免税减税政策、延长阶段性减免企业社会保险费政策、场地租金减免延期支付等措施。对不裁员少裁员的企业,继续给予必要的财税、金融等政策支持。扩大失业保险返还等阶段性稳岗政策惠及范围,延长以工代训政策实施期限。对受疫情影响严重、经营困难的行业企业,特别是服务业小微企业和个体工商户,从租金减免、财税优惠、金融支持等方面给予政策扶持,优先帮扶。

(2)落实中小微企业复工复产信贷支持等专项金融服务政策。支持更多小微企业获得免抵押担保的信用贷款支持;鼓励金融机构对中小微企业贷款给予临时性延期还本付息安排，从实施重点帮扶、创新信贷产品、落实扩围要求、提高服务质效四方面助力小微企业复工复产。发挥多层次资本市场融资支持作用，加强中小微企业信用体系建设，优化地方融资环境，推动企业加快恢复正常生产。

（3）发挥企业主体作用，加大以工代训支持力度。支持新吸纳劳动者的中小微企业开展以工代训，支持停工停业的中小微企业组织职工开展以工代训，支持外贸、住宿餐饮、文化旅游、交通运输、批发零售等行业各类企业开展以工代训，根据以工代训人数给予上述企业职业培训补贴。

（4）优化营商环境，健全支持中小企业发展制度。通过简化企业生产经营审批流程和条件、优化外贸外资企业经营环境、降低就业创业门槛、提升涉企服务质量和效率等措施，持续优化营商环境；通过完善支持中小企业发展基础性制度、财税支持制度、融资促进制度、创新发展制度、服务体系、合法权益保护制度等，健全支持中小企业发展机制。

各地优化政策，精准服务，推动重点行业企业复工复产稳就业。湖北省、浙江省、广东省、河南省、湖南省、安徽省、重庆市、江西省、北京市、上海市等地对纳入本地区疫情防控重点保障企业名单中的中小企业加强政策落实和服务，在中央贷款贴息基础上，地方财政再进一步予以支持。山东省加大以工代训支持力度，在全国较早出台以工代训政策实施细则，并适时调整优化政策，强化对中小微企业、困难企业、受疫情影响较大行业企业稳岗扩岗支持。

专栏1-17

义乌市采取"三四三"工作法助企逆势前行

义乌市将受疫情影响严重的工业、农业、服务业企业及产业链重点节点企业分批次纳入"保企方舟",突破以往企业自主培训不能享受政策补助限制,形成"三四三"工作法,精准帮扶企业实现"减负稳岗+技能提升"两手抓。

"三员"服务,联系指导下沉办理。构建"人社局专班成员+镇街网格员+部门驻企服务员""三员"服务体系。专班成员"点对点"业务指导,为企业"量身定制"培训方案;网格员"面对面"宣传发动,确保企业"需培尽培";驻企服务员"一对一"驻企,代跑代办手续,解决企业难题。通过下沉服务,助力企业快速备案,迅速开班。

"四制"管理,力求全程高效管控。创新"培训开班备案制+培训过程留痕制+监督管理抽查制+补贴申领承诺制"工作方式,在流程上做"减法",企业只需线上进行学员报名和培训备案即可开展培训,培训后将补贴申领表和合格学员名册报送镇街,公示后即可获得培训补贴。在监管上做"加法",实行"培训过程留痕制+监督管理抽查制",倒逼企业严格保质保量完成培训。

"三化"推进,确保政策精准落地。围绕培训"规范化、可操作化、多元化"推动政策落地。第一时间制作稳岗技能培训补贴申请流程图,汇编政策指南,送到企业手上,提升培训"规范化"水平。以点带面,选取样板企业"手把手"指导完成培训规定动作,提升培训"可操作化"水平。多渠道整合优质资源,丰富"理论＋实操""线上＋线下""骨干＋教师"等培训形式,主动对接本地职业院校、技工院校优质师资,入企开展公益性公共课程讲授,支持职业培训机构自愿入企开展免费技能培训,鼓励共享培训资源,提升培训"多元化"水平。

浙江省某新能源企业组织员工开展稳岗技能培训。

3. 对重点群体特别援助。

（1）多措并举促进高校毕业生就业创业。按照相关部门关于做好高校毕业生就业创业工作要求,通过开展专项摸排、加快岗位落实、扶持创业创新、提供不断线服务、提升就业能力、加大困难帮扶、保护就业权益等措施,把未就业高校毕业生全面纳入就业创业推进行动。

将贫困家庭高校毕业生及时纳入就业帮扶范围,使建档立卡贫困家庭、零就业家庭高校毕业生全面就业到位,对有需求的其他贫困家庭高校毕业生全面帮扶到位,使有就业意愿的都能实现就业或组织到就业准备活动中;加大事业单位面向高校毕业生公开招聘力度,给高校毕业生提供更多的就业机会。重点关注湖北省高校毕业生的就业,有针对性地加大就业帮扶工作力度。鼓励和引导高校毕业生到艰苦边远地区基层事业单位工作,可根据应聘人员报名、专业分布等情况适当降低开考比例,或不设开考比例,划定成绩合格线。鼓励和引导高校毕业生参加"三支一扶"基层服务项目计划,对服务期满且考核合格的人员,所在基层事业单位有岗位空缺的可以直接聘用,并不再约定试用期。做好教师公开招聘工作;加强中小学教职工编制保障;加大幼儿园教师补充力度;对《国家职业资格目录》中部分职业资格实施"先上岗、再考证"阶段性措施,促进高校毕业生就业;依托企业和高校两类国家级双创示范基地,以释放一批就业岗位、提供一批创业就业导师、发布一批创新创业需求、对接一批优秀创业项目、打造一批创业就业服务品牌、组织一批成果展示"六个一批"重点任务为抓手,搭建协作平台,加强资源对接,提升服务水平,促进高校毕业生尽早就业。

各地不断丰富服务举措,创新服务方式,为高校毕业生就业创业提供帮扶。北京市发布促进高校毕业生就业工作的若干措施(简称"京8条"),从支持灵活就业、鼓励企业吸纳、拓宽就业渠道等8个方面提供政策支持,实现高校毕业生就业率不低于95%。河北省将贫困家庭高校毕业生及时纳入就业帮扶范围，实施保姆式服务，将建档立卡贫困家庭高校毕业生作为就业援助重点，优先提供岗位、优先推荐录用。山东省强化部门协同，由13个部门联合发文，采取全面放开落户限制、扩大基层服务项目招募规模、推进创业教育和创业培训全覆盖、实施大学生"三个一"能力培养计划等九大措施，助力高校毕业生就业；通过搭建高校毕业生求职招聘云平台，重点拓宽基层机关、事业单位、国有企业、小微企业、基层服务项目、就业见习、升学、入伍八大渠道，吸纳高校应届毕业生就业。河南省实施"321"计划（企业吸纳30万人，机关事业单位、基层服务项目和扩招20万人，自主创业灵活就业10万人）和"七个专项"行动（机关事业单位公开招聘、国有企业就业引领、万名大学生见习计划、"三支一扶"等基层服务、贫困家庭毕业生就业帮扶、公共人才服务机构大规模招聘、创业带动就业），促进高校毕业生就业。广东省明确要求国有企业招收大专以上应届高校毕业生要实现一定比例的增长，并适当向困难家庭高校毕业生倾斜，推动实现高校毕业生就业和国有企业人才结构优化的"双赢"局面。广西壮族自治区出台事业单位公开招聘新规，进一步加大贫困县和边境地区事业单位招聘倾斜力度，多措并举促进高校毕业生就业。重庆市针对高校毕业生建立"人社+教育+高校+区县"四方联动机制，组织"百万英才兴重庆""就在山城 圆梦青春"系列引才招聘活动。上海市徐汇区开展28天职业加速营，将职业指导与当下流行的新兴社交方式相结合，提升高校毕业生参与度，激发其学习主动性，提升其就业能力，进一步满足本区离校未就业大学生就业需求。

 专栏1-18

天津市完善政策　强化服务　大力促进高校毕业生就业

天津市坚持将高校毕业生就业作为重中之重,着力稳岗位、拓渠道、强服务、促对接、守底线,全力保持就业局势稳定,推进就业更加充分、质量不断提高。一是提前着手,强化高校毕业生就业工作合力。为化解高校毕业生就业压力,近年来,天津市充分发挥市就业工作领导小组统筹协调职能,出台了一系列高校毕业生就业专项支持政策,形成了政策性岗位开发、求职创业扶持、技能提升、兜底帮扶全过程的就业政策体系。二是精准施策,着力提供全流程就业创业扶持。在提高就业能力上,将毕业学年的在校生纳入就业见习范围。在加强人岗对接上,每年组织开展网络招聘专项行动、大中城市联合招聘专场等1 500余场,提供岗位100多万个。在支持毕业生创业上,将创业培训、创业房租、创业担保贷款政策对象范围延伸到在校生,设置大学生创业创新赛板块,鼓励毕业生创业创新。在托底帮扶上,对困难高校毕业生发放一次性3 000元的求职创业补贴。三是全面摸排,做实做细未就业高校毕业生实名制管理。在做好教育部门移交毕业生服务的基础上,通过发公开信,公布服务渠道,拓展就业服务二维码功能,掌握未就业毕业生数据信息,将其全部纳入实名制管理,逐一联系对接服务，逐一建立帮扶台账，坚持随时获取、随时帮扶。

天津市举办企业用工对接网络招聘直播活动。

（2）有效落实农民工就业扶持政策。相关部门对农民工返乡入乡创业和稳就业作出安排，对首次创业、正常经营1年以上的返乡留乡创业农民工，给予一次性创业补贴，对符合条件的返乡留乡农民工创业担保贷款予以贴息。支持企业特别是农业产业化龙头企业通过临时性、季节性、弹性用工等形式，吸引返乡留乡农民工灵活就业。鼓励企业间开展用工调剂，采取借调代岗形式，实现返乡留乡农民工共享就业。支持企业延伸产业链和服务外包，吸引返乡留乡农民工在加工、包装、运输等环节交替上岗和临时兼业。有序推进乡村劳动密集型制造业、服务业企业和中小微企业复工复产,实现返乡留乡农民工到岗就业;全面落实减税降费、失业保险稳岗返还、以工代训等援企稳岗政策,引导企业不裁员或少裁员,督促企业将补贴资金用于职工生活补助、缴纳社会保险费、开展在岗转岗培训等。帮助外贸企业纾困解难,支持出口产品转内销,加大对重点行业的针对性政策扶持,最大程度稳定农民工就业岗位。

各地优化政策,创新模式,高效助力农民就业创业。吉林省制定实施多个专项政策,通过基地载体拉动,搭建企业间交流平台;通过创业培训驱动,增强创业能力;通过完善服务促动,提升服务质量等,为农民工返乡创业提供政策支撑。河南省通过"五个一"专项服务活动,即印发一封"慰问信"、开展一次"家访"活动、召开一次返乡创业座谈会、开展一次"返乡人士看家乡"考察活动、开展一次集中宣传活动,促进农民工返乡创业。贵州省实施"雁归兴贵"行动计划,发展乡村产业吸纳农民工就业;以当地特色优势产业为重点,发挥东西部劳务协作机制作用,引导返乡创业带动就业;开展创业型城市、农民工返乡创业示范县创建,加强返乡创业载体建设;加大教育培训力度,提升农民工就业创业能力水平;强化公共就业畅通服务,提供便捷高效的招聘求职服务;实施"贵州省高层次人才引进计划",深化招才引智。浙江省衢州市通过发放扶持资金激励返乡创业基地依托特色主导产业发展带动就业,通过帮助村民直播带货、开展农家乐经营培训激发创业新动能,通过启动数字引擎，探索搭建多功能"智慧就业驿站"，推动创业创新，助力乡村振兴。

专栏1-19

推进返乡创业　湖北省举措连连

湖北省通过多项措施强力推进返乡创业工作，打赢和巩固脱贫攻坚战，助力乡村振兴。一是启动"一个计划"力创返乡创业品牌。出台《全省农民工等人员返乡创业三年行动计划》，为返乡创业者量身打造创业扶持、示范奖补、创业平台、税费减免、融资贷款、用地支持等全方位创业服务，拿出"真金白银"吸引更多人员返乡创业。二是全力推进"我兴楚乡、创在湖北"返乡创业品牌。黄冈市将其列为"一把手工程"部署推进；孝感市出台返乡创业"黄金28条"，加大政策支持；黄石市推出住房、用工、培训补贴等一系列优惠政策套餐，为返乡创业就业创造条件。三是注重"三个结合"培育特色产业。将返乡创业与劳务品牌建设、一二三产业融合发展、脱贫攻坚相结合，积极培育地方特色产业和品牌。因地制宜打造"一县一品""一县多品"特色产业。同时，围绕农产品深加工、生态农业、全域旅游、农村电商等方面打造优质返乡创业项目，助力脱贫攻坚。四是树立"四个典型"发挥示范效应。树立返乡创业示范县、示范园、示范项目和返乡

> 创业明星"四个典型",通过典型引路,进一步激发返乡创业热情,增强创新创业活力。同时,重点扶持推动返乡创业工作有力的县,带动农民就业增收、市场前景和经济效益较好的园区、企业、农民专业合作社、家庭农场及乡村旅游等经营实体,并给予一次性奖补。五是实施"五大行动"优化创业服务。全省各地设立返乡创业"一站式"服务窗口,实施创业培训、专家服务、创业推介、政策宣传、农村电商工程"五大行动",提供创业指导、创业培训、用工招聘、政策宣介等服务。

（3）着力做好对困难群体的就业援助和兜底保障。相关部门专门发文要求对各类就业困难人员主动提供援助服务,做到应认尽认、应帮尽帮;实施分类帮扶并开展有针对性的职业技能培训,提供相关政策和补贴,或通过公益性岗位予以安置;突出重点帮扶,将建档立卡贫困家庭毕业生等作为就业援助重点,实施结对帮扶、包干到人,优先提供岗位,优先推荐录用。对符合条件的贫困家庭毕业生,可运用公益性岗位进行临时性安置。将离校未就业贫困家庭毕业生全部纳入实名制服务,量身定制求职计划,实施"一对一"帮扶。充分发挥东西部扶贫协作、对口支援机制作用,项目建设、企业吸纳等岗位要优先录用贫困家庭毕业生。做好失业人员基本生活和兜底保障,畅通失业保险金申领渠道,取消失业保险金申领期限,对生活困难的失业人员及家庭,按规定及时纳入最低生活保障、临时救助等社会救助范围。

各地不断优化服务、落实帮扶，切实做好困难群体就业援助和兜底保障。吉林省以县为单位开发临时性扶贫特岗5 000个，优先安排暂时不能返岗的贫困人口就业，对因疫情无法外出务工的贫困劳动力、就业困难群体等给予3~6个月的临时性兜底安置，确保零就业家庭动态清零。山东省出台就业困难人员公益性岗位托底安置制度实施细则，创新推出动态调整、制度开发、岗位储备、排序安置、有限兜底5项措施，做好就业困难人员托底安置工作。湖北省动员本地企业优先招录建档立卡贫困人员，托底安置无法外出务工的贫困劳动力就业；开发消杀防疫、保洁环卫等公益性岗位，优先安置符合岗位条件的距离法定退休年龄不足5年人员、零就业家庭人员和残疾人。广东省引导农民工参加当地农村水、电、路等基础设施以及农村一二三产业融合发展和农村人居环境整治项目，对农村就业困难人员特别是低收入农户劳动力予以托底安置。湖北省恩施土家族苗族自治州开展精准扶贫创业就业培训，优化政策，放宽年龄限制，灵活确定培训时长和培训规模，通过培训直接补贴贫困户等方式，为贫困人员开展免费技能培训和特色产业创业培训。陕西省安康市对搬迁至安置社区居住的公益性岗位人员，按照岗随人走的原则将岗位调整至安置社区；提前部署搬迁区公益性岗位的过渡衔接，确保兜底安置帮扶不断线。

另外，在抓住重点、攻坚克难的过程中，各地也针对疫情冲击下就业工作在政策、服务、培训、失业保险等方面的短板进行补足，在推进复工复产的同时，实现了就业工作新的提升。

 专栏1-20

广州市多措并举 推动复工复产稳就业

广州市打出组合拳，采取多项措施，推进复工复产稳就业。一是强政策。出台"暖企15条""稳增长48条""纾困9条""稳定和扩大就业"2.0及3.0版政策援企稳岗，为企业减负超757亿元。加强对企业的用工指导服务，确保疫情防控不松劲、就业服务"不断线"。2020年以来，共发放就业补助资金37亿元，惠及190万人次。二是育增长。不断完善创业担保贷款机制，2020年以来发放创业担保贷款近27亿元，全市共有创业孵化基地127家，累计带动就业17万人。举办"赢在广州"暨粤港澳大湾区大学生创业大赛，汇集超过7万个创业项目，发放创业扶持资金总额约1 310万元。三是促匹配。建立24小时用工调度保障机制和重点项目重点企业就业服务专员制度。搭建线上服务平台，提供24小时就业服务，推出"摇一摇，附近职位随心找"线上招聘服务。对重点企业开展"一对一"用工服务。2020年以来，全市公共就业服务机构共举办线上线下招聘会2 326场次，提供岗位340万个。四是保重点。落实高校毕业生就业创业十大行动，建设42个高校就业创业e站。2020年以来，举办高校毕业生专场招聘会1 341场，累计提供就业岗位超206万个，帮助34万名失业人员实现再就业；零就业家庭实现动态清零。五是树品牌。深化"粤菜师傅""广东技工""南粤家政"工程羊城行动，大力实施职业技能提升，累计发放培训补贴186万人次。全市176个街镇全覆盖羊城家政基层服务站，累计提供家政服务30万人次。六是扩渠道。出台支持灵活就业政策文件，创新指导成立广州市灵活就业与新业态就业服务联盟，建立灵活就业人员专窗专栏。举办专场招聘会194场次。设立全国首个灵活就业与新业态就业法律援助工作站。七是防风险。依托就业形势研判会商机制及就业监测体系，落实预防失业风险监测周报制度，监测调研受疫情影响严重的行业企业，掌握苗头性问题，主动对接，提前介入，有针对性地开展就业服务。

"赢在广州"暨粤港澳大湾区大学生创业大赛。

 专栏1-21

杭州市打好"六个一百"稳就业保就业"组合拳"

2020年,杭州市开展"六个一百"稳就业保就业专项行动,打好助复工稳就业"组合拳"。

一是百亿资金援企稳岗行动。抓好"减返降缓补扩"政策落实,助力企业复工复产。2020年,为近40万户单位减免职工基本养老、失业、工伤保险费306亿元,为16万家企业发放失业保险稳岗返还29亿元,为3.7万名参保职工发放技能提升补贴6366万元,执行降低社保费率政策累计减收40.5亿元,发放各类就业创业补贴12.7亿元。

二是百城万人复工稳岗行动。通过社保大数据库、杭州健康码和三大电信运营商大数据比对,提供精准用工服务,率先在全国互认健康码,着力打通省际"关节",开出全国首趟复工专列,帮助重点企业接返岗员工,共安排专机5架、专列36趟、专车1770辆,累计接返岗员工6.3万人。

三是百场云聘助力就业行动。举办"助力复工复产"综合性线上招聘会、"杭向未来"高层次人才云聘会等线上线下招聘会427场,达成意向16万人。联合教育部启动2020届高校毕业生全国网络联合招聘会,成立"长三角人才云市场",打造"杭向未来"长三角云聘会品牌，组织全国近26万家企事业单位提供137万个高校毕业生就业岗位。

四是百所高校招贤纳士行动。依托与全国103所高校战略合作优势，向杭州市各用人单位推送高校毕业生专场招聘会信息。出台大学生创业创新三年行动计划，设立全国首个大学生"双创日"，对来杭州市工作的高校毕业生给予生活补贴，全年发放补贴18亿元，新引进35岁以下大学生43.6万人。

五是百家机构志愿服务行动。发挥市场配置、调剂就业的作用，组织人力资源机构免费提供劳动力供需对接等专业服务，全市950家机构对接企业18万家次，线上匹配成功4.5万人次，线下成功推荐就业5万人。

六是百企千人就业脱贫行动。开展就业扶贫千人转移就业、千人技能培训、千名创客培育、千名铁军攻坚的"四千行动"。2020年，黔东南苗族侗族自治州、恩施土家族苗族自治州贫困人员在杭州市稳定就业6 035人，新增就业2 831人。帮助培训8 448人，接收200名对口地区贫困学生来杭州市就读。

五、显著成果：抗疫复工复产稳就业之战取得重大进展，工作卓有成效，经验启示弥足珍贵

2020 年是中国历史上极不平凡的一年。面对突如其来的新冠肺炎疫情、世界经济深度衰退等多重严重冲击，以习近平同志为核心的党中央坚持人民至上、生命至上，统筹应急处置和常态化精准防控，统筹疫情防控和经济社会发展，以坚强的意志决心迎难而上，努力拼搏，在全世界"率先控制疫情""率先复工复产""率先实现经济增长由负转正"，如期完成全面脱贫任务，推进全面建成小康社会取得新的重大进展，为"十四五"稳健开局奠定了坚实基础。复盘和反思这一历史性进程，特别是回顾稳就业保民生之战，我们更加体会到成效来之不易和经验弥足珍贵。

（一）恢复经济和稳就业保就业取得重大进展成效显著

1. 在抗击疫情的同时尽快恢复经济、稳定就业，在紧急应对巨大冲击和重大风险的过程中，稳定社会，凝聚人心。

在党中央、国务院的统一部署指挥下，各部门、各地方抓紧推出一批有力度、有针对性的政策举措，最大限度恢复生产生活正常秩序，着力帮助企业渡过难关，稳步推进复工复产，致力确保就业稳定，不仅快速有效地控制了疫情传播，保护了人民生命健康，还有力地保障了人民的基本生活，恢复了经济运行，保持了社会安全稳定，政策举措得到广大人民群众的衷心拥护，极大地稳住了民心，更进一步凝聚

了人心。

一是切实保障了民生就业。在分级分区差异化防控指导下,各地政府和有关部门综合施策、多措并举,积极推进复工复产复市,在短时间内重振了市场活力和就业动力,有效控制大规模失业和恢复就业增长,在确保就业稳定的基础上实现了劳动者收入止降有增。2020年,全年实现新增就业1 186万人(见图1-15),完成全年目标任务的131.8%,月均新增就业由一季度最低时的77万人上升到下半年的110万人;城镇调查失业率从2月急剧上升为6.2%的高位,下降到12月的5.2%(见图1-16),回落至往年平均水平;居民人均可支配收入由上半年的收缩状态恢复到全年增长2.1%,与经济增长基本保持同步。

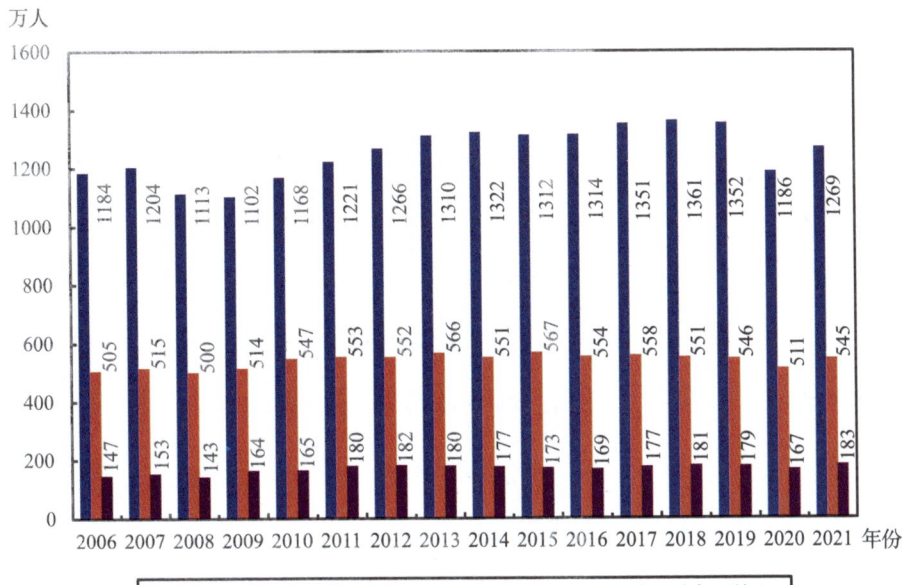

图1-15　2006年以来全国城镇新增就业情况

资料来源:人力资源社会保障部官方网站。

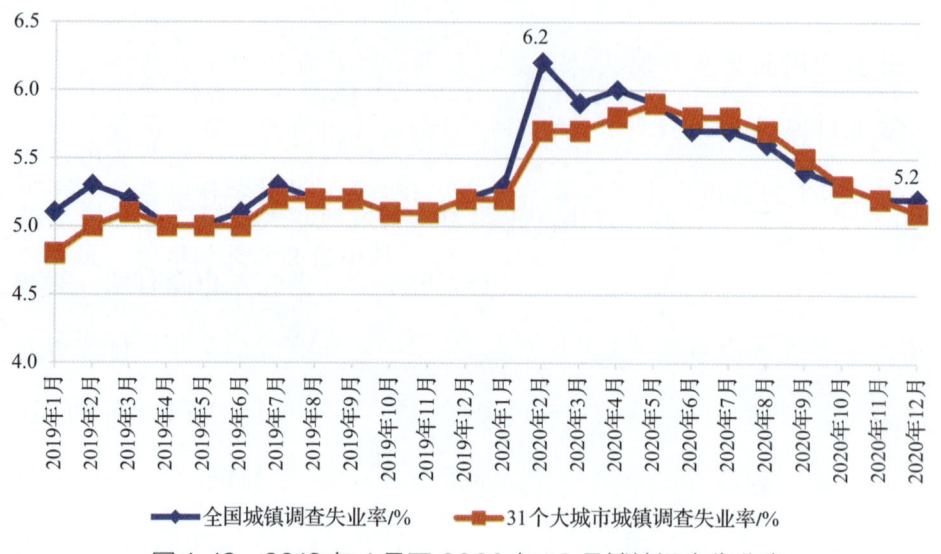

图 1-16　2019 年 1 月至 2020 年 12 月城镇调查失业率

资料来源：国家统计局官方网站。

二是实现了经济总量复苏向稳。2020 年，中国经济在多重冲击下实现了稳定恢复，完成了经济社会发展的主要目标任务，并好于预期，GDP 由上半年的负增长转为全年 2.3% 的正增长，是世界主要经济体中唯一保持经济正增长的国家。经济总量首次突破百万亿元大关，达到 101.6 万亿元。这标志着我国经济实力、科技实力和综合国力迈上了新台阶，保障和改善民生的支撑更加坚实，推动高质量发展的物质基础更加雄厚，应对各种风险挑战的韧性和回旋余地进一步增强。

三是有力推动了经济结构优化。在经济社会发展面临严峻风险挑战的情况下，党中央、国务院立足全局、着眼长远，坚持高质量发展方向不动摇，顺势而为，推动新产业、新业态、新模式逆势发展，引导鼓励传统产业转型升级。在应对疫情中，许多企业响应疫情防控急需，迅速开展技改扩能和转产扩产，医疗救治、卫生防疫等行业快速发展，线上课堂、网上办公、远程医疗、共享用工等新业态新模式发展迅猛，信息传输、软件和信息技术服务业增加值同比增长13.2%。这些逆势成长的新增长极，不仅弥补了传统产业和传统就业的损失，促进了经济复苏和就业新增，并且展示了中国经济和市场的巨大发展潜力。

2. 在抗疫复工复产中改善供需两侧、促进消费和再生产的同时，也为构建双循环新发展格局奠定了基础。

党中央、国务院统筹疫情防控和经济社会发展工作，围绕做好"六稳"工作、落实"六保"任务，强化宏观政策统筹协调，及时果断、科学精准地出台了一揽子对冲政策，并在政策协同上下大功夫，打出了推动经济稳定恢复和保持就业稳定的"组合拳"，特别是一系列促进投资消费、稳定外贸外资、稳定产业链供应链的政策措施，为促进消费、扩大生产和构建双循环发展格局奠定了坚实基础。

一是激发了市场活力。疫情期间通过"实打实"的减税降费让利等政策，持续加大助企纾困力度，帮助企业特别是关系国计民生的重点企业渡过难关和复产复市，不但确保了市场商品供应充实，也有效稳定了社会预期、促进了市场消费。同时，通过不断深化"放管服"改革和持续优化营商环境，进一步激发了市场主体的活力和内生动力。2020年新增减税降费超过2.5万亿元，金融部门向实体经济让利1.5万亿元。全年新设市场主体2 502万户，由一季度同比30.6%的大幅下降，到二季度由降转升，再到三季度增幅19.2%，实现了逆势增长。

新增市场主体中，新产业、新业态、新模式蓬勃发展，2020年全国实物商品网上零售额较2019年增长14.8%。与此同时，传统零售业加速转型升级，线上线下融合加快发展。

二是促进了消费和再生产。在常态化防控中一系列提振消费的宏观政策及时落地实施：通过发放消费券、给予购物补贴等促消费的利好举措，提振了消费市场，促进了"消费回补"；通过"疫后重建"多项举措促进了新兴消费、软性消费、隐性消费等"潜力释放"。随着快递、物流行业的基本恢复，曾受疫情和防控措施影响的商品需求实现反弹，一些替代品和新催生的产品需求扩大，其供给端再生产能力逐步恢复。疫情期间，线下企业纷纷"触网"开拓线上业务，在线办公、远程问诊、无接触配送等业务广泛开展，促进新消费模式快速发展。

三是畅通了供需循环。贯彻党中央、国务院加快形成以国内大循环为主体、国内国际双循环相互促进的新发展格局决策部署，坚持以供给侧改革为主线，牢牢把握扩大内需的战略基点，提高供应链的稳定性和竞争力。同时，注重需求侧改革，打通原材料、关键零部件、资金、物流等关键堵点，促进上下游产供销有效衔接、大中小企业协同发展，畅通产业链供应链大动脉和微循环，以此提升产业链供应链的完整性和顺畅性。加之新动能成长壮大、政策红利持续释放，也为确保疫情防控常态下经济平稳运行，加快构建新发展格局和迈向高质量发展奠定了坚实的基础。

3. 就业优先政策的强化实施和积极就业政策的开拓创新,在有效解决抗疫稳就业一系列难题的同时,为"十四五"良好开局提供了有力保障。

面对疫情冲击和国内外不确定因素对就业的影响,党中央、国务院始终坚持就业优先的导向机制和宏观政策,及时出台多项稳就业保就业促就业的专项政策,在有效应对严重疫情冲击和严峻经济形势的同时,推进复工复产,抑制失业率上升,确保了就业局势稳定;并坚持按期脱贫不动摇,直至取得脱贫攻坚战的全面胜利,为"十四五"时期经济社会发展开好局提供了有力保障。

一是强化了就业优先导向机制。面对疫情冲击,始终将稳就业保就业摆在做好"六稳"工作和落实"六保"任务的首要位置,进一步强化就业优先政策在宏观层面的导向机制作用,根据疫情发展的不同阶段,采取不同的宏观政策组合。疫情初期主要是对冲风险,保障复工复产启动,促进经济复苏;有序恢复阶段主要是加速复工复产,以"保"促"稳",加快经济复苏;进入常态化之后的后疫情时期,主要是保持宏观政策的连续性、稳定性、可持续性,确保经济发展提质增效,为进一步巩固稳就业成果提供有效支撑。

二是丰富了稳就业政策体系。应对疫情冲击,强化积极就业政策在实践中的应用,创新实施加大企业减负稳岗力度补贴、扩大高校毕业生就业和支持农民工就业等 28 项突破性政策,打出减负、稳岗、扩就业的政策"组合拳"。2020 年,社保"免减缓降"政策为各类企业减负 1.54 万亿元,累计向 608 万户企业发放失业保险稳岗返还 1 042 亿元，支出就业补助和专项奖补资金超 1 000 亿元。在抗击疫情的过程中，实现创业创新力度持续加大，重点群体就业得到切实保障，职业技能培训持续加强，公共就业服务不断优化。在确保就业大局总体稳定的同时，使稳就业新政在落地见效中得到丰富完善和创新发展。

三是取得了脱贫攻坚战全面胜利。2020 年是全面建成小康社会的决胜之年。党中央、国务院在统筹推进疫情防控和稳就业同时，以更大的决心、更强的力度，全力推进脱贫攻坚，支持扶贫产业恢复生产，提升扶贫龙头企业和扶贫车间吸纳贫困劳动力的能力，优先支持贫困劳动力务工就业，尽全力将贫困劳动力稳在当地企业就业，防止因疫致贫返贫。2020 年贫困劳动力务工规模达到 3 243 万人，全面完成目标任务，也保证了我国脱贫攻坚战取得全面胜利，现行标准下 9 899 万农村贫困人口全部脱贫，832 个贫困县全部摘帽，12.8 万个贫困村全部出列。至此，中华民族千百年来存在的绝对贫困问题得到历史性解决，使全面建成小康社会目标如期实现。

（二）稳就业经验启示弥足珍贵

1. 坚定依靠党的坚强领导，充分彰显制度优越性，是抗疫复工稳就业的根本保障。

一是领导担当作为。以习近平同志为核心的党中央把人民群众生命安全放在第一位，在第一时间作出决策部署，全面加强集中统一领导，采取最严格最有效的防控举措，带领全党全军全国人民在严格防控疫情的同时，制定出台了 160 多个文件，加快恢复生产生活秩序，持续推动复工复产稳就业，赢得了抗击疫情的战略主动；各级党委政府坚决贯彻执行党中央"六稳""六保"的决策部署，把稳就业保就业作为首要工作任务，根据各地实际情况，制定实施了一系列有针对性的政策措施；人力资源社会保障部门会同各相关部门及公共就业服务机构在关键时刻迎难而上，党员干部发挥模范带头作用，组织和带领广大人民群众共同努力，有效应对疫情冲击，确保就业局势稳定，为中国经济社会的稳定发展做出了积极的贡献。

二是制度彰显优势。疫情暴发后，从武汉市到湖北省、再到全国，在党中央统一领导指挥下，全国上下拧成一股绳，社会主义制度释放出强大的治理能量。我们能够调集全国各地的医疗人员和物资支援重灾地区；能够按区划分控放有方，推行健康码保证大众安全出行；能够发挥宏观调控优势，指导多个部门组合多项政策推动复工复产；能够把稳就业保就业的民生之本放在头等位置优先安排；能够为企业减负输血，鼓励支持不裁员少裁员；能够加强跨省劳务协作，直接输送劳动者安全返企上岗；能够打通行业间地区间的产业链供应链的阻隔，保证畅通，等等。这些都彰显了社会主义制度全国一盘棋和集中力量办大事办实事的优势。这在西方国家资本主义制度下是无法做到的。

在抗击疫情的过程中，中央对稳就业保就业决心之大和部署之密前所未有，地方各级党委政府把就业作为"六稳""六保"之首的重视程度也达到前所未有的高度，各地落实稳就业的具体措施的有效程度也是前所未有的。这些都充分体现了就业优先战略从宏观到微观层面的全面落实。经过抗疫复工复产稳就业，人们对党的领导和社会主义制度更有信心，愈加拥戴。据国际机构调查报告[①]，2020年到2021年中国民众对政府的信任度达到90%以上，为世界第一，连年居于榜首。

2. 坚持以人民为中心的发展思想，生命至上、民生为本，是稳就业保民生的根本遵循。

习近平总书记反复强调"要始终把人民安居乐业、安危冷暖放在心上，用心用情用力解决群众关心的就业、教育、社保、医疗、住房、养老等实际问题"。在抗疫复工稳就业全过程中，以人民为中心的发展思想成为指导决策部署和抗疫复工行动的出发点和落脚点。危急时刻，党中央、国务院及各级党委政府紧紧抓住就业这一民生之本的主线，将此作为关系亿万劳动群众切身利益和经济社会稳定的大事进行优先安排，迅速出台一系列抗疫复工稳就业政策措施，并在贯彻落实中不断加快、加力，务求取得实效，充分体现了一切以人民为中心的发展思想。

一是践行生命至上。正是因为我们坚持并落实人民至上、生命至上，才会采取紧急调动全国医疗队伍支援疫情严重地区抢救医治患者生命的重大举措；才会采取果断封闭隔离等严防严控措施阻止了疫情蔓延；才会坚持"动态清零"的防疫路线不动摇，排除"防疫躺平""与病毒共存"的干扰。

二是致力排忧解难。正是因为我们把为人民排忧解难放在心上，抓细抓实，才会在疫情中组织安排好群众生活，特别是困难人员的兜底保障，并坚持扶贫攻坚目标处变不惊按期实现；才会统筹疫情防控

---

① 该调查由全球知名公关公司和哈佛大学等多家机构组织实施。

与经济复苏，在保证健康安全的情况下有序推进复工复产。

三是优先稳就业保就业。正是因为我们坚决贯彻就业是民生之本，才会将稳就业保就业放在"六稳""六保"之首，优先考虑，快速出策；才会对各类群体的就业一一进行安排，努力做到复工就业有出路，收入来源有保障，使复工复产复市与稳就业保就业相辅相成。

四是谋划长远发展。正是因为从广大人民群众的长远利益出发，才会在后疫情时期推出坚持高质量发展的"十四五"规划，坚持更加充分更高质量就业，坚持共同富裕之路，为中国的可持续发展明确奋斗目标和宏伟蓝图。

回想 2020 年走过的历程，对比西方国家在抗疫和复工复产中决策失误造成严重后果的状况，我们深深感到，立党宗旨和执政理念是决定一切的根本因素，坚持一切为了人民是党和政府领导人民取得抗疫复工复产胜利的根源所在。

3. 强化实施就业优先政策，各项经济社会政策协同发力，是取得抗疫复工稳就业显著成效的战略支撑。

这次疫情给就业带来前所未有的巨大冲击。大面积的停工停产，致使失业率一度达到历史最高点。就业问题成为广大人民群众最关心、最直接、最现实的当务之急。习近平总书记强调，面对新冠肺炎疫情突如其来，做好"六稳"工作、落实"六保"任务至关重要。"六保"是我们应对各种风险挑战的重要保证。要全面强化稳就业举措，强化困难群众基本生活保障，帮扶中小微企业渡过难关。习近平总书记特别要求，从总体上进行布局，统筹兼顾做好抗疫与复工复产两方面工作。

一是强化协同发力。宏观经济政策中,财政、货币政策围绕就业优先政策来发力,强调就业在经济社会发展中的优先地位,将稳就业、保居民就业摆在"六稳""六保"首位,是就业优先政策置于宏观层面的切实体现。财政政策减税让利激发市场主体活力、加大投资、增加就业补助和生活保障补助;货币政策扩大和延长有关行业、企业和创业的贷款投放以解企业的燃眉之急,通过调整投入方向,更多地投向实体经济和中小微企业,着力于保市场主体,保企业、保个体工商户和保就业;产业政策在支持重点产业、重点项目方面加大力度,支持推进复工复产和稳就业。正是由于财政、税收、金融、产业、投资、外贸、交通运输、医疗卫生、教育培训、社会保障、城市管理等各项经济社会政策协同发力支持就业,因此才能取得快速明显的成效。同时,宏观社会政策强化兜底保障,强化失业保障和基本生活保障。

二是推动政策直达。各地区在统筹抗疫复工复产中将稳就业保就业作为首要任务,明确工作责任,层层分解落实。一线同志在贯彻落实就业优先政策中攻坚克难,精准施策,注重实效。实施援企稳岗政策,通过"减免返还补"等措施帮助企业渡过难关,稳住已有就业岗位;实施重点企业用工调度保障行动,加强跨地区劳务协作和点对点供求对接;努力拓宽就业渠道,以创业带动就业,鼓励平台就业和灵活就业,促进重点群体就业,加强困难群体兜底保障工作;结合解决结构性就业矛盾,深入实施职业技能提升行动,提升劳动者就业创业能力;强化公共就业服务,确保就业服务不停歇。一系列更加积极更为务实的就业政策措施有力地推进了稳就业保就业的工作，卓有成效地完成了降低失业、稳定就业的目标任务。

我国强化实施就业优先政策的突出特点是，实行立体化、综合性的政策组合。在兜底的基础上着力于保主体稳就业，通过全面减税降费等积极的促进政策，扩展就业空间和渠道，稳定企业生产经营和工作岗位，提升劳动者素质和能力，保持企业竞争力，激发市场活力。在复工复产稳就业的实践中，就业优先政策发挥了重要的引领、支撑、推动和保障作用。在今后的工作中，我们必须进一步强化协同度，充实工具箱，完善操作方法，增强实效性，使其在实现更加充分更高质量就业中发挥更大作用。

4. 统筹全局，突出重点，破解难题，激发活力，是做好抗疫复工稳就业工作的有效方法。

一是稳住就业基本盘。我国民营企业城镇就业人数占全国城镇就业人数的80%以上，民营企业对新增就业贡献率达到90%；我国有2亿人从事灵活就业，这都是就业的基本盘。实践证明，抗疫中为中小微企业、灵活就业纾困解难，对于复工复产复市稳就业保民生起到了重要作用。"免减缓返补"、增加贷款、减免房租、提供经营场地等一系列政策的实施，对于减轻中小微企业负担，帮助其渡过难关发挥了至关重要的作用。充分发挥民营经济、中小微企业、个体工商户、灵活就业在促进就业中的作用，应作为一项长期政策。

二是力保重点稳主体。高校毕业生是促进就业工作的重中之重，农民工是产业工人的主体。在抗疫的过程中，为保障重点群体就业，各地对高校毕业生实施多项就业创业推进行动，对农民工外出和就近就业多措并举做好服务保障，为下岗失业人员再就业提供专项帮扶和一站式服务，对就业困难人员加大就业援助和兜底保障。实践证明，这一系列政策措施确实解决了重点群体就业的难题，抓住主要矛盾就把握了稳就业保就业的大局，今后应继续把促进高校毕业生就业、推进农民工市民化作为就业工作的经纬主线，下大力气抓好重点带动全局。

三是勠力攻坚克难关。各地还针对复工复产过程中的难点和痛点，分类指导，施政施策。针对人力资源供需跨地区对接难和就业政策跨地区落实难问题，建设全国人力资源信息平台，完善对跨地区就业政策的服务保障和资金安排。针对线下培训停顿和线上培训项目难以对接企业需求问题，构建新型职业培训供给平台和培训资源共享机制，促进培训供需精准对接，促进线上和线下培训深度融合。针对重点地区及重点行业企业摆脱困境渡过难关的需要，实行特定时期特别政策，扩大范围、延长期限、加大力度、放宽条件，加强地方协作对口支援，实行一企一策落实见效。针对新就业形态劳动者权益保障中存在的问题，抓紧补齐法律、制度、政策和服务上的短板，以加强权益保障促进新就业形态健康发展。

四是激发创新添活力。疫情冲击给常规就业工作带来一系列前所未有的新挑战。各地抗疫实践证明，创新是解决新问题的重要途径。首先是重视新就业形态的作用。各地应对疫情开发网络和数字技术应用的新职业和就业新岗位。新就业形态等灵活就业在应对疫情稳就业中发挥了积极作用。个体经营、非全日制工作以及新就业形态等灵活多样的就业方式已成为劳动者就业增收的重要途径，对拓宽就业新渠道、培育发展新动能发挥了重要作用。鼓励和支持灵活就业新形态不只是当前的权宜之计，今后更具发展前景，以加强对劳动者权益的保障来促进其健康发展，是推动就业新发展的必由之路。其次是重视新技术新模式的运用。疫情期间，各地区各部门运用网络、大数据等技术和平台优势助力推动复工复产稳就业。推进"互联网+"公共就业服务，依托官网官微、报刊电视、市场服务机构网站、手机App等渠道开展就业服务，优化线上招聘，动态发布岗位信息，推行直播带岗、视频招聘、远程面试、网上签约、线上职业指导公开课，确保"就业服务不打烊、网上招聘不停歇"；推进失业保险金网上申领，全国范围"一网通办"。推动开展"共享用工"新模式，满足企业间用工余缺调剂需求；推出高校毕业生就业综合服务平台，畅通一键直达公共就业服务通道。建立重点企业用工调度保障机制。采取本地挖潜、用工调剂、跨区域劳务对接等措施，确保企业复产的用人需求。各地通过各种不同方式开展职业技能提升行动，开发网络项目课程，利用在线培训平台，实施"互联网+职业技能培训"计划，培训工作为稳就业保就业发挥了重要支撑作用；采用科技手段完善职业资格评价、职业技能等级认定和专项职业能力考核等多元化评价方式。可以说是疫情倒逼创新，创新开辟新局。

5. 动员社会各方齐心协力，依靠和发挥人民群众的力量，是取得抗疫复工稳就业胜利的重要法宝。

面对前所未有的挑战，党中央集中统一领导，带领广大人民群众共同投入到抗疫复工稳就业的保卫战中，形成党统一领导、政府政策扶持、企业主动履责、劳动者努力自强、社会共同推进的宏大格局。

一是靠前指挥推动。党中央、国务院准确判断形势，中央领导同志亲自调研分析，进行决策部署和指导政策制定，统筹安排疫情防控和稳经济保民生，其间，会议、文件、指令、动员、督导、检查等，密度之大前所未有。各部门、各地区履职尽责，狠抓贯彻落实，针对难点和痛点创新政策和制度，雷厉风行，通力协作，抓铁有痕，务实重效，力度之强更是前所未有。在全国迅速形成统一指挥、全面部署、立体防控、有序复苏的决战决胜态势。

二是一线奋力拼搏。处于工作最前沿的基层同志在城乡社区日夜值守，就业战线同志按照分区分级精准复工复产的要求开展工作，19个省、区、市对口帮扶疫情严重地区。他们把推进抗疫复工稳就业的任务扛在肩上，勇于担当，克服困难，深入企业帮扶，直面群众诉求，千方百计抓好政策的落实见效，做好困难人员的保障援助，并在实践中探索解决问题行之有效的路径，创新创造推进工作突破进展的方法。公共就业服务机构及其工作人员在关键时刻，发挥了不可或缺的关键作用，经受住了重大风险考验，就业战线的干部队伍得到了很好的锤炼。

三是企业主动担责。许多企业在履行社会责任上尤为可嘉。这些企业在抗疫期间为支援一线防治疫病贡献了力量，在停工停产期间坚持稳岗不裁员，在复工复产中尽力吸纳更多劳动者特别是困难人员就业；同时，大力推进以工代训，创造共享员工形式、搭建双创新平台，创造大量新形态就业机会，等等；作为就业的主阵地，为控制失业、稳就业、保就业做出了重要贡献。

四是劳动者积极进取。广大劳动者作为国家的主人翁，成为抗疫复工复产的依靠力量。在疫情暴发初期，他们用遵守严防严控要求的自觉行动，响应号召、维护大局，与国家同心同德一起渡过难关。在复工复产启动后，他们更是热情投入，积极参与线上培训、以工代训，提升就业素质能力；在国家就业创业政策的鼓励支持下，依靠自主努力、自强自立，求职找工作，创业搞项目……他们的努力和行动为抗疫复工复产稳就业做出了巨大贡献。

面对全球肆虐的疫情及其造成的前所未有的冲击，党中央坚强领导，社会各方大力协同，人民群众团结奋斗。这些成为我们战胜疫情取得复工复产稳就业胜利的法宝，今后在实现经济社会全面高质量发展中，还要坚持贯彻和弘扬之。

6. 将复工复产稳就业与长远发展战略相结合，是推进实现更加充分更高质量就业的关键路径。

党的十九大提出更加充分更高质量就业的目标，说明我们历经多次冲击并逐步解决重点问题之后，已经具备了全面扩展和提升就业水平的条件，即在实现就业稳定增长的基础上推进充分就业达到新水平，在着力补齐就业质量短板的基础上提升就业质量达到新高度。2020年以来，为应对突发疫情，在采取一系列紧急措施复工复产稳就业的同时，党的十九届五中全会仍然明确坚持实现更加充分更高质量就业，目标笃定不变，决心坚定不移。这充分体现了党中央坚持以人民为中心的发展宗旨和战略定力，更是党和政府向全国人民群众的郑重承诺，给城乡亿万劳动者吃了一颗"定心丸"，必将大大增强全党全国克服重重困难努力实现目标的信心和斗志。

一是明确方向目标。实现更加充分更高质量就业，体现了新时期促进就业发展的新思维、新理念、新要求。其基本内涵是指在经济持续健康发展过程中创造更多就业机会，劳动者都能就业，失业得到控制，且劳动者的就业状况和工作条件不断改善。具体到更加充分就业，用通俗的话来说就是：就业多，失业少，流得动，稳得住。具体到更高质量就业，用通俗的话来说就是：劳动者在实现就业的同时，收入能增长，素质有提高，条件得改善，权益获保障。为此，应抓紧构建评估指标体系和评价机制，为衡量各地就业充分程度、就业质量高低和步步推进工作提供科学依据，使复工复产稳就业与充分高质量就业有机衔接，实现稳中有进。

二是全面布局安排。推进实现更加充分更高质量就业，必须坚持"以人民为中心"的发展思想，认真贯彻实施就业优先战略和就业优先政策，采取切实有效的措施全面发力。在推进过程中，应坚持经济发展与促进就业相结合，双向驱动，协调发展；坚持扩大就业容量与提供就业质量相结合，统筹兼顾，协调提高；坚持政府推动与社会参与相结合，政府的政策和服务到位，企业的社会责任感增强，劳动者提升自身素质的主动性加强；坚持政策支持与市场导向相结合，充分发挥这两方面的作用；坚持目标导向与循序渐进相结合，立足当前实际，着眼长远发展，注重真正实效。应着重从六个方面创新发展：深入实施就业优先政策促进就业扩容提质；强化职业技能培训提高劳动者就业能力；突出重点群体就业，健全公共就业服务，发挥人力资源服务机构作用；提高劳动者收入水平，完善社会保障；完善构建和谐劳动关系，保障劳动者权益；构建推动工作的机制。还应看到，实现更加充分更高质量就业目标涉及经济社会发展多个领域，需要多部门多方面在协调大政策、创造大环境上共同发力。

三是着力抓好落实。在推进更加充分更高质量就业的工作中，首先应明确这是进一步提高民生福祉的内在要求，是人的发展与经济社会发展迈向高质量发展的必由之路，是以就业持续发展的战略目标为导向一步步推进工作的行动指南，从而形成全社会共同努力的动力。用责任使命推动政府制定实施更加积极的就业政策，用社会责任担当推动企业健全改善人力资源管理，用实现自身更好的就业来激发劳动者的积极性和创造性。在落实《"十四五"就业促进规划》中，应要求各地层层分解目标任务并列出工作清单，查找问题，明确工作重点和工作进度，提出解决问题的政策办法。同时应对相关部门协同合力支持就业提出要求，对损害就业的措施及"一刀切"的做法坚决制止。

四是突出当前重点。在当前起步阶段，应抓住两个重点。首先要抓紧补齐人才短缺和劳动力整体素质不高的短板。为此，应对培养人才和技能劳动者作出切实规划，务求落实见效。指导院校、培训机构与企业加强产教融合、校企合作，运用互联网和相关数字新技术，构建面向城乡全体劳动者的职业培训供求信息平台，深入推进并持续延长职业技能提升行动，加快培养造就一支汇集各类人才和大批技能劳动者的新型劳动大军，为双循环发展提供支撑并注入动能，也为城乡劳动者由数量就业转型为素质就业起到带动作用。其次要对在传统产业的升级换代和外向型企业的发展转换中最易受损害的制造业农民工群体和灵活就业中新就业形态劳动者群体给予保障。对失业和回流的农民工，在社会保险上做到应保尽保；在就业创业政策上做到应享尽享。对新就业形态劳动者，针对其工作特点、保障需求，量身定制灵活适用的就业支持政策和社会保险制度，解决好他们的保障和再就业问题。

五是勇于开拓创新。首先要勇于政策创新。各地方各部门抗疫复工稳就业的工作实践表明，只有坚持问题导向和政策导向，不断提高政策的针对性和有效性，勇于开拓创新，才能够战胜困难、解决难题，于困境难关中闯出新的就业之路。其次要勇于做法创新。在抗疫复工稳就业工作实践中，涌现出许多好做法，这些做法务实有效，对打通复工稳就业的难点堵点发挥了重要作用。特别是充分运用互联网、大数据和数字平台等高科技手段，助力复工复产稳就业取得明显成效。实践表明，在就业工作中不断创新做法和手段是就业发展的重要动力。

7. 认真总结经验，抓紧健全就业应急机制，是更好应对当前及今后严峻就业局面的必备之器。

进入 21 世纪以来，我们已经历了 2003 年的"非典"疫情、2008 年的地震灾害、国际金融危机，以及这次全球突发的新冠肺炎疫情等重大突发事件对就业的冲击。虽然经过艰苦努力，实现了较好应对，但因为事件突发初期的准备不足和应对不力，也付出了不小代价。实践再次告诉我们，建立健全全国性的就业应急调控管理机制极其重要，十分迫切。我们应认真总结以往应对工作中的教训，并从这次统筹防控疫情与快速有序推进复工稳就业的工作中汲取经验，与国家总体应急管理机制相配套，抓紧建立健全就业快速应急机制，以便在重大事件突发时能有效缓解失业冲击，切实保障劳动者权益，迅速恢复就业和社会稳定。

一是强化高效反应。应以国务院和各省级政府的就业领导小组为主导，在突发事件或经济急剧变化时，强化统一高效、反应灵敏、指挥有力的应急组织领导机制，制定预警体系和应急工作预案，研判紧急状况，作出发布警报和启动应急措施的决定。

二是运用失业预警。在坚持执行常规的就业和失业统计的基础上，抓紧建立失业预警体系，监测突发事件及经济急剧变化所影响的行业、地区的就业状况，包括失业率和失业周期的变化、停工停产企业员工状态、中低收入人群收入状况、行业景气和就业环境变化等，并进行快捷准确的评估，一旦超过警戒线便由系统发出警报。

三是做实工作预案。应制定一整套应对紧急状况的预案，包括减轻负担加大支持，引导企业在非常时期不裁员少裁员；对受冲击严重的困难人群，实行紧急援助和兜底保障；加快实施公共工程，扩大开发公益岗位，结合劳动者转岗转业、自主创业和企业重振的需要制定政策和创造条件；在受影响大的行业和地区实施防止失业集中暴发的紧急对策，解决行业的供应链产业链问题，推动跨地区劳务协作和重点就业援助，等等。

四是强化管理责任。就业应急管理的预警和预案应作为法规明确定位,并层层分解落实到相关部门和责任人;应制定应急工作流程手册和案例分析提示,进行培训演练和考核;应加强相关情况的监测和报告,届时做到信息通畅无误;应研究和储备就业应急管理的政策工具箱,届时做到应用尽用;在出现突发事件实施就业应急管理时,要做到相关各部门和各工作环节紧密联系、有序操作。

当前,全球疫情仍在持续,我国仍面临"外防输入,内防反弹"的压力,这也给就业稳定带来了新的挑战。我们应充分借鉴前期抗疫复工稳就业实践中的成功经验和做法,在大力贯彻落实就业优先政策中,更加重视发挥公共就业服务体系的功能作用,将强化政府责任与充分发挥市场主体的作用更好地结合,将行之有效的政策措施从国家层面予以固化,以此来抵御疫情的持续冲击,确保就业工作稳定向前发展。

近两年抗疫复工复产稳就业的实践,为推进更加充分更高质量就业奠定了坚实的基础,而实现中长期的就业目标则是对我们工作提出的更高要求。以此目标为导向,我们要在推进就业工作的具体实践中,逢山开道,遇水搭桥。以此目标为引领来推进政策的制定和工作的开展,其内涵更加丰富、范围更加广泛、政策设计更为积极,推进工作更为主动,对推动中国就业事业长远发展具有极其重要的意义。我们当为此继续努力奋斗。

第二部分
典 型 分 析

复工复产稳就业专项工作实录[①]
——基于国务院和人力资源社会保障部11个专项工作部署的推动情况

 **专栏 2-1**

积极应对疫情影响　强化稳就业举措[②]

一是更好实施就业优先政策。推动企业复工复产，取消限制复工复产的不合理审批。加大减负稳岗力度，加快实施阶段性、

[①] 这部分内容在主报告中曾分别列述，现根据人力资源社会保障部各司局单位提供的材料，以专项工作实录的方式再在这部分集中体现。

[②] 本专栏内容摘编自国务院办公厅印发的《关于应对新冠肺炎疫情影响强化稳就业举措的实施意见》（国办发〔2020〕6号）。

有针对性的减税降费政策，提高中小微企业失业保险稳岗返还标准。提升投资和产业带动就业能力，优先投资就业带动能力强的产业。优化自主创业环境，扩大创业担保贷款覆盖范围，对创业投资企业予以政策支持。支持多渠道灵活就业，支持劳动者依托平台就业，取消灵活就业人员参加企业职工基本养老保险的省内城乡户籍限制。

二是引导农民工安全有序转移就业。强化重点企业用工调度保障、农民工"点对点、一站式"返岗复工服务，推广健康信息互认机制。对组织集中返岗涉及的交通运输、卫生防疫等给予支持。支持就地就近就业，在县城和中心镇建设一批城镇基础设施和公共服务设施。对吸纳贫困劳动力就业规模大的企业给予一次性奖励。

三是拓宽高校毕业生就业渠道。鼓励中小微企业吸纳就业，对符合条件的中小微企业给予一次性吸纳就业补贴。扩大国有企业、事业单位、基层服务项目等的招聘招募规模以及大学生应征入伍规模；扩大硕士研究生、普通高校专升本招生规模；扩大就业见习规模，延长见习补贴期限；允许部分专业高校毕业生免试取得相关职业资格证书。

四是加强困难人员兜底保障。保障失业人员基本生活，全面实现线上申领失业保险金。对相关失业人员，按规定发放6个月失业补助金。强化困难人员就业援助，动态调整就业困难人员认定标准，及时将受疫情影响人员纳入就业援助范围，确保零就业家庭动态清零。开发一批临时性公益岗位。加大对湖北等疫情严重地区就业支持和政策、项目倾斜。

五是完善职业培训和就业服务。大规模开展职业技能培训，实施农民工等重点群体专项培训。2020年3月底前开放线上失业登记，推进在线办理就业服务和补贴申领，加大人力资源服务供给，优化用工指导服务，依法规范裁员行为。持续开展线上招聘服务，低风险地区可有序开展小型专项供需对接活动。

《国务院办公厅关于应对新冠肺炎疫情影响强化稳就业举措的实施意见》强调，要压实就业工作责任，加大就业补助资金和稳岗补贴投入力度，强化表扬激励，加强督促落实，在确保疫情防控到位的前提下，毫不放松抓紧抓实抓细稳就业各项工作。

支持多渠道灵活就业　全力稳就业保就业[①]

个体经营、非全日制以及新就业形态等灵活多样的就业方式，是劳动者就业增收的重要途径，对拓宽就业新渠道、培育发展新

[①] 本专栏内容摘编自国务院办公厅印发的《关于支持多渠道灵活就业的意见》（国办发〔2020〕27号）。

动能具有重要作用。要把支持灵活就业作为稳就业和保居民就业的重要举措，坚持市场引领和政府引导并重、放开搞活和规范有序并举，顺势而为、补齐短板、因地制宜、因城施策，清理取消对灵活就业的不合理限制，鼓励自谋职业、自主创业，全力以赴稳定就业大局。

一是拓宽灵活就业发展渠道。持续深化商事制度改革，提供便捷高效的咨询、注册服务。鼓励劳动者创办小规模经济实体，支持发展各类特色小店，对下岗失业人员、高校毕业生、农民工、就业困难人员等重点群体从事个体经营的，按规定给予创业担保贷款、税收优惠、创业补贴等政策支持。增加非全日制就业机会，推动非全日制劳动者较为集中的行业提质扩容，增强社区服务业的吸纳就业能力。支持发展新就业形态，实施包容审慎监管，加快推动网络零售、移动出行、线上教育培训、互联网医疗、在线娱乐等行业发展，创造更多灵活就业岗位。

二是优化自主创业环境。加强审批管理服务，开通行业准入办理绿色通道，对需要办理相关行业准入许可的，实行多部门联合办公、一站式审批。在政府指定的场所和时间内销售农副产品、日常生活用品，或者个人利用自己的技能从事依法无须取得许可的便民劳务活动，无须办理营业执照。取消涉及灵活就业的行政事业性收费，对经批准占道经营的免征城市道路占用费。提供低成本场地支持，落实阶段性减免国有房产租金政策，有条件的地方可将社区综合服务设施闲置空间、非必要办公空间改造为免费经营场地,优先向重点群体提供。

三是加大对灵活就业保障支持。推动新职业发布和应用,更新职业分类,及时制定新职业标准。将有创业意愿的灵活就业人员纳入创业培训范围,按规定落实职业培训补贴和培训期间生活费补贴。把灵活就业岗位供求信息纳入公共就业服务范围,免费发布供求信息,鼓励各类人力资源服务机构为灵活就业人员提供专业化服务。研究制定平台就业劳动保障政策,依法纠正拖欠劳动报酬等违法违规行为。加大对困难灵活就业人员帮扶力度,对符合条件的灵活就业人员按规定纳入最低生活保障、临时救助范围。

专栏 2-3

保障重点企业用工　助推产业链协同复工复产[①]

加强企业用工保障,是助力产业链协同复工复产的重要环节。各级人力资源社会保障部门立足职能职责,将帮助医用物资生产企业、生活必需品生产企业等重点企业解决招用工难题,作为抗

---

① 本专栏内容摘自人力资源社会保障部官方网站。

击新冠肺炎疫情的关键举措，助推产业链协同复工复产取得积极成效。

一是产业链条有协同。人力资源社会保障部门建立重点企业用工调度保障机制，将口罩、防护服等重要医用物资生产企业及其配套原材料和设备生产企业、生活必需品生产企业、重要医用物资收储企业以及为应对疫情承担通信、运输、销售等任务的企业纳入重点企业范围。推进全产业链复工，帮助解决用工难题，推动了重点企业的快速复工复产，为科学打赢疫情防控阻击战提供了物质保障。

二是组织推进有力度。31个省（区、市）和新疆生产建设兵团均成立了由相关领导任组长的工作领导小组，河南省、浙江省等地还成立了工作专班。各地为重点企业配备了人社服务专员，掌握企业用工需求，实施台账管理，基本实现员工总数清、缺工人数清、空岗结构清。

三是供需对接有平台。广泛利用网站、微博、微信、App等载体，多渠道发布重点企业用工信息，设立重点企业招聘专区，提供专场招聘，搭建用工供需对接平台。天津市、河北省、上海市、安徽省等地广泛动员引导当地居民到重点企业就业；浙江省、福建省、山东省、广东省等地通过搭建用工调剂平台、加强省内外劳务对接等方式，帮助产业链上下游企业招用工。当前，人力资源社会保障系统正在开展"职等你来 就业同行"百日千万网络招聘专项行动。其间，各地打造了多元参与、特色鲜明的地方活动，策划重点经济区、重大工程项目、重要支柱产业等专场招聘，进一步推进全产业链复工复产。

四是员工返岗有保障。各地人力资源社会保障部门积极协调公安、交通运输、卫生健康、铁路等部门，做好农民工返岗复工"点对点"服务，保障农民工有组织、成规模、分批次安全有序返岗务工。河南省、四川省、贵州省、云南省等劳务输出省份与东部劳务输入省份，积极推进省际劳务协作对接；天津市、安徽省、山东省等地指导帮助企业加强厂区、车间疫情防控，改善职工生产生活条件，提供必要的防护措施。

五是政策支持有实招。各地因地制宜，采取报销交通费、给予一次性奖励等措施，鼓励人力资源服务机构组织员工到岗。北京市、重庆市、云南省等地对在疫情防控期间为重点企业提供职业介绍服务的经营性人力资源服务机构，给予一次性就业创业服务补助；山东省、江西省、四川省、陕西省等地对符合条件的企业，给予一次性吸纳就业补贴；山东省、贵州省等地对重点企业外地员工返岗产生的交通费给予补助，推动市域外企业员工尽快返岗。

专栏 2-4

精准招聘不停歇 就业服务"不打烊"[①]

新冠肺炎疫情暴发，稳就业、保就业任务十分艰巨。全国人力资源社会保障系统坚决贯彻习近平总书记重要指示精神和党中央、国务院决策部署，快速响应，主动作为，积极配合做好疫情防控，千方百计、多措并举稳住就业基本盘。2020年3月20日至6月30日，人力资源社会保障部会同有关方面启动实施主题为"职等你来 就业同行"百日千万网络招聘专项行动，通过搭建全国统一、多方联动的网络招聘平台，集中开展线上招聘活动，以更实举措稳就业、惠民生，取得了良好成效。截至6月30日，全国共有4 920家公共就业人才服务机构和各类社会主体参与专项行动，共举办各类线上招聘会14 392场，共计208万家用人单位发布岗位需求2 761万人次，在线接收求职简历1 943万份，为招聘求职提供了便捷高效的对接通道。

一、线上招聘不停歇，搭建服务"一张网"

面对疫情影响，人力资源社会保障部门开展的百日千万网络招聘专项行动，将招聘会搬到了线上，为各类劳动者和有招聘需求的用人单位搭建精准对接平台，让信息更透明、渠道更通畅、

[①] 本专栏内容摘自2020年7月16日《中国劳动保障报》。

效果更精准。多款视频工具齐上阵,"空中宣讲会"弹幕随时可发,快捷灵活成本低,这样的"云招聘"特别贴合95后、00后毕业生找工作的习惯。3个多月来,百日千万网络招聘专项行动得到了全国各级人力资源社会保障部门和各类社会主体的积极响应和广泛参与,各方联手密集举办了主题多样、内容丰富的招聘服务活动,特别是在优化线上面试服务功能提升面试效率、直播带职位、大数据分析促进精准匹配等方面的积极探索,取得了显著成效。此次专项行动采取了"1+N"方式组织。"1"是指搭建1个全国统一线上平台,"N"是指分行业、分区域、分群体举办专场招聘。百日千万网络招聘专项行动启动以来,各地人力资源社会保障部门、各社会参与主体协调配合,充分利用各方资源推进行动实施,迅速构建起全国统一、多方联动的网络招聘平台,实现部、省、市三级招聘平台高效无缝对接。

二、多方联动稳就业,下活就业"一盘棋"

BOSS直聘联合央视新闻推出"'职'为你来"大型校园招聘直播公益活动,6个半小时直播宣讲,56家知名企业带来400个职位、超过7万个岗位,1 200余万人次观看,收到10万多份简历。此次专项行动充分发挥市场力量,邀请人民网、央视频以及中智、智联招聘、抖音等13家市场机构参与,发动各级人力资源服务产业园2 000余家同步开展。各地人力资源社会保障部门也积极发动本地市场机构为求职者提供各类服务。据统计,全国参与专项行动的市场化人力资源机构共计1 626家。活动还专门设立了群体招聘专区、重点区域专区和特色行业专区，常设高校毕业生、农民工、城镇失业人员、贫困劳动力，以及京津冀、长三角、粤港澳大湾区、52个未摘帽贫困县和湖北等招聘专场，每周滚动推出行业招聘专场。

• 行业专场招聘持续火热。人力资源社会保障部百日千万网络招聘专项行动推出贸易进出口、科技、航旅、女性4个专场，共2 000余家用人单位提供岗位1.7万个。

• 地方特色专场招聘有声有色。江苏省2020届高校毕业生千企万岗"云"招聘会聚焦毕业生需求，组织企业招聘，提供岗位超过1万个；在百日千万网络招聘专项行动新疆分会场旅游住宿专场网络招聘会上，共有200余家用人单位提供了1 500余个岗位。

• "援鄂"行动大力推进。举办第七届大中城市联合招聘高校毕业生"湖北站"巡回网络招聘会，共有10个外省人力资源社会保障部门参与，湖北省内外共365家企事业单位提供了1.8万个就业岗位；全国各级人力资源社会保障部门、各社会参与主体纷纷响应，举办湖北地区专场招聘会共计73场次，约7 100家用人单位发布岗位48万个。

三、创新服务无止境，各界叫好齐点赞

2020年是脱贫攻坚的决胜之年，助力人社扶贫是本次专项行动的重要内容。全国各级人力资源社会保障部门、各社会参与主体举办贫困劳动力专场招聘会共计1 298场次,约24.6万家用人单位发布岗位230.6万个。发挥"云端"优势、拓展服务多元化也是本次专项行动的显著特色。各地因地制宜持续推出有针对性和特色化职业指导、职业技能培训、就业创业政策三大特色云服务。此次专项行动主会场累计上线138节职业指导云课堂、6 257节职业技能云培训课程、16节就业政策微课堂,发布467条中央及各地就业创业政策服务清单事项、31个省(区、市)及新疆生产建设兵团高校毕业生就业创业政策清单和视频。同时,各地还采用短视频、动漫等劳动者喜闻乐见的方式,在分会场开发上线了具有本地特色的868节职业指导云课堂和30 043节职业技能云培训课程,发布了1 328条就业创业政策。

专栏2-5

以工代训政策稳岗助企成效明显

为做好"六稳"工作,落实"六保"任务,2020年5月,人力资源社会保障部会同有关部门印发《关于实施企业稳岗扩岗专项支持计划的通知》(人社部发〔2020〕30号),大力实施以工代训，并拓宽以工代训范围。对中小微企业吸纳就业困难人员、零就业家庭成员、离校两年内高校毕业生、登记失业人员就业，并开展以工代训的，可根据吸纳人数给予企业职业培训补贴；对受疫情影响出现生产经营暂时困难导致停工停业的中小微企业，组织职工开展以工代训的，可根据组织以工代训人数给予企业职业培训补贴；各地可结合实际情况，将受疫情影响较大的外贸、住宿餐饮、文化旅游、交通运输、批发零售等行业补贴范围扩展到各类企业。所需资金从职业技能提升行动专账资金中列支。2021年《政府工作报告》提出，要扩大失业保险返还等阶段性稳岗政策惠及范围，延长以工代训政策实施期限。2月，人力资源社会保障部会同有关部门印发文件，明确要求将以工代训政策期限延长到2021年12月。截至2021年12月底，全国以工代训惠及企业185.7万家，支持企业职工3 685.1万人。实践证明，以工代训政策对有效应对国内外疫情形势和经济下行压力影响，稳定就业基本盘，做好"六稳"工作，落实"六保"任务，助力企业和经济持续稳定恢复方面发挥了积极作用。

专栏 2-6

大力开展线上培训　培育职业技能提升行动新动能

线上技能培训是"无接触培训",对避免人员聚集风险,实现企业复工复产具有积极作用;同时,也是帮助农民工、失业人员、贫困劳动力等人群提升就业能力的重要举措。2020年2月,人力资源社会保障部会同财政部印发了《关于实施职业技能提升行动"互联网+职业技能培训计划"的通知》(人社部发〔2020〕10号),明确参加线上培训并取得相应课程培训合格证明的学员,按照规定给予培训补贴;对参加线上培训的建档立卡贫困劳动力、就业困难人员、零就业家庭成员、"两后生"中农村学员和城市低保家庭学员,在培训期间给予一定的生活费补贴。同时,加大线上培训资源供给。面向社会征集职业技能提升行动线上培训平台及数字资源,遴选了华为、"中国职业培训在线"及"技能大师在线"培训平台等50多家线上培训平台,在疫情期间免费向社会开放。同时,在全国集中组织实施以"抗疫接力,技能就业,助力脱贫"为主题的百日免费线上技能培训行动,大规模开展免费线上职业技能培训。人力资源社会保障部所属"中国职业培训在线"等6家在线培训平台,设立线上培训专区专栏,向湖北等受疫情影响严重地区、"三区三州"深度贫困地区和挂牌督战贫困地区，加大线上培训资源免费开放力度，扩大课程免费范围，延长免费时间。百日免费线上技能培训行动累计投放课程资源11.4万个，实名注册学员超过1 300万人次，参与线上培训超过1 200万人次，学习时长近2亿小时。

专栏2-7

"点对点"服务保障农民工返岗复工

为贯彻落实习近平总书记重要指示批示精神和党中央、国务院决策部署，2020年春节后，为减少疫情对农民工外出务工带来的不利影响，人力资源社会保障部会同公安部、交通运输部、卫生健康委、国铁集团组织开展农民工返岗复工"点对点"服务保障工作，通过组织专车、专列（包车厢）、包机等方式，重点保障成规模、成批次外出的农民工安全有序返岗复工，累计"点对点"运送农民工606.8万人，其中贫困劳动力152万人。

农民工返岗复工"点对点"服务保障工作的主要特点如下：

• 建立一个机制，高位部署推动。成立由人力资源社会保障部部长张纪南同志为组长，公安、交通运输、卫生健康、国铁集团等部门负责同志任副组长的工作协调小组。各地相应建立"点对点"服务协作机制或工作专班。

- 搭建两个平台,摸清出行需求。人力资源社会保障部门通过线上、线下平台相结合的方式,从农民工和企业两个方面,摸清"点对点"出行需求。建立开通面向农民工的"点对点"服务线上平台,支持农民工和企业在线填报。

- 聚焦三个重点,加强服务保障。一是以脱贫劳动力为重点。明确优先为"三区三州"等深度贫困地区、易地扶贫搬迁安置点以及未摘帽的52个贫困县贫困劳动力提供"点对点"返岗复工服务。二是以重点企业用工为重点。建立重点企业用工调度保障机制,以重要医用物资生产企业、生活必需品生产企业、保障城市运转相关企业等为重点,跟踪用工需求,推动供需对接。三是以湖北农民工为重点。开展定向劳务对接,对离汉离鄂通道管控措施解除后的检疫检查、"点对点"运输服务等提出要求,协调开行湖北专列,累计"点对点"运送湖北农民工共70.2万人。

- 强化四个环节,打通出行堵点。一是健康信息互认环节。人力资源社会保障部会同卫生健康委加强对农民工健康检查和健康信息互认工作的指导。二是运输环节。交通运输部门按照"一车一策"原则,将农民工返岗包车纳入绿色通道,实行不停车、不检查、不收费,累计为农民工返岗包车减免通行费2亿元。国铁集团根据需求调整铁路专列,积极调配车体。民航部门专门开辟绿色审批通道和机场快速通道。三是对接环节。做好输出地和输入地、农民工与企业的对接，落实好最先一公里和最后一公里服务，压实防疫的属地责任和企业主体责任。四是安全环节。公安部门加强对车站等重点部位的巡逻防控，累计投入警力69万余人次、警车19万余辆次。

农民工返岗复工"点对点"服务保障工作获得了广大农民工和社会各界的一致认可，助推了复工复产和经济社会平稳运行，实现了政治效益、经济效益和社会效益的有机统一。

专栏2-8

加强用工指导　发挥多方力量支持企业复工复产

一是根据疫情发展变化及时调整政策重心。人力资源社会保障部办公厅第一时间印发《关于妥善处理新型冠状病毒感染的肺炎疫情防控期间劳动关系问题的通知》（人社厅明电〔2020〕5号），明确疫情期间企业保留劳动关系、发放工资的基本要求，将职工稳定在企业，保障职工的基本生活。这些政策措施的出台，缓解了因疫情被隔离或无法正常返岗劳动者的焦虑情绪，有力地支持了疫情防控和企业复工复产。随着疫情好转，企业逐步恢复生产，政策制定着眼点转为倡导劳动者积极返岗复工，促进企业复工复产。为帮助企业降低用工成本，提高人力资源管理效率，人力资源社会保障部办公厅印发了《关于订立电子劳动合同有关问题的函》（人社厅函〔2020〕33号），明确电子劳动合同的法律效力；针对企业招工难、用工难问题，印发了《关于做好共享用工指导和服务的通知》（人社厅发〔2020〕98号）；为切实维护新就业形态劳动者权益，人力资源社会保障部等八部门出台了《关于维护新就业形态劳动者劳动保障权益的指导意见》（人社部发〔2021〕56号）。

二是加强企业用工指导服务。为使政策措施落实落细，指导各地主动帮助企业知晓和准确理解疫情期间劳动关系处理有关政策，及时提供咨询服务，采取印发手册、制作微视频等多种形式加强政策宣传解读。引导企业健全内部沟通协商机制，鼓励企业和职工遇事多商量、困难共担当，通过多种方式稳定劳动关系。及时了解掌握企业规模裁员情况，主动为裁员较多的企业提供"一对一"指导和服务；对确需裁员的企业，提早介入，指导和督促企业依法裁减人员。印发做好共享用工指导和服务的通知，促进共享用工有序开展。

三是发挥多方力量全力支持企业复工复产。充分发挥协调劳动关系三方机制的独特作用，人力资源社会保障部会同中华全国总工会、中国企业联合会/中国企业家协会、全国工商联，联合下发《关于做好新型冠状病毒感染肺炎疫情防控期间稳定劳动关系支持企业复工复产的意见》(人社部发〔2020〕8号),提出鼓励协商解决复工前的用工问题、鼓励灵活安排工作时间、协商处理疫情防控期间的工资待遇以及帮助企业减少招聘成本、合理分担企业稳岗成本等12条具体政策措施。鼓励企业在疫情防控期间尽量承担社会责任,保证劳动者工作岗位稳定和基本生活,倡导劳动者在企业提供必要防护措施前提下,积极复工或提供线上劳动等,树立企业、职工利益共同体理念,鼓励职工与企业共克时艰、共渡难关。同时,在国有企业负责人薪酬和工资决定机制现有政策框架内,出台了疫情防控期间做好国有企业工资分配工作的意见,对如何处理疫情对工资分配影响作出指导,支持国有企业积极做好疫情防控工作。

专栏 2-9

多措并举保障失业人员生活　帮扶企业渡过难关

2020年以来,应对新冠肺炎疫情影响,围绕"六稳""六保",失业保险创新政策举措,"稳岗、扩围、降费、畅经办"并举,全力保障失业人员生活,积极帮扶企业渡过难关。

一是保企业稳岗位。落实习近平总书记"抓好稳岗返还政策落地"指示，2020年放宽中小微企业稳岗返还裁员率标准，将返还比例从50%最高提至100%，叠加实施力度更大的困难企业稳岗返还。2021年，随着经济形势好转，企业用工总体稳定，停止实施困难企业稳岗返还政策，并对普惠性稳岗返还政策调整优化，将受益主体由企业扩大到个体工商户、社会团体等，将返还比例由50%调整为大企业30%、中小微企业60%，更加凸显倾斜支持政策导向。疫情发生以来，向1 015万户次企业发放1 273亿元，惠及职工2.5亿人次。李克强总理在国务院常务会议上指出，失业保险政策的调整，对在岗培训和稳岗扩就业都发挥了重要作用，虽然具体到每个企业头上金额并不大，但这是雪中送炭的"救命钱"，帮助他们渡过了难关。

二是保生活兜底线。落实习近平总书记"扩大失业保险覆盖范围"指示，出台阶段性扩围政策，对参保失业人员，符合条件的发失业保险金，不符合条件的发失业补助金，基本实现保障全覆盖。2020年以来，全国发放失业保险待遇超过1 800亿元。国务院常务会议指出，"扩大失业保险保障范围，有力帮扶了失业和困难农民工"。

三是降费率助纾困。落实习近平总书记"抓好社保费阶段性减免"指示，疫情期间延续实施失业保险1%的低费率，2020年叠加实施阶段性减免缓企业失业保险单位缴费。政策实施以来，累计减收失业保险基金超过2 800亿元。企业普遍反映减免社保费是惠及率最广、满意度最高的纾困举措。

四是快发放畅经办。落实习近平总书记"推动线上申领失业保险金"指示，创新"四免"经办模式。推动"免跑即领"，上线运行失业保险待遇申领全国统一入口，失业人员"只动手不跑腿"；推动"免申即享"，通过数据比对精准发放稳岗返还，企业免申请免填表；推动"免证即办"，取消证明材料，简化申领流程，失业人员只拿身份证或社保卡就可办理；推动"免登即发"，领失业保险金后办失业登记，领失业补助金不办失业登记。

专栏2-10

加强疫情期间职业指导和就业服务

新冠肺炎疫情期间，不断创新工作手段和服务方式，大力推广"不见面"服务，确保各项工作不断档、有加强。一是加强中国就业网"互联网+职业指导"专栏建设，2020年以来，每年更新发布"微课堂"短视频资源3 000多部，截至2021年年底专栏累计点击800多万人次；2020年6月加载职业测评工具，进一步丰富专栏服务内容，面向社会提供自助式职业指导服务，累计实施测评服务15万余人次；2020年5月以来，陆续组织开发上线"务工就业指导""大学生就业指南"等专题课件140多个，组织35名职业指导师开通电子邮件在线咨询服务。二是组织开辟中国就业网"空中双选会"专栏，汇总发布智联招聘、58同城、全国工商联及各地公共就业服务机构招聘网站链接，方便群众在线求职应聘。三是地方积极响应跟进，纷纷开展直播带岗、智能就业、"云课堂"等线上服务，确保疫情防控常态化期间就业服务不断线。2020年以来，北京市聚焦毕业生求职、新就业形态、稳岗留工等热点话题，创作发布109期"微课堂"，组织"直播带岗""HR现场说"等73场直播课，先后有59万人次参与其中；顺义区"小帅说岗"、大兴区"职业指导V课堂"、通州区"职小萌"已成为区县特色就业服务品牌。上海市强化"乐业上海"服务品牌，打造"乐业战疫"就业资讯服务频道，发布《上海市高校毕业生求职宝典》，推出"校园职业指导线上微课"和"预约职业指导"一网通办服务。重庆市在每周五组织开展"重庆英才·职等您来"网络直播招聘活动。安徽省开设"'职业指导、职业规划'与您在线有约"栏目，为广大求职者和用工单位提供就业政策咨询、职业指导、职业介绍和用工指导等服务，2021年有近2.8万人次、4000多家企业接受就业服务。

开展缺工职业排行发布工作。2019年三季度以来，按季度做好全国招聘大于求职"最缺工"的100个职业排行信息收集发布和宣传解读工作，深入分析疫情对劳动力市场供求状况影响，引导市场招聘求职活动，中央政府网对每季度发布的"职业排行"均予转载。其中，2020年三季度发布的"中小学教师首次进入排行"微信转发2.2亿次，引发各方对解决劳动力市场供求结构性矛盾问题的思考。缺工职业排行情况为研判疫情期间就业形势，为劳动者、用人单位求职招聘及职业技能培训工作提供指引等发挥了重要作用。

依托就业帮扶直通车搭建岗位信息平台。2020年3月，人力资源社会保障部办公厅印发《关于在新冠肺炎疫情防控期间进一步做好"就业扶贫直通车"工作的通知》（人社厅函〔2020〕43号），将平台作为推行"不见面"网上就业服务的措施，推动东西部扶贫协作和对口支援省市与"三区三州"开展就业扶贫精准对接。人力资源社会保障部办公厅联合国务院扶贫办综合司印发《关于开展就业扶贫岗位直播活动的通知》（人社厅函〔2020〕167号），推动实现更精准、直接、安全的人岗对接。同时，开展全国公共就业服务机构就业岗位大数据对接，进一步丰富平台岗位数据。截至2021年年底，"就业帮扶直通车"平台累计发布岗位信息82万个，完成28场直播带岗活动。

 专栏 2-11

发挥社团组织作用　助力抗疫复工复产稳就业

2020 年，中国就业促进会秉持服务大局促进就业宗旨，充分发挥参谋助手桥梁纽带作用，积极助力抗疫复工复产稳就业。

一是助力企业复工复产积极建言献策。围绕解决在防控疫情中推进复工复产遇到的两难问题，及时提出"推动复工复产与推行健康码有机结合的建议"，并向会员发出倡议书，号召其在复工复产中推广使用健康码，为安全有序复工复产提供保障条件；在二、三、四季度分别组织专家学者对就业形势进行研判，剖析存在问题，提出稳就业保就业政策建议；组织在线专题研讨，整理提交"跨地区人力资源供需对接突破属地化管理的断点""推动线上职业培训发展解决好与企业需求对接的痛点""重点地区及地域内重点行业企业政策再加码""构建新型职业培训供给平台解决供需对接瓶颈问题""加强新就业形态劳动者权益保障补齐短板"五项建议案，供行政决策和制定政策参考。

二是持续加大抗疫复工复产稳就业宣传。全新编发 17 期《抗疫复工进行时——亮点难点观点汇编》电子专刊，及时宣介国家抗疫复工稳就业新政策，传递地方落实政策推进复工复产新举措，反映基层一线遇到的新问题和专家提出的对策建议；编译 13 期中英双语版《中国抗疫复工稳就业做法交流专刊》，及时宣传中国政府稳就业保就业最新部署和重要举措，推介政府部门稳就业保就业政策措施、创新做法、最新统计数据和国际动态，促进国际交流互鉴；充分发挥中国就业促进会微信公众号（全年编发126期）、《中国就业》杂志（全年发刊12期）和各专项交流群的作用，紧跟宏观经济和就业发展变化，做好抗疫复工复产稳就业宣传。

三是聚焦稳就业保就业深化研究和实践总结。结合当下开展的"职业培训创新研究""更加充分更高质量就业研究""'十三五'促进就业规划评估""企业促进青年就业调查研究""劳务品牌宣传与提升路径研究"等课题，针对疫情突发情况，及时调整研究方向，加强对特别时期特殊就业政策的研究；编写出版《中国的就业》《就业优先政策研究与探索》《聚焦中国就业》《推进全方位公共就业服务最新实践》，为更好地服务稳就业保就业工作提供借鉴；组织2020年度中国就业十件大事和地方就业创新事件推荐评选活动，重点盘点抗疫复工稳就业保就业工作成果和创新亮点；组织发行2021版就业创业指南宣传品，结合复工稳就业新政改版，助力脱贫攻坚和农村劳动者就业创业。

四是聚力抗疫复工复产稳就业搭建交流平台。加强"一带一路"人力资源研究中心平台建设，启动高端智库，围绕"一带一路"人力资源领域研究和人力资源建设进行研讨交流。发挥中国新就业形态研究中心平台优势,组织新就业形态创新发展研讨会,为更好地发挥新就业形态稳就业作用积极建言;依托创业、公共就业服务、失业保险专业委员会平台,举办创业培训技术线上研讨会、首届公共就业服务业务竞赛等,推动专项业务工作再上新台阶;积极参与有关部门、机构、企业组织的交流研讨活动,及时分享新成果新经验,多角度发声,为推进稳就业工作加油助力。

2020 年湖北省抗疫就业保卫战研究报告

——基于湖北省就业促进会组织的回顾和研究

周腊元　万　鹏　宗　凯　卢建文　舒　波

2020 年 1 月，新冠肺炎疫情突然在武汉市暴发，并迅速蔓延至全省大多数市县。面对突如其来的疫情，在以习近平同志为核心的党中央正确领导下，湖北省各地迅速进入抗疫应急状态，把保就业摆在"六稳""六保"的首位，在全省范围内开展了一场前所未有的抗疫就业保卫战。经过全国各地的大力支持和全省人民艰苦卓绝的团结奋战，湖北省抗疫就业保卫战取得了举世瞩目的伟大胜利，在疫情得到有效控制的同时经济发展恢复到上年的 95%，2020 年新增就业 75.18 万人，年末城镇登记失业率为 3.35%，城镇调查失业率为 5.8%。虽然城镇登记失业率和城镇调查失业率比上年有所上升，但就业局势依然稳定。

这场全省抗疫就业保卫战的胜利，不仅为全国阻断疫情蔓延、取得全年国内生产总值增长 2.3% 和新增就业 1 186 万人的成绩做出了重要贡献，也使湖北省人力资源市场主体及就业工作队伍经受住了严峻考验和锻炼，同时积累了在紧急情况下开展就业促进工作的宝贵经验。

一、抗疫就业保卫战的主要经过

新冠疫情在湖北省暴发最早、灾情最重、防控最严、时间最久，对经济和就业的冲击最大。在各级党委、政府的统一领导下，各级人力资源社会保障部门及公共就业服务机构以迎战的姿态主动组织发动了抗疫就业保卫战，并根据疫情变化和防控要求，及时调整抗疫保就业的目标任务和工作重点。这场全省范围内长达一年的抗疫就业保卫战主要经历了防御、反击和进攻三个阶段。

（一）第一阶段抗疫就业防御战，时间从 1 月 23 日武汉市封城至 4 月 8 日解封，历时两个半月，核心任务是保稳岗

2020 年 1 月中旬，武汉市的商业重镇汉口新冠肺炎病例急剧增加，政府迅速对经查实有疫情的区域实行了封闭管理，有关疫情的消息在武汉三镇传播。当时正临近春节，武汉市的人流、物流、商品流集中进入高峰。为了阻断疫情向全省、全国各地蔓延，党中央果断决策，武汉市人民政府在春节到来的前一天，紧急宣布从 1 月 23 日零时起封城，全省各市县也在本辖区里相继采取了封闭措施。

这样的封闭管制在湖北省史无前例。除抗疫必需外，所有道路交通关闭停运，所有单位和企业停工停产，所有人员停止户外接触，所有有形市场交易活动停止运作。开始，社会普遍认为这种比戒严更为严厉的封（封闭）、停（停工停产）、禁（禁足）措施只要十天半月即可解除，但春节假期结束，疫情不仅没有缓解，而且还在恶化。全国

多数省市也出现了零散病例。

严酷的疫情和严厉的封闭防控措施的延长，对湖北省经济社会发展和民生造成了严重的冲击，对民生之本的就业带来了五大突出问题：一是从外地返乡过春节的 700 余万名务工人员面临失岗失业的危险；二是因封城滞留在鄂的近百万外地人员需要安置救助；三是省内中小微民营企业因疫情停工停产经营困难，近 100 万名员工面临劳动关系的变更或终止；四是抗疫生产、建设和服务急需的 50 万名临时用工难以招聘；五是人力资源市场机制难以发挥作用，就业服务的内容和手段因防疫要求无法采用。上述五大突出问题既是抗疫就业防御战面临的严峻形势，又是必须完成的战斗任务。

1. 确保抗疫一线生产工作的用人需求。

全省进入封城停产状态以后，直接或间接为抗疫提供生产、建设和服务的一批企业不仅不能停工，而且还要即速扩产，急需补充大量员工。虽然湖北省医疗系统得到了全国各省市的对口支援，但省内口罩、防护服生产企业和相关药品制造企业的用工需求增长了 5 倍，增加用工人数超过 30 万人；构建和营运新的隔离医疗单位和方舱医院急需新增用工 10 万人；为被禁足隔离的群众提供日常生活物资配送、快递的用工也需新增 10 万人。这些新增用工需求不仅数量大，而且要求急，必须在最短时间内得到满足。面对如此形势，各级人力资源社会保障部门特别是公共就业服务机构，把抗疫用工需求视作紧急战斗命令，他们不顾疫情风险，组织专门力量，利用一切可利用的资源、渠道和手段，采取"无接触招聘"，确保了抗疫一线企业的用工需求得到满足。一是通过网络招聘平台广泛发布紧急招聘信息；二是通过社区、乡村，在自愿基础上，直接组织返乡农民工和滞留在本地的外来人员上岗；三是向重点企业派驻460余名用工服务专员指导协助应急招聘工作；四是通过购买服务成果的方式组织民营人力资源服务企业按需招聘；五是对一些劳动强度大的艰苦劳动岗位由政府给予工资性补贴，用提高工资待遇的办法激励劳动者应聘。通过上述举措，负责新建武汉市火神山、雷神山防疫隔离医院的施工公司接到任务，5天就新组织招聘到了5 000多名有经验的工人，只用不到两周的时间就完成了两家大型医院的新建装修任务。承担为武汉市千万居民采购、配送和快递日常生活物资的上千家企业急需新增的6万名员工，3天内就招聘到岗。仙桃市是全国重点无纺布和口罩、防护服的生产基地，相关企业因扩大生产急需新增上万名员工。这个行业疫情前在本地就面临招工难的问题，在封城条件下新招员工就更难了。该市劳动就业管理局王桂红副局长在市政府的支持下，亲率精干人员，通过信息网络和各种关系，向贵州省、四川省和湖北省内多个市、县的就业服务机构寻求支持与合作，最大限度地满足了企业生产的用工需求，为保障全省乃至全国防疫口罩和防护服生产供给做出了贡献。荆门、黄石、孝感等市采取建立用工联盟、"赶集市"招聘、每日用工监测调配和"共享用工"方式，为抗疫一线用工单位提供招聘用工服务。

2. 确保封城停产期间就业岗位和劳动关系的稳定。

春节假期过后，湖北省疫情还在加重，短期内"解封复产"的希望破灭，700万名返乡过年的在外务工人员和300多万名本省企业员工忧虑不能返岗上班而失岗失业，部分员工因签订的劳动合同或劳务协议已经或即将到期而不知所措。与此同时，省外多数企业担忧湖北省疫情短期不能缓解造成湖北籍员工流失，省内用人单位特别是中小微民营企业特别担忧原有省内外员工因停产时间过长而"跳槽"不能返岗工作。人力资源市场供需主体均存在不同程度的忧虑和惶恐。

面对上述情形，全省各级人力资源社会保障部门通过各种途径和形式，加大抗疫稳就业宣传工作，增强对党委、政府抗疫稳就业政策措施的信任，从而稳定对经济发展和就业恢复增长的预期。一是指导和协助员工与用人单位主动相互联系沟通，确认双方的意愿和承诺，消除相互的误解及忧虑；二是主动与湖北省劳动力外出就业较多的省市人力资源社会保障部门联系，希望他们对湖北省给予就业援助，指导和督促各用人单位不要因疫歧视湖北籍员工，并尽可能保留原有湖北省员工的工作岗位；三是发文要求省内所有用人单位自觉履行社会责任，在疫情期间不得解除劳动合同或辞退员工，以保持劳动关系的稳定；四是对湖北省无病例市县和疫情低风险地区不实行或提前解除封闭措施，恢复防控下的正常经济社会秩序，让劳动者在做好自我防护的前提下复工复业。在开展上述工作的过程中，上海市、广东省、江苏省、福建省、山东省、浙江省等湖北籍务工人员比较集中的省市给予了大力的支持和协助，省内各用人单位讲政治顾大局，自觉贯彻执行中央及省有关部门稳定抗疫时期劳动关系的政策措施，使全省各地在长达两个多月的封闭状态下，民心稳定，社会安定。

3. 确保因疫情滞留在鄂的外地人员得到妥善安置。

由于湖北省"封城停产禁足"抗疫紧急措施事先没有预告，大量因各种原因滞留在全省各地的外地人员突然失去了自主行动和生活的条件，面临"走不了、留不好、寻助难"的困境。根据各地巡查登记报告，全省共有滞留外地人员近百万人，其中一半是因民航、铁路、水路和公路交通封闭滞留的转乘旅客和急赶回家过年的农民工、大学生，另一半则是原定在春节假期留在本地务工经商的劳动者。这些滞留的外地人员集中在武汉市和各个省辖市，强烈要求当地政府解决食宿和基本生活条件问题。为此，从省到有关市县都成立了滞留在鄂外地人员服务保障工作专班，由各级政府一名负责人牵头，人社、民政、交通、公安等相关部门按照分工协同负责，在做好抗疫紧急措施宣传解释工作使滞留人员理解配合的基础上，重点开展了四项工作。一是遵循自愿原则实行集中与分散安置相结合。滞留人员自愿在滞留地亲朋好友家居住的，即由所在街道社区给予健康检测和医学观察；滞留地没有或不愿到亲朋好友家居住的，则由滞留地建立专门安置点集中安置，提供基本生活条件。为此，全省各地指定和建立了461个滞留外地人员集中安置点。二是对经过健康检测和医学观察证明确无疫险的滞留人员，在经与前往目的地的有关部门联系核准后提前放行。三是对有就业意愿且经过防疫检测和医学观察确认身体健康的滞留人员，介绍他们到抗疫一线生产、建设和服务企业从事临时工作，既为他们找到了生活依靠，又使他们获得了一定的劳动收入。四是对原计划在春节期间留在本地务工经商的滞留外地人员，统一由本地原用人单位进行安置，并负责提供基本生活保障，政府按人对收留企业给予补偿。通过采取以上措施，有效防止了抗疫非常时期滞留在鄂外地人员流浪无助的状态。

4. 确保就业服务工作不停息。

紧急措施的实施，使全省有形的人力资源市场被迫按下"暂停键"，线下所有相互接触的招聘、中介活动一律停止。在这种情况下，湖北省各级人力资源社会保障部门紧急应对，以需求和问题为导向，充分利用现代科技信息技术手段，保证就业服务工作在抗疫中始终不停息。一是利用电视、广播、报纸、计算机、手机等所有媒体信息平台和工具，及时传播党和政府抗疫保就业的政策措施、人力资源市场供需信息，以及在抗疫的同时如何紧急办理有关劳动保障事务的办法和维护自身合法权益的途径。二是迅速将"线下"人力资源市场交易活动转移到"线上"，用人信息在网上发布，就业机会在网上寻找，洽谈交易在线上进行。三是就业服务事项在网上办理，实行不见面服务，保证了失业保险金按月审核发放，各项就业补贴政策及时落实到位。四是通过信息网络手段广泛收集各地抗疫保就业出现的新情况新问题和提出的意见要求，及时整理并向政府和上级主管部门报告，同时快速采取相应工作措施解决相关问题。此外，为政府提前准备了疫情缓解后复工复产促就业的一系列政策措施。

（二）第二阶段抗疫就业反击战，时间从 4 月 8 日武汉市解封至 6 月 30 日，历时 83 天，核心任务是快返岗

在连续一个月没有发生新增病例的情况下，湖北省除武汉市外的所有市、州均在 3 月底前后相继解除了紧急管控措施。4 月 8 日零时，武汉市政府宣布武汉解封。华灯齐亮，车船鸣笛，江岸灯火通明，标志着武汉市和湖北全省的抗疫斗争由黑暗走向光明，抗疫就业保卫战由防御转入反击阶段。

经过长达两个多月的严格的"封、停、禁"抗疫措施，企业急盼迅速复产复工，劳动者急盼快些返岗上班，人力资源市场也急需恢复正常交易活动。然而，疫情虽然得到了控制，但并没有完全消除，省内时有个别地方出现个别病例，省外也不断有少数病例出现。与此同时，世界许多国家疫情急剧恶化。在此形势下，湖北省按照党中央、国务院的部署和要求，统筹疫情防控和复工复产，一方面督促加强社区和机关、企事业单位的卫生防疫措施，另一方面有序加速复工复产，推进全省经济的稳步恢复。这一阶段全省抗疫就业反击战的主要目标是保返岗复工率、降低失岗率、提高就业服务效率。其主要特点和难点在于：一是时间要求急。企业急着要人复工，劳动者急着返岗上班，一旦慢了，就会影响复工复产的进展，而且企业又要重新招人，劳动者需要重新寻岗。二是协调任务重。有少数省外企业怕湖北籍员工返岗带来染疫的风险，甚至歧视湖北省员工，需要联系当地人力资源社会保障部门做工作；员工返岗必须持有湖北健康绿码或一周内的核酸

检测阴性证明，需要说服劳动者本人并协调卫生部门支持配合；还要协调铁路、公路交通运输部门组织车辆"点对点"接送返岗员工。工作牵涉到劳动者个人和用人单位、省内外诸多部门。三是困难人员和需要转移再就业的人员数量多、难度大。疫情不仅增加了需要就业援助的困难人数，还加大了就业援助的困难程度。此外，因为防疫需要延迟复工复产的旅游、休闲娱乐和一些人员聚集性服务业原有员工近 30 万人，他们大多数不愿继续待岗而选择再就业，在复工复产缺乏新增岗位的情况下，行业转移再就业困难较大。

根据抗疫就业反击战的形势和目标任务，湖北省各级人力资源社会保障部门重点开展了以下工作。

1. 尽快促使在省外有岗的农民工返岗复工。

为了让数百万在省外就业的湖北省劳动者尽快返岗复工，早在 2020 年 3 月 10 日，省政府就成立了返岗就业服务保障工作专班，建立由省人社、公安、财政、交通、卫健等部门组成的工作协调机制，印发工作方案，省、市、县三级明确专人负责，按日调度。同时，各地抓紧全民核酸检测，实行居民健康绿码网上登记、查询和互认制度，为劳动者返岗就业提供通行便利和安全保障。3 月 18 日、30 日，湖北省人民政府分别与广东省、浙江省人民政府签订《推动疫情期间务工人员安全有序返岗合作备忘录》。湖北省委书记、省长为赴浙江省、广东省等地务工人员送行。广东省委书记、省长亲自到火车站迎接。各省市主动落实习近平总书记"在湖北最艰难的时期搭把手、拉一把"的重要指示，全力支持湖北籍务工人员返岗就业。广东、江苏、浙江、福建、山东、上海、天津七省市与湖北省建立了劳务协作关系，援助湖北籍农民工就业。截至 3 月底，全国有 17 个省市 60 个县市与湖北省相关县市签订劳务对接协议，快速打通了农民工返岗就业通道。武汉市解除封停以后，全省各级人力资源社会保障部门与交通、卫健、公安等部门通力协作，省、市、县三级联动，按照"输出有组织、健康有检测、运送有防护、到达有交接"的要求，通过"点对点、一站式"办法，全力以赴推进务工人员安全有序返岗就业，帮助务工人员实现"出家门、上车门、进厂门"，确保输送工作安全有序。房县副县长带领人社等部门行程 1 000 余公里，"点对点"护送 247 名务工人员平安抵达浙江省宁海县。宁波市的申洲集团安排 49 台专车，分赴湖北省设立 23 个集中接送点，将 1 126 名员工接回到岗。据统计，3 月至 6 月，全省累计开出务工专列 67 列、专车 25 598 辆，通过"点对点、一站式"输送 70.54 万人，累计带动 717 万名返乡人员跨区域返岗就业，返岗人数与上年持平。

2. 尽快推进省内企业复工复产和员工回岗上班。

武汉市解除封停紧急措施为全省企业复工复产复业按下了"快进键"，各地人力资源社会保障部门一方面跟进了解企业的复产进度，一方面组织指导劳动者快速返岗。一是对复工迅速的重点项目、重点企业实行"一对一"跟踪服务，全力保障用工需求，以全员返岗促进复产。到 6 月底，全省共帮助 2 688 家重点企业召回员工 51.33 万人。二是对复产复工困难的中小微民营企业实施纾困保岗政策。除了给予贷款优惠、税费减免之外，人力资源社会保障部门迅速落实职工社保费缓缴、稳岗补贴等，对企业减员不高于 5.5% 的，返还企业上年度实际缴纳失业保险费总额的 50%~70%。企业还可享受生产经营场地在疫情期间减付 20%~50% 的租金。同时还指导经营困难企业主动与员工协商，适当降低工薪水平。通过落实援企稳岗政策，6 月底时，全省中小微民营企业复产复业率达到 75%，原岗位保有率达 85% 以上。

3. 尽快落实因疫情暂停的就业扶贫工作。

2020 年是脱贫攻坚决战的最后一年。受疫情和防控措施的影响，许多地方的就业扶贫工作被迫暂时中断，使需要就业援助贫困劳动力的数量不减反增，总数达到 17.35 万人。在时间紧、任务重的情况下，各级人力资源社会保障部门把就业扶贫任务责任到人、检查到周，因地制宜，因人施策，确保在 6 月底前把就业扶贫所有对象送到就业岗位上。为此，各地采取了四方面的措施。一是把就业扶贫与缓解本地企业招工难问题结合起来，采取动员加自愿原则，把贫困劳动力输送配置到招工难企业较有质量的劳动岗位上。二是加大对招用困难人员的职业培训和就业补贴，调动用人单位培训、录用困难人员的积极性。三是购买和开发本地抗疫中保民生的公益性岗位，对难以在市场中就业的困难人员实行"兜底"安置，给予岗位补贴和社保补贴，并将政策享受期限延长一年。四是大力扶持创业。省级就业专项经费安排了 691 万元用于支持 37 个贫困县实施"农家乐"创业扶持项目。贫困户创办"农家乐"小微企业，政府给予 1 万元一次性补贴，对吸纳半年以上就业人员的按每人 2 000 元给予就业补贴。

4. 尽快帮助不能正常复产行业员工实现再就业。

为了防止疫情的反复，湖北省对人员聚集性行业采取了延后或有较严限制的复产，受影响最大的是旅游、文化娱乐、休闲、餐饮等服务业。对于愿意与企业解除劳动关系寻求再就业机会的员工，将其及时纳入失业保险范围，给予再就业服务，帮助其尽快实现转移就业；对于企业和员工个人都愿意继续留岗待工的，则由企业每月向员工发放基本生活费，其资金来源为企业筹措资金和政府按规定给予的稳岗补贴；对于自愿在企业持续停产期间继续留岗待工但需要寻找临时性工作的员工，由所在企业安排或由公共就业服务机构负责推介，使他们留岗不待业，实现过渡性就业。这种积极保岗促就业的措施很受企业和员工的欢迎。通过上述措施，全省 90% 以上企业的员工，均在 6 月底前得到了及时稳妥的安置，进入失业保险的人员只有 10% 左右。

（三）第三阶段抗疫就业进攻战，时间从 7 月至 12 月，历时 6 个月，核心任务是多增岗

6 月以后，湖北省疫情防控转入常态化。防控成果得到巩固，没有出现新的病例。企业全面复工复产，经济加快恢复发展。人力资源市场线下中介、交易活动逐步恢复正常，就业促进工作全面开展。但省外一些地方相继出现病例，国外疫情还在蔓延发展，个人、单位和集体场所的卫生防疫措施不能松懈。原有岗位的劳动者基本实现了返岗复工，但当年新增劳动力和应届高校毕业生就业难，转业安置长江沿线退捕渔民缺少适当岗位，加上部分企业受疫情影响生产经营困难

而减员或降薪，使结构性就业矛盾进一步上升。在繁重的就业任务和众多的困难面前，全省各级人力资源社会保障部门抓住疫情防控常态化的有利时机，以进攻战姿态开展下半年的就业促进工作。

1. 把增加岗位供给作为就业工作的重点。

受疫情严重影响，湖北省经济处于负增长，上半年通过稳企保岗，使原有岗位的劳动者实现了返岗复工，但当年新增长劳动力和上年结转失业人员共约 70 万人缺少就业岗位，而且矛盾集中在下半年里。为此，全省各级人力资源社会保障部门在抗疫就业进攻战中把增加就业岗位供给作为主攻目标。一是争取中央调岗。湖北省及时如实地向中央政府及相关部门汇报抗疫就业的问题和要求，得到了高度重视和大力支持，部队系统大幅度增加在湖北省的军校招生、空军招飞和招录文职人员的数量，组织人力资源社会保障部门给予湖北省公务员考录的名额比上年增加 20%。教育部门动员组织全国 124 所高校向湖北省内高校增招研究生，数量比上年增加 65%。中央企业挖掘用人潜力，定向在湖北省招聘 20 多万名员工。二是向省外寻岗。根据人力资源社会保障部"6+1"劳务协作部署，湖北省人力资源和社会保障厅通过全省各级劳动就业服务机构在广东等六省市建立的多个劳务办事处主动与当地人力资源社会保障部门和企业联系，厅长亲自到山东省、福建省考察建立省际劳务合作关系，湖北省就业促进会也组织了数十个市县公共就业服务会员单位到广东省各地洽谈签订劳务输出协议。湖北省各地在省外寻岗的工作，得到了有关省市人力资源社会保障部门及企业的大力支持和协助，他们有组织地为湖北省劳动者提供了 30 多万个就业岗位。三是加快发展增岗。湖北省人民团结抗疫的精神和完胜的结果吸引了大量的投资。为了尽快把发展转化为就业岗位，省政府从5 880个亿元以上新投项目中选定了410个作为重点，加快建设进度，当年就可以新增就业岗位8万多个。全省还为基层新招聘了2万名教师、医护和社区服务人员。省交通部门提前完成124个新建高速公路服务区，创造了2 000多个就业岗位。省农业农村部门在乡村振兴建设中加强农村人居环境整治吸纳2.5万名人员就业。全省千家人力资源服务企业也提供了10万多个灵活就业岗位。四是扶持创业创岗。全省新认定了10个返乡创业示范县、25个示范园和80个示范项目，分别给予100万元、60万元和10万元奖励性补贴。新增返乡、下乡创业农民工等人员4.88万人，带动就业14.11万人。全省扶持大学生创业项目1 150个，分别给予了2万~20万元的一次性奖励。全省新认定10个省级大学生创业孵化示范基地，分别给予50万~100万元奖补，对入驻的大学生创业企业提供场租、水电费减免。创业带动了近8万个就业岗位。

2. 把高校毕业生作为就业促进工作的重点对象。

湖北省内高校众多，在校学生数量在全国居首位。在疫情影响下，2020年湖北省内高校毕业生专升本、考研人数增长140%，但仍有40多万名应届毕业生需要就业。在中央政府、各部门的大力支持下，全国各省市用人单位向湖北省高校毕业生敞开就业大门，吸纳了一半多应届毕业生。山东省人力资源和社会保障厅与湖北省人力资源和社会保障厅、黄冈市人民政府共同举办的"鄂鲁一家亲"湖北高校毕业生招聘活动，2万余名大学生在山东省实现了就业愿望。全省事业单位面向应届高校毕业生招聘2.8万人，当年"三支一扶"新增招募2 000人，省级国资企业挤出岗位招录3 000人。武汉市继续实施"三年百万大学生"吸纳计划，为武汉市发展储备人才。

3. 把长江沿线退捕渔民转业安置作为公共就业服务的紧要任务。

长江三十年禁捕措施实施后，原渔民中需要就业安置的有2.3万人。按照党中央、国务院的部署，必须在2020年年底前完成原渔民的安置工作。这是一项指令性的就业任务，时间紧、人数多、难度大。省、市、县三级都成立了工作专班，有关市、县人力资源社会保障部门所属的公共就业服务机构明确责任人，规定工作进度，按日调度。依托人力资源社会保障部退捕渔民实名制信息系统，采取入户走访、调查问卷、电话调查等方式，全面掌握需要转业安置渔民的家庭情况、技能专长、培训愿望、就业创业意愿等信息，并做好登记造册和动态管理，为开展分类施策、精准帮扶夯实工作基础。针对市场需要和渔民的年龄、文化程度、培训意愿等特点，设置培训专业，制定培训方案，开展针对性免费就业创业培训。开展"送服务上门、帮渔民上岗"专项活动，及时提供"1113"就业创业服务，即至少提供1次政策宣传、1次就业指导、1次就业创业培训和3次职业介绍，促进本地转移就业。各地公共就业服务机构通过"六个一批"，即组织外出就业一批、引导就近就业一批、扶持创业一批、开展技能培训一批、建立扶贫基地吸纳一批、公益性岗位兜底安置一批，帮助退捕渔民就业创业。将困难渔民纳入就业援助对象范围，为大龄困难人员和零就业家庭人员开发一批公益性岗位进行托底安置。对参加就业技能培训的给予生活费补助，对自主创业的给予创业担保贷款。截至2020年年底，全省退捕渔民转产就业率达到99.9%。

二、抗疫就业保卫战胜利的基本经验

新冠肺炎疫情迫使湖北省封城停产两个多月，经济萎缩5%，付出了数千人的生命代价和万亿元的经济损失。面对前所未有的严峻形势，湖北人民在以习近平同志为核心的党中央正确领导下，团结一致，与疫情进行了顽强的斗争，开展了长达一年的抗疫就业保卫战并取得了完全的胜利。据调查统计，2020年全年新增就业75.18万人，抵扣自然减员31.4万人，实现净增就业43.78万人。农村劳动力转移就业比2019年新增17万人。2020年年末城镇登记失业率为3.35%，比全国城镇平均登记失业率低0.85%。可以自豪地说，抗疫就业保卫战的伟大胜利使湖北省成功化解了因疫冲击形成的一次新的失业风险，也为全国就业局势的稳定做出了积极贡献，并创造和积累了许多新鲜宝贵的经验。

（一）实行集中统一领导，保持就业工作强大的领导力和执行力

一是党组织发挥了核心领导作用。新冠肺炎疫情在湖北省暴发后，全省各级党组织立即奔赴第一线，书记挂帅督战，带领党员干部在抗疫就业保卫战中冲锋陷阵。省委要求，抗疫最艰巨的任务、最危险的

工作，都由党员干部承担。武汉市封城一天后，立即从各机关事业单位中抽调近万名党员干部，硬是赶在春节前将他们选派到有疫情的街道、社区和交通要点，执行紧急防控任务。江汉、江岸、武昌三区人力资源和社会保障局共百名干部不顾小家和疫情风险，一个多月不回家，不分白天黑夜地为安置滞留在武汉市的外地人员和确保抗疫企业的用工而紧张工作。习近平总书记、李克强总理亲临湖北省视察、指导工作，由国务院副总理率领的工作组进驻湖北省两个多月实地督导。凡有疫情的地方，一定有上级党组织下派的工作组。

二是实行"战时"指挥体制。为了确保抗疫就业保卫战的有序高效，在实行党委集中统一领导的同时，从省到县都成立了疫情防控指挥部，党政一把手兼任指挥长，各机关部门主要负责同志为成员，具体组织落实党中央确定的"六稳""六保"工作任务。凡是与抗疫有关的工作，按照全省统一、属地负责的原则，统一由指挥部决定，不允许越级越地越权。

三是及时作出正确的决策部署。湖北省委、省政府审时度势，提前为抗疫就业保卫战分阶段作出了决策部署，并明确指出：在疫情紧急封城停产阶段，要打防御战，保岗是第一要务，关键要稳；在疫情缓解复工复产阶段，要打反击战，返岗是主要任务，关键要快；在疫情防控常态化阶段，要打进攻战，增岗是首要目标，关键要多。各地认真贯彻省里的这一决策部署，结合本地的抗疫形势和就业任务，确定具体目标、进度和责任制。对于一些疫情较轻或者没有出现病例的市县，允许不封城或提前复工复产，避免"一刀切"。

四是果断进行必要的行政干预。在疫情防控紧急阶段、市场调节配置资源的功能不能正常发挥作用的情况下，各级党委、政府从维护人民群众根本利益的立场出发，以抗疫大局为重，果断决策。为了防止新冠肺炎患者隐瞒病情或不积极治疗造成疫情扩散，全省统一决定所有新冠肺炎患者的诊疗费不由个人负担，实行全民核酸检测并全部免费。这一行政措施既使所有新冠肺炎患者得到了及时有效的医治，又能迅速查明各地疫情实际状况，还为建立全民健康绿码和互认互通制度起到了决定性作用。在封城停产期间，为了稳就业，省政府出台政策规定，暂不裁员和解除劳动关系。在复工复产阶段，近10万家中小微企业普遍反映经营困难，房地租金压力过大。为此，省政府要求对承租国有资产类经营用房的中小微企业，其房租3个月免收、6个月减半，并下调工业用水和天然气价格。这些必要的行政干预，为全省抗疫保就业起到了重要作用。

五是自上而下逐级监督执行效果。为了确保中央及全省抗疫保就业决策部署的有效贯彻落实，从省一级到基层社区、乡村，建立了逐级负责的监督执行机制。首先由上级向下级派出督导组，加强上下沟通联系，及时发现和解决问题，防止执行不力和变形走样。其次是逐级订立军令状，明确责任，落实任务。在抗疫"六稳""六保"中锻炼使用和考察识别干部。最后由各级纪检监察部门展开工作，迅速查处不担当、不负责造成恶劣影响的案件和人员，保证疫情就业保卫战的领导力和执行力。据不完全统计，在2020年抗疫中全省共查处500余人，分别给予了相应处分。

（二）贯彻就业优先、实施更加精准有效的积极就业政策

疫情期间，全省上下以人民为中心，贯彻就业优先战略，统筹抗疫和就业工作。国家及省密集出台抗疫保就业政策文件近60件，其中省政府出台的政策包括保就业25条、促进高校毕业生就业创业10条、支持多渠道灵活就业18条。这些政策措施是原有积极就业政策体系的延伸和发展，也有很多的创新，其针对性、时效性、操作性更强，受惠面更广，含金量更足，精准度更高，为湖北省抗疫就业保卫战提供了强大的政策武器。

在援企稳岗方面：一是抗疫期限内免征养老、失业、工伤保险单位缴费，减半征收基本医疗保险单位缴费，允许企业缓缴住房公积金，阶段性降低失业保险费率、工伤保险费率。二是失业保险稳岗返还对参保企业全覆盖，500人以下企业免申报、直接返，500人以上企业放宽条件返。全省全年返还34.16亿元，受惠企业16.29万家次，稳定岗位659.89万个次。三是对招用重点群体的企业给予税收优惠、社保补贴、吸纳就业补贴等政策扶持，对小微企业创业担保贷款实施降低申请条件、加大贴息支持、允许延期偿还3项优惠。四是通过企业间余缺调剂、定向招聘和跨区域有组织协作等各种方式，保障重点企业用工需求，推动企业特别是中小微企业和个体工商户复工复产。

在惠及劳动者返岗就业方面：一是拓宽登记失业人员范围，扩展失业登记办理渠道。在扩大失业保险金保障范围、提高补贴标准的同时，全面实施阶段性失业补助金政策。二是做好重点群体就业工作。

为湖北省高校 2020 届毕业生发放一次性求职创业补贴 6.15 亿元，涉及 46.75 万人。为 12.37 万名应届离校未就业高校毕业生办理实名登记，为 9.78 万人提供就业服务，帮助 6.76 万人实现就业，实现了应届高校毕业生年末总体就业率不降低并有提高。强化农民工"点对点、对接式"返岗复工服务，为促进农民工快速返岗发放交通补贴超过 4 亿元，其中在省内返岗复工的每人最高发给 300 元，在省外返岗就业的每人最高发给 500 元。三是扩大就业援助政策享受范围，动态调整就业困难人员标准，实现公益性岗位、社保补贴政策扩面和延期，大力促进就业困难人员实现就业。四是鼓励劳动者自主创业，给予税收减免、培训补贴、创业补贴和创业担保贷款等政策扶持。五是明确异地转移就业的职业培训、交通费补助和就业服务补助 3 项扶持政策，鼓励和帮扶湖北省劳动者转移就业。

在增加就业服务供给方面，通过政府向社会购买服务成果的方式，引导和鼓励民办人力资源服务机构积极参与或受托开展公共就业服务。

（三）依靠全国支持援助，缓解抗疫就业中的突出矛盾

湖北省是新冠肺炎疫情的先发区、重灾区，中央极为关心和重视，动员组织全国各省市进行对口支援，有效缓解了本省抗疫医疗资源不足、就业经费不足和就业岗位不足的三大矛盾，为全省抗疫就业保卫战的胜利提供了保障条件。

一是尽快化解疫情。由于疫情的突发和扩散，湖北省医治患者和阻断疫情的卫生防疫资源严重不足。党中央迅速采取措施，紧急从军

队和19个省（区、市）抽调了4万名医务人员，组成346支国家医疗队，在春节假期内赶赴武汉市和全省16个市州，对湖北省实施大规模的抗疫援助行动，帮助8万名感染者恢复了健康，大大缩短了湖北省各地封城停产的时间，最大限度地降低了疫情对经济社会发展和民生造成的损失。

二是加大就业资金支持。为了快速缓解疫情，湖北省在医治患者、全民核酸检测、公共卫生防疫等方面支出巨大。政府财政一方面因为封城停产失去税收来源，另一方面每天要为保证抗疫要求而硬性支出。各级政府财政收不抵支，就业经费预算安排困难。为此，中央财政及时调整就业专项资金的分配使用方案，给湖北省安排的就业资金达34.7亿元，比2019年增加33%，极大地缓解了本省就业经费不足的压力。

三是扩展就业岗位。针对湖北省原有数百万在省外就业的劳动者失岗、新增长的50万名劳动力特别是高校毕业生就业难的问题，人力资源社会保障部协调国务院有关部门，动员组织东部沿海经济发达省市，对湖北省实施就业援助。广东、江苏、浙江、山东、福建和上海六省市与湖北省建立了"6+1"劳务协作机制，为湖北籍员工尽快返岗提供信息宣传、交通对接和资金补贴等支持，在6月底前基本实现了返岗复工。7月以后，有关省市又组织用人单位直接到湖北省各高校和相关市举办招聘会，为应届高校毕业生和新成长的劳动力提供就业选择机会，有效缓解了湖北省新增就业岗位数量不足的压力。

（四）充分利用信息网络技术，强化线上就业服务的效能

在疫情及抗疫措施的影响下，湖北省有形的人力资源市场交易活动和就业服务工作经历了"休克""病休"和"康复"三个阶段。全省人力资源社会保障部门及其就业服务机构利用现代信息技术，充分发挥多年建立起来的网站平台和人力资源市场网络，开启线上"无接触"服务。一是推行"健康绿码"通行制。湖北省各地完成了全民免费核酸检测任务，并对检测结果进行了一人一码的电子信息登记，建立了互验互通的机制。"健康绿码"成为劳动者出行、复工、就业等社会经济活动的重要通行证。二是推行线上无接触招聘、求职。在有形人力资源交易市场因疫情影响而被迫关停和修复情况下，全省人力资源社会保障部门立即把劳动力的供需交易转移到线上进行。湖北省公共就业服务中心主管的"湖北公共招聘网"与全国有影响的招聘平台和省内各地方招聘网联通合作，参与了全国"百日千万网络招聘行动"，在省内举办了1 050场网络招聘会，先后有近千万个用人单位、近百万人次参加，共提供就业岗位120万个。为了扩大线上招聘的覆盖率并提高便捷性，不少地方把招聘网络平台与手机App联通，服务更多的劳动者。三是推行网上不见面办理就业服务事项。抗疫封城以后，公共就业服务机构把经办失业保险、开展职业介绍和职业指导以及创业担保贷款和各项就业补贴审核等大量具体事务性工作转移到网络线上，减少办理程序，压缩审核材料，实行七天全日制工作，随要随办。2020年前6个月，就业服务线上不见面服务始终畅通无阻，一天也没

有停歇。

（五）激发同舟共济团结战疫精神，调动全社会力量抗疫保就业

新冠肺炎疫情的残酷性、风险性和抗疫紧急性，极大地激发起全省上下同舟共济、团结战疫的强大精神力量。这种精神力量来源于中华民族有难同当、不屈不挠的传统文化，来源于广大党员干部和医护人员不顾个人安危、顽强战疫的英勇行动，来源于对党政领导一切为了人民的施政信任。党政领导不惜代价，动用所有资源为民抗疫。广大民众坚守"保护自己、不害别人"的理念，高度理解和支持政府采取的抗疫非常措施。党政各部门顾全大局，在政策研究、责任分工、工作协调上通力合作。各省（区、市）践行一方有难、八方支援的精神，在医疗资源和就业岗位上给予湖北省全力支援。人力资源供需主体双方相互信任，共度时艰；用人单位停产不减员，复工不降薪；员工复工加班干，减薪也理解。这种同舟共济、团结战疫的精神，为全省抗疫就业保卫战夺取胜利提供了良好的文化氛围和精神力量。

三、抗疫就业保卫战的重要启示

2020年湖北抗疫就业保卫战虽然取得了完全的胜利，但也付出了巨大的代价；虽然探索积累了许多宝贵的经验，但也存在不少问题和教训。全面、实事求是地总结研究，吸取经验和教训，对于未来在类

似紧急形势下做好保就业工作具有借鉴和重要启示作用。

（一）重大传染性疫情对就业具有破坏性影响，必须高度重视

新中国成立以来，我国虽平稳化解了数次较大的失业风险，但没有经历过像新冠肺炎这样重大疫情对就业的冲击。而此次新冠肺炎疫情对重灾区湖北省的就业造成的破坏极为严重。一是就业数量减少。2020年全省新增就业75.18万人，与上年92.15万人相比下降18.42%，净减16.97万人；2020年城镇登记失业率为3.35%，比上年的2.48%上升0.87个百分点。二是就业质量降低。受疫情影响，全省工业企业一般停工停产在2个月左右，服务业停工停业长达3~4个月，员工劳动时间普遍减少3个月。据湖北纳杰人力资源有限公司、湖北方阵人力资源集团有限公司从500家服务客户处了解，2020年企业劳动生产率平均比上年下降20%，利润下降30%，员工的月工资水平降低10%左右，工资总收入比上年减少30%，社会保险参保缴费率比上年降低近10%。三是就业稳定性弱化。据湖北省就业促进会对武汉市、襄阳市部分企业调查，2020年终止、解除劳动合同比上年增加了15%，新就业的劳动者近一半都是灵活就业或是被人力资源服务公司劳务派遣和劳务外包，劳动时间和报酬不稳定。四是就业结构变化大。创业人数减少、难度增大，带动就业效果比上年下降30%以上。服务业吸纳就业的人数不仅没有新增，而且减少近25%。2020年上半年在省内就业的劳动者增多，下半年到省外就业的人数迅速增加。五是就业成本上升。省政府安排用于就业的专项经费比上年增加35%。据省就业促

进会调查，企业人工成本普遍上升15%~20%，劳动者就业的间接成本也增加了10%左右。

今后，类似于新冠肺炎这样的全球性重大传染病疫情难免再次发生。对此，必须高度重视和警惕传染性疫情对我国今后发展、民生和就业的灾难性影响，要积极预防，及早发现，科学应对。

（二）建立完善的符合我国国情的失业预警应急机制势在必行

客观地讲，新冠肺炎疫情突发时，人们的认知是不够的，特别是在春节前夕人口大流动的背景下采取应急反应措施难以决断。在武汉市封城之后短时间里，一些地方部分领导和就业工作者猝不及防，教训极为深刻。我国人口众多，经济规模庞大，就业任务繁重，不应排除因诸多不可抗拒因素或颠覆性错误导致发生就业危机的可能。2020年湖北省抗疫就业保卫战的经验和教训，为我们上了一堂生动的就业风险预警应急实操课。假如建立好失业预警应急机制，湖北省抗疫就业保卫战就会更加主动、有序，成本代价也不会那么大。必须清醒地认识到，在社会主义市场经济条件下失业现象始终存在，就业危机难以避免，建立符合国情的失业预警应急机制势在必行。失业预警应急机制应突出"预警"和"应急"两方面内容。"预警"须明确范围、标准、等级、发布主体和程序；"应急"反应须快速有效，精准调用必要资源，有针对性地采用积极保就业的政策和行政措施。失业预警应急机制的具体内容，可以从新中国成立以来应对几次失业风险的实践中总结，可以从国外的做法借鉴，更要从2020年湖北省抗疫就业保卫战的经验教训中汲取。

（三）中国特色的就业促进机制必须充分发挥社会主义制度优越性

2020年湖北省抗疫就业保卫战的胜利进一步充分证明，中国特色社会主义制度比西方资本主义制度更加优越。湖北省有6 000万人口，相当于一个中等国家。在人口流动高峰的春节前夕暴发新冠肺炎疫情，党和政府以人民为中心，发挥超强的领导力和执行力，迅速采取封城等紧急措施，在不到两个月的时间里就成功阻止了疫情的蔓延，与以美国为代表的西方资本主义国家"甩锅"推卸责任、导致疫情不断恶化形成了强烈对比。为了尽快化解疫情对民生的影响，党和政府坚持就业优先，实施积极有效的就业政策，动用一切资源和全国的力量支持湖北省抗疫保就业。而一些西方国家则在疫情病亡率和失业率迅速上升的情况下，还在忙于内部的政治争斗，在国际上大打贸易战，造成本国人民生活痛苦不堪。

湖北省抗疫就业保卫战的速胜和西方资本主义国家长期受疫情所困，深刻告示了中国特色的就业促进机制必须坚持发挥社会主义制度的优越性。就业优先的战略不可动摇；关系国计民生的重要公共资源不能私有化；在应对风险的紧急时刻发挥中流砥柱作用的仍是党员干部、工农兵和爱国爱民的知识分子；公共集体利益高于个人利益的价值观必须弘扬；市场配置资源须和必要的行政干预相结合；要实行全国一盘棋，一方有难，八方支援。

（四）促进新就业形态和灵活就业的政策措施应当尽快制定完善

随着科技进步和经济社会发展，新就业形态大量涌现，灵活就业人员在就业中所占比例不断增大。仅武汉市 2020 年 3 月间，无劳动关系的自由职业者和线上、家庭就业代理服务等新就业形态劳动者人数就达 5 万多人，处于多重劳动关系的共享员工、承包工、小时工等就业形式的近 6 万人。这些新就业形态劳动者为武汉市抗疫就业保卫战做出了积极贡献。但是，由于就业形式不够正规、体面，劳动场所和时间不固定、劳动关系和收入不稳定、社会保障也不确定的问题也凸显出来，规范发展和保护新就业形态和灵活就业是当前就业工作的重要课题。一是要加强理论研究，对新就业形态和灵活就业的定义、特点、标准和发展趋势给予理论与实际相结合的准确阐述。二是要抓紧研究制定规范发展的相关政策措施，将其纳入正规的就业管理和服务，使之成为更加充分更高质量就业的一部分。三是尊重和保障相关劳动者的合法权益，建立适合新就业形态和灵活就业特点的社会保险参保和享受办法。四是按照就业的核心标准，合理界定新就业形态特别是灵活就业人员的就业质量，对他们参加社会保险给予适当的补贴。

（五）公共就业服务的地位作用和能力建设只能加强不能削弱

2020 年抗疫就业保卫战是对湖北省公共就业服务事业的一次大考和检测。从总体上看，全省各级公共就业服务机构和工作人员组成了一支能打硬仗的队伍，在抗疫非常时期的就业工作中发挥了不可替代的作用。但也暴露了一些问题。一是县和市辖区以下的乡镇、街道及社区基层就业服务力量薄弱甚至空白，导致公共就业服务机构对基层情况的掌握与政策及服务措施的落实不够及时、不够精准到位。二是少数市县公共就业服务机构的服务能力不足，主要靠出资向人力资源服务企业购买服务或临时招用支援人员提供服务。三是公共就业服务机构缺乏激励机制，就业服务的质量和效率不高。

就业是民生之本、发展之源、社会安定之基。说一千道一万，工作靠人干，事情要人办。就业优先战略的实施、积极就业政策的落实，都离不开公共就业服务的执行力。特别是在就业遇到风险的应急时候，公共就业服务就成了在第一线冲锋陷阵的工作队、战斗队。因此，要把公共就业服务效能建设作为政府公共服务的首要项目和加强新时代就业工作的一项重要举措，在政事分开、事企分开的事业单位改革中，确保公共就业服务机构的体系不分化、地位不矮化、职能不弱化、能力不退化。一要完善公共就业服务体系。坚持失业保险经办、就业培训和公共就业服务不可分，形成大就业服务格局，增强合力。在街道、乡镇建立就业和社会保障服务中心，在社区、乡村聘用就业协理员，把公共就业服务延伸到基层，形成上下健全的组织体系。二要探索适合公共就业服务特点的管理体制和机制。公共就业服务机构是由政府设立和供给的事业单位，不能机关化。机构的编制职数由主管部门报编制部门确定后，其内设机构和人员、职数调整，应由公共就业服务机构按照工作任务自主决定。公共就业服务人员的工资福利、工作业务经费必须依法足额纳入财政预算予以保证，要建立激励机制，增强活力。人员基本工资福利按规定统一发放，业务经费则根据工作任务拨付。奖励资金须根据工作业绩考核和个人贡献大小进行合理分配，激励多干活，干好活。三要提高公共就业服务的能力和效率。公共就业服务所有的场地、房产和设施设备统一纳入国有资产登记管理，不能任意平调和挪用。加速"互联网＋就业服务"的建设，提高线上服务能力。公共就业服务要增强服务产品和标准意识，丰富服务项目种类，提高服务质量。要推进公共就业服务机构与民营人力资源服务企业的合作，实行优势互补，通过购买服务成果的方式，让民营人力资源服务企业参与公共就业服务。

企业复工百日跟踪调查报告（摘要）[①]

——基于中国劳动学会组织的专项跟踪调查

杨志明　张一名　鲍春雷

2020年5月，中国劳动学会和新华社中国经济信息社联合对全国500家左右有代表性的企业进行复工快速调查，并针对疫情全球蔓延的影响对部分企业开展了跟踪调查。调查分布在全国31个省（区、市），截至2020年5月9日共收到有效调查问卷537份，其中复工调查企业有效问卷506份、缺工情况调查问卷31份。调查显示，新冠肺炎疫情对我国企业造成前所未有的冲击，时间较长，超过预期。调查涉及七类用工集中度高的企业，这些企业由于各自情况不同所受到冲击程度差异很大，恢复反弹情况也不同。有的正从"低谷"走出，有的已恢复到上年同期水平且略有增长；大企业、大项目复工复产拉动经济恢复作用强势显现，特困行业、小微企业受损失更为严重。调查小微企业中受短期影响能尽快恢复正常的占46.3%，影响较大、难以恢复正常的占43.6%，还有5.8%的企业至今歇业且难以维持。从行业看，复

[①] 本文摘自2020年5月新华财经微信公众号上刊登的中国劳动学会和新华社中国经济信息社新华信用平台联合发布的《企业复工百日跟踪调查报告》。

工复产的骨干力量是制造业，稳定力量在建筑业，遭受损失最严重的是住宿餐饮和批发零售业，恢复较快的是现代服务新业态。在国际疫情蔓延的新一波冲击下，企业从"断链"到"补链""扩链"面临新的挑战。总的来看，为激励企业全面加快复工，要救助中小企业在复工中度过特别困难期。针对巩固和扩大复工复产需要去除的障碍和进一步解决的突出问题，提出援企、稳岗、保就业的政策措施建议。

一、疫情防控与复工复产"双兼顾"协同推进的总体进展与分类比较

调查数据显示，不同类型企业呈现出分批复工的特点，2020年1月春节假期复工的占4%；2月15日之前复工的占25%；2月29日之前复工的占24%；3月复工的较多，占38%；4月复工的占9%。调查企业中有95.8%已经复工。从不同类型企业来看，具体情况如下。

（一）制造业大企业是复工复产的骨干力量，生产防疫物资企业一直处于持续增长状态，有益于健康的食品加工业恢复快、增长势头好

我国制造业大约有7 000万名农民工就业。很多企业在2月中下旬率先复工；3月下旬受到国际疫情蔓延冲击，断单、"断链"增多，正处于快速"补链""扩链"过程中；4月多数企业恢复或接近上年同期水平。富士康复工时间比往年延后，河南省人力资源和社会保障厅

针对富士康郑州科技园用工量特别大的情况，根据员工名册选定疫情相对稳定的地区，帮助员工"点对点"复工。截至5月8日，富士康郑州科技园复工达20多万人，基本达到上年同期水平，有力支撑了国际化产业链保持正常运转。蓝思科技股份有限公司一手抓疫情防控，一手抓复工复产，并以疫情为契机，加速布局智能制造，运用科技力量在同行业中率先复苏。2月10日，该公司正式复工。3月初，该公司到岗在编员工10万余人，产能恢复接近100%，一季度实现营业收入同比增长44.6%，二季度订单持续充足，需求旺盛，整体呈欣欣向荣的发展态势。北京精雕集团在2月国外订单断崖式下跌后，营业收入降至上年同期的两成。该集团迅速从国内同类厂家选优"补链"，还根据制造口罩机关键设备急需进行"扩链"，稳定企业供应链，优化了国内主链的布局。其3月的营收即恢复到上年同期的70%，4月则全部恢复产能并实现新增长，订单排到8月，该集团2 200多名技工全部复工。三棵树涂料股份有限公司于2月17日开始复工，4月生产恢复到上年同期水平，截至5月10日5 000名员工全部复工，并且新增500名员工。浙江中信红木家具有限公司2月15日有省内员工260多人在岗，并随着防疫向好态势逐步复工，该公司加大网络营销力度，线上线下同步开拓市场，4月营业收入基本达到上年同期水平，截至5月10日600名员工全部复工。

在疫情冲击下，生产防疫物资的企业一直处于持续增长状态，有益健康的食品加工企业恢复快、增长势头好。山西振东制药股份有限公司于2月10日复工，6 000名员工陆续到岗，3月营业收入5亿元，达到上年同期水平，4月略有增长。山西老陈醋集团有限公司于2月10日以本地员工为主复工，复产达到50%，随后就近就地扩招本地员工和"点对点"接回外地员工，很快2 000名农民工全部复工，一季度达到上年同期营业收入水平，4月略有增长。甘肃扶正药业科技股份有限公司生产防疫需要的"扶正"系列中成药，它从农历正月初二（1月26日）开始复工，5月该公司776人已经全部复工到位，截至4月底销售与上年同期相比增长30%左右。

（二）建筑业大项目是复工复产的稳定力量，也是吸纳农民工的支柱产业

建筑业约有近5 000万名农民工就业。大多数建筑业企业于2月中下旬陆续复工。由于工期一般是1~2年，原材料大部分在国内有保障，大多数建筑业企业受国际疫情蔓延冲击小，资金充足、员工稳定，近期正在加班加点弥补由于疫情冲击所耽误的工期。中建集团一局（集团）有限公司共有境内项目1 142个，已复工1 107个，占比97%，近期将努力做到"应复尽复"，其中北京地区复工率为86%，湖北地区复工率为75%，农民工已返岗27.9万人。中国中铁建工集团在推进铁路枢纽北京丰台站的改建工程项目时积极做好疫情防控工作，租用大巴车或者利用项目车辆"点对点"把劳务人员接回来。自2月6日复工以来，到岗的劳务人员从最初的140余人增加到2 700余人，包括湖北省在内的各支队伍全部返岗，尽最大努力弥补疫情带来的损失。碧桂园集团在严格做好防疫工作的同时以最快的速度实现复工复产，5

月全集团近20万名员工以及国内2 000多个项目工地已全面复工,有53.5万名劳务工人上岗就业。受疫情影响,碧桂园集团权益销售金额2020年一季度同比减少15.94%,4月则同比有较快回升。该集团员工队伍稳定,加快工程建设进度,全部员工和施工人员加班加点作业,尽最大努力弥补耽误的工期。太原军威科技有限公司从2月10日起管理人员及服务员工500余人陆续复工,截至4月工程项目上的2 200名农民工全部复工,5月10日生产经营全面恢复,营业收入已接近上年同期。

(三)服务业是复工复产中大量吸纳就业的产业,正处于逐步恢复阶段

在疫情冲击下,餐饮、住宿、批发零售、文化旅游等行业经营出现断崖式下滑,受损严重的这"四大"困难行业吸纳了大量中低端劳动力,因此激活这类服务业企业就成为复工复产的"重头戏"。除春节假期值守岗位约2 000万名农民工外,大部分企业是3月下旬至4月随市场恢复陆续复市复业。其中,蔬菜副食品市场恢复快、反弹大,基本恢复到上年同期水平,还略有增长;而商业零售、餐饮住宿、文化旅游仍处于恢复中的"爬坡期",复工不能复产、复产不能复销的情况比较普遍,线上订餐、线上销售、线上预约旅游等借势兴起。北京新发地农产品批发市场固定经营商户数为4 032户,5月开业率达99%以上,市场员工已全部到岗;但由于北京市高校没有复学、宾馆饭店没有完全恢复,总体需求还是疲软,商户经营情况不如以往,甚至存

在产地滞销情况。前门大栅栏商业文化街在北京地区降低防控等级后迎来恢复期,"五一"假期推出前门文旅惠民体验周系列主题促销活动,商气和人气都明显"回暖",对比疫情期间客流量提升幅度超过3倍,90%以上的开业店面表示"五一"期间出现了2020年"最高开单日"。太原市河西农产品有限公司截至5月10日复工率达97%,基本实现全面复工复产,受疫情影响2020年1—4月累计交易额较上年同期下降3.5%,5月上旬基本达到上年同期水平。西贝莜面村4月底390个门店中有88%恢复营业,员工复工人数上升至50%。西贝莜面村努力拓展外卖业务,营业收入恢复到上年同期的30%,同时积极采取共享用工的方式解决部分复工员工收入问题。马华拉面集团60家门店全部复业,3 000名员工全部复工,集团拓展清真特色订餐,营业收入恢复到六成左右,其中线上订餐有较大幅度提升,防疫以来一直保持上升态势。北京王府井工美大厦一季度受疫情影响大,很多入驻商户受影响明显,但是从3月下旬开始,随着国内疫情得到有效控制,销售形势逐渐好转,客流量回升较快,3月销售额比2月增长276%,4月销售额比3月增长33%。与此同时,商场在加强恢复线下实体店经营力度的基础上也开始进行因"疫"而生的转型探索。

(四)现代服务新业态吸纳大批新生代农民工复工就业,成为疫情下吸纳就业的重要渠道

尽管现代服务新业态中快递、外卖、网约车、寻呼服务和家庭服务等因为行业属性和特点不同,复工情况有所差异,但总体来看呈现出 V 型回暖。现代服务新业态的快速复工复产，既为大量农民工提供了就业岗位，又保障了广大群众的正常生活，成为保就业、保民生、保市场的新兴力量。快递业较早全面复工，顺丰、京东等物流企业疫情期间"不打烊"，保障了很多居家生活物资配送。"五一"期间，网上购物及快递业务迅速增长，阿里巴巴集团全国共揽收快递包裹 11.02 亿件，同比增长 41.8%。外卖行业率先复工，恢复较快，在餐饮业面对断崖式下滑的情况下，外卖行业快速运转，保障老百姓吃上热饭和新鲜蔬菜，同时也吸纳了很多未就业人员，使其获得收入。美团在 4 月全国有交易的餐饮商户数基本与 2019 年同期持平，外卖交易额已略超 2019 年同期，骑手就业规模已经恢复且略超过 2019 年同期，近 2 个月内美团骑手新增 33.6 万人。同期饿了么骑手新增 24.4 万人。网约车行业因受防疫管制损失很大，疫情后虽迅速恢复，但并没有恢复到疫情出现前的水平，当前订单主要以市内通勤为主，疫情之前接送机场、长途等高额订单相对较少，从业者收入较低。家庭服务业受冲击最大，疫情后在一般城市恢复较快，在特大城市恢复则较慢。

（五）众多中小企业是吸纳上亿农民工复工复产的主渠道，这次受疫情冲击最大、受损最严重

小店、小铺、小厂、小工程等"四小"受疫情影响严重，不少从歇业半歇业到艰难复业，处在"不开业愁死、开业亏死"的生存线上。防疫期间，位于北京市东城区的某中小型酒店贷款逾期，未得到不抽贷、可展期的金融政策救助，其管理团队和上百名员工处于不稳定状态。北京市东城区小明快餐店6家店歇业5家，保留1家店做网上订餐，仅保住骨干人员，餐厅营业额仅为正常时的30%左右，房租尚未得到减免，如果此后2个月经营状况还没有好转，就准备关停几家店。中小企业是就业的主阵地，也是打赢抗疫复工稳就业总体战中不可或缺的宝贵力量，因此只要中小企业"有口气"，就应当为其接上"呼吸机"，想方设法救活它们。

一部分产生"抗体"的中小企业捕捉到市场恢复中的新机遇，迎难而进，化危为机，发挥"船小好掉头"的灵活性和韧性，实现创新发展，在国家救助政策和自救的合力下，努力开发出新领域、新天地。深圳祥利工艺傢俬有限公司组织发起了一系列"自救"举措，在最短的时间内推出红木抗疫产品、小件产品，尝试做视频图册，学习抖音直播，手把手帮经销商在网上与客户接洽；为了给经销商减压，降低了订购沙发的订金，使经销商在没有后顾之忧的情况下开始"拼命"进货；同时其技术工人在红木家具的创新制作上精益求精，大大提升了产品的质量。燕京八绝之一、国家级非物质文化遗产传承保护单位北京金漆镶嵌有限责任公司于3月初逐步复工，4月复工率已达到了100%；然而，由于市场购买力还未恢复，公司一直处于亏损状态，其在5月初举办了2020年新品发布活动，活动期间实现销售70万元，对于其恢复经营起到了积极作用。北京绿源金鼎商贸有限公司通过争取政府减免房租政策、尝试线上销售等方式，在2月其主营业务水果销售下降80%的情况下，积极开发净菜销售业务，净菜配送上千户，其经营境况逐步改善。

（六）农民工返乡创业开辟复工复产新天地，带动农民工就近就地就业，有力支持贫困地区农民工精准脱贫

农民工返乡创业大多集中在中西部边远地区，受疫情冲击小。创业企业主要吸纳当地农民工就业，除受疫情冲击订单减少外，其他方面基本没受太大影响，自 2 月 10 日复工后大多数保持正常发展。地处黔渝大山里的遵义神曲乐器制造有限责任公司是典型的农民工返乡创业企业，2 月 16 日 150 名当地员工中 120 人已复工，疫情期间其吉他生产线几乎没有停歇，有些国外原材料"断单"后公司迅速寻找新的供货商，保证按期供货，其开发的"神曲"自主品牌，产品订单量实现成倍增长，其外地员工亦返企全面复工。山西省灵丘县农民工返乡创办的上泽农业科技开发有限公司，2 月 10 日其本地 21 名员工全部复工，在疫情期间为适应消费者对于健康食品的需求，公司进一步加强精细化生产管理，一季度生产供北京市场的水果和番茄、黄瓜、茄子等在质量、数量与收入方面比往年都有提高，营业额比上年同期上升了 20%。

（七）"一带一路"项目中的农民工，受突如其来的疫情冲击难以复工

从中建埃及项目、国机集团塞尔维亚电站项目、中交集团印度尼西亚雅加达路桥项目、圣彼得堡中俄文化城建设项目等"一带一路"项目的复工情况看，在建设项目和企业从业的农民工人数较多，大多

数农民工于春节前回国过年,遇到突发疫情,驻地国采取防疫管制措施,农民工节后不能按时复岗复工,项目出现人力资源短缺,只能靠原准备春节后回国轮休的员工加班加点和就近招聘技工弥补。

二、常态化疫情防控下复工复产的新变化和面临的新挑战

当前我国进入常态化疫情防控新阶段,企业复工复产也出现了一些新变化,面临一些新挑战。首先,消化防疫成本也成为特殊时期的"一道试题",从返城隔离14天到保持距离作业、就餐,住宿和工作场所及工地每天、每班消毒通风,增加专职检查人员,购买防疫物资等支出,都得在制造、建造和经营成本中消化。其次,常态化疫情防控将持续较长时间,需提高劳动者的防疫素质,一线工人防疫"补短板"和防止复工场所、住宿地出现疫情感染的责任仍然很重,避免公休日聚会聚餐的硬约束仍需坚持。最后,复工复产复业复市在承受国内疫情冲击后又遇到国际疫情蔓延冲击,承受了叠加冲击的双重压力,经济恢复不确定性使复工复产面临困难的局面,需做较长时间的准备。

调查反映出当前复工复产复市度过特别困难期要攻克三大障碍。一是攻克复工复产因企业供应链"断裂"造成的下岗增多难题,加快以制造业为主的产业链、供应链的"补链""扩链",形成主链可控的布局优化。不是简单寻找替代,而是借此机会联合研发、升级产品、

提升档次、赢得供应链上高质量发展的主动权和话语权。迅速将主链布局在可控链条上，"头部"企业发挥整合和优化链条的关键作用，快速恢复与优化大中小企业协同配套的供应链体系。蓝思科技股份有限公司、北京精雕集团等制造业企业积极转型、把握机遇，率先在行业中实现逆势上涨，发挥了示范带动作用。二是破除服务业市场疲软、中小微企业恢复乏力对复工复产复市的强制约，大力刺激消费，发放消费券、旅游券，拓展网络销售和网络直播带货等，将"减、免、补"的"真金白银"快速落实到中小微企业，激发中小微企业捕捉市场缝隙机会的活力，畅通消费领域的"毛细血管"，在政府救助和企业与员工抱团取暖"自救"的合力下加快恢复经营，创新发展模式。目前很多服务企业积极转型、创新模式，有的大力推动线上销售模式，有的联合上下游企业抱团取暖，有的积极寻求政府支持等，通过各种方式进行"自救"，实现了转危为机。三是攻克逐渐增多的下岗、失岗问题以及员工复岗和再就业难题。在国际疫情的冲击之下，我国经济恢复进程放缓，失业率有可能在较长时间内处于高位，需要国家出台更有力度和更有针对性的援企稳岗政策，加强对困难行业企业的支持力度，同时关注农民工、高校毕业生以及灵活就业人员的就业问题，尽量将员工留在企业，用制度优势和政策优势对冲疫情冲击带来的挑战。

由于疫情的影响，一些企业经营压力大、员工工资下降，有些企业采取员工加班等方式解决困难，这就需要企业就疫情期间工资、工作时间、加班以及倒休等问题与员工沟通协商。针对企业员工的问卷调查结果显示，超过80%的企业在上述情况下会与工会、员工或员工代表进行沟通，也有 14.5% 的企业没有与员工沟通。预防劳动争议发生、建立劳动争议事前调解机制具有重要作用。特殊时期稳岗措施要紧紧跟上，最大限度地将员工留在企业，而劳资纠纷与协调劳动关系需要受到高度重视，尤其对集体劳动争议要快速处置，防止再次出现 2008 年 10 月东莞樟木头合俊玩具厂一夜倒闭，7 000 名农民工束手无策所酿成的集体劳动争议事件。

三、巩固和扩大复工复产复市的政策措施建议

越是困难时期越需要挖掘自身潜力，越需要用改革来突破难题，越需要化危为机，将短期刺激的政策措施同中长期高质量发展的优化结构结合，为后疫情时代的新发展增加活力和储能。加快复工复产复市需要针对常态化疫情防控下的新变化，为应对国际疫情蔓延做好较长时间准备，扶持中小微企业度过特别困难期，以更有力的政策措施保就业保市场保供应链。针对常态化疫情防控下出现的新问题和新挑战，我们提出以下建议。

第一，建立各级政府对企业供应链上"补链"和优化布局上"扩链"的专项扶持，财政、金融、就业政策综合发力。

第二，制订餐饮、住宿、批发零售、文化旅游业振兴计划，给予"定向救助"，减房租，减网租，发放消费券，鼓励网络直播带货，采用共享用工、特殊工时制等"非常之策"帮助企业渡过难关。

第三，大力救助中小企业，稳住农民工就业主渠道。建议在特殊时期失业压力增大的情况下，扩大参保企业享受返还失业保险金范围，给小店、小铺、小厂以房租减免、优惠贴息贷款等特别救助措施。让小微企业、小店小铺活起来，稳岗员工多起来。

第四，建议加快改组或组建国家中小企业银行，使各地城市商业银行、农业合作银行等"回归"到扶持中小企业发展的轨道上，在治理中小微企业融资难的困境中有所突破。

第五，稳定贫困地区农民工就业。对吸纳52个特别贫困县农民工就业的困难企业，应给予其稳岗特别补助，由企业和政府共同承担基本工资。

第六，发放困难企业稳定劳动关系基本生活补助。对停产、半停产企业的失岗职工，采取同级财政、社保、企业"三家抬"办法筹措特别补助金，向其发放基本生活补助。特殊时期，将稳岗补助与返还失业保险金、就业补助结合起来，尽最大努力将职工稳定在企业。

第七，对失岗职工大规模开展职业新技能培训。集中资金、集中时间、集中培训，以举办新技能训练营等多种形式，将数字经济平台经济新职业作为转岗培训内容，在特殊时期提升职工技能，为产业升级、经济高质量发展储能。

第八，采取弹性用工、共享用工、灵活用工等方式，缓解企业稳岗压力，通过共享用工调剂待岗职工到新岗位工作。可跨区域跨企业、按生产线或工种实现规模化共享用工，尤其是利用"互联网+"来提高技术工人跨企业阶段性配置工作。

第九，重视复工复产中劳动关系协调以及延长假期中工资或基本生活费协商等问题，关注新型劳动用工中的劳动纠纷和社会保险等新问题。充分发挥特殊时期人力资源社会保障部门会同工会、企联、工商联的劳动关系三方（四家）协调机制作用，引导职工和企业抱团取暖、共渡难关。

第十，发挥政府有关部门下沉到困难企业帮助解决实际问题的积极作用，专班跟踪服务规模化用工的困难企业，特别是帮助用工量大的劳动密集型困难企业。

总之，特殊时期复工是稳就业，复产是稳经济。总体上化危为机在进行，应对新冠肺炎疫情各国有经验也有教训。我国从自身实际出发，采取防疫和复工两条腿一起走路的独特方式，其中有许多经验值得总结和研究，在应对突如其来的疫情冲击的"大考"中又有国际疫情大流行冲击的"新考"，防疫中创新发展的新经济、新管理将迎来上升机会，阶段性特殊政策的大胆尝试将有选择地转换成中长期制度安排。疫情尚未过去，探索尚需深入，复工正在前行，经过"战疫大考"的劳动者将迎来新的发展。

附："四小"企业百日复工跟踪调查报告（摘要）

附："四小"企业百日复工跟踪调查报告（摘要）

杨志明　鲍春雷

2020年6月，中国劳动学会对北京前门大栅栏商业文化街、白沟国际箱包城、东阳中国木雕城、仙游县度尾镇的小件批发城等有影响力的"四小"集中地的20家企业复工情况进行了跟踪调查。调查发现，以小店铺、小工厂、小工程、小文园为主的小微企业遭受损失严重。这使恢复经济需搞活的"毛细血管"有不畅的"堵点"，灵活就业的"蓄水池"有萎缩的地方。有些企业从跌到的"低谷"中复苏，有些在复工复市中转型，有些则艰难维持在生存线上，还有一些企业已经关停。在大中型企业纷纷"补链"巩固和扩大复工成果时，"四小"还多处在资金链接近断裂、经营收入恢复较慢、仅能维持员工基本工资的特别困难期，在疫情防控常态化的较长时间里，它们急需"接地气"的特殊救助，在"输血"中修复"造血"功能，使企业"冒热气"。"最要紧的是活下去，只要有活干就不愁了，信政府、靠自己"是这次跟踪调查"四小"企业的普遍呼声。

（一）"四小"企业在艰难中努力复工复产

调查发现，"四小"企业大都受疫情冲击较大，在盼到国内防疫情况向好后又遭到国际疫情蔓延冲击，其复工复产复业复市面临新的挑战。"四小"企业目前处于艰难的恢复期，具体复工复产情况如下。

1. 大部分企业复工，部分企业已经歇业，少部分企业处于倒闭边缘。（略）

2. 经营逐步复苏，但要恢复到2019年水平尚有很大距离，很多企业只能"啃老本"，面对未来不确定性增加的准备不足，担心"坐吃山空"，处于特别困难期，它们只能先保留住技术骨干等待市场"反弹"。（略）

3. 不同类型"四小"企业受疫情冲击不同，常态化疫情防控下它们表现出不同的恢复态势。

小店铺具有点多面广的特点，它们布满了市场缝隙的各个角落，占据小微企业的"半壁江山"。受疫情防控常态化对聚集消费的约束和人们在疫情中不知不觉改变了去实体店消费的习惯影响，小店铺的经营恢复情况不尽如人意。据北京新发地农产品批发市场的某个水果经营户介绍，其火龙果销售业务几乎每天都要赔掉近2万元，往年春天畅销的耙耙柑、丑橘和橙子等应季水果也卖不动，一车常常亏十几万元；"香蕉大王"赵某某也反映，2020年春节之后受新冠肺炎疫情影响，人员流动大大减少，人们的消费也降低了，致使水果特别是进口水果的销量、价格大幅下滑。同时水果的港口通关速度也受到影响，大量到港货物出现滞港和在陆运口岸积压的情况，并由此引发了货物质量问题，2月和3月水果销量下降40%~50%。进入4月，随着全国疫情得到有效控制和各行业的复工复产，水果销售较2月和3月有所回升，但仍比上年同期销量下降30%左右。广西壮族自治区凭祥市的红木文博城地处边境地区，边境两边的疫情防控使边贸、商旅被迫暂停，加上资金链断裂以及入关的原材供应受到阻碍等问题，导致市场萧条。红木文博城原经营面积8.8万平方米，到4月底缩减到6.3万平方米，商城空铺率达28.4%。2019年12月底原有红木家具经营户165家，到2020年4月底只有130家在经营，有35家经营户歇业或暂时停业。红木文博城正积极筹划部分转型发展为中越边贸小商品、小食品。

小工厂（小作坊）相对聚集，在疫情冲击下受供应链断裂和市场不景气叠加的双重压力，其抗压能力弱，也缺乏主动"扩链""补链"能力，它们对坚持较长时间缺乏足够的信心。浙江省东阳市有木雕红木家具企业约1 300家，受疫情影响，产业市场空间萎缩，销量大幅下滑，除规模经营的61家企业外，其余1 239家小工厂约50%歇业、半歇业。浙江省珠岙村是有名的童装加工基地，有加工小厂280家，2019年有一两万名员工。2020年受疫情冲击，30%的出口订单没有了，各加工厂陆续复工达到75%，员工下降到8 000人。福建省仙游县度尾镇有1 921家红木古典家具制作小企业，5月正常复工的有1 800多家，厂房关闭、停产的有120家左右。

小工程企业承压能力相对较弱，建筑项目开工率不足影响关联小微企业复工，很多小工程无力复工，处在歇业、半歇业或"散伙"边缘。与太原军威科技有限公司在建设项目中有合作的建筑材料、装饰材料、施工周转料具、设备等小型供货企业共85家，在疫情冲击下它们受建设项目开工不足影响，其劳务用工量较2019年同期减少了

60%。其中已正常复工的有 40 家,因无力支付购置材料、房租等不能正常生产(处于半歇业)的有 25 家,歇业的有 14 家,进入破产程序的有 6 家。据金螳螂华北(北京)建筑装饰工程有限公司反映,其承接的大企业、大单位装修工程受疫情冲击不大,而小装修队伍因大量的小餐馆、中小型旅行社、理发店、中小型培训机构停业时间较长,没有装修活可揽。装饰装修小工程处于产业链中后端,受疫情冲击的中小企业复工复产慢,导致装饰装修小工程市场的恢复遇到较大阻力,约 1/3 的装修队伍已经歇业或"散伙",有活干的装修队伍的产值仅为疫情前的 65%。装修队伍的工人基本都是农民工,部分小工程装修队伍半歇业、歇业甚至关停导致从业农民工失业。

小文园主要包括小文旅活动场、小剧场、小棋牌室、小体育活动馆等。一些地区仍然要求文化娱乐场所继续关闭,即使开业也要有人数限制和距离间隔,加上民众担心疫情的情绪犹在,致使这些小文园营业恢复更加困难。北京君德益文化发展有限公司受疫情冲击没有多少业务订单,只是管理团队的 10 名员工复工,筹划开发新业务,其文旅业务仍处于停顿状态。位于苏州市的镇湖绣品街有近 300 个绣庄,兴盛时号称有"八千绣娘",2020 年受疫情冲击,游客和订单都很少,有 1/3 绣庄已歇业,很多绣娘纷纷下岗。"苏绣"大师姚惠芬的绣庄因没有订单,只能硬撑着吃老本,原有 26 人中,只保留了 13 个技术好的。在这里干了 20 多年专攻刺绣、年纪已四五十岁的工人,转岗也不好再学什么新技能。绣庄坚持两三个月还可以,但每月 6 万元的人工成本和水电费着实很"愁人"。这些绣庄盼市场恢复、经济恢复,也盼国家和地方政府向传统文化产业给予救助。位于北京市的前门大栅栏商业文化街的 6 个小剧场依然处于关闭状态。

4. 一部分产生"抗体"的"四小"企业捕捉到疫情冲击后市场恢复中的新机遇，化危为机。（略）

（二）帮扶和救助"四小"企业的政策建议

当前我国进入常态化疫情防控新阶段，那些竞争力相对较弱、资金积累不足、处在市场缝隙中生存发展的"四小"企业，受疫情冲击和人们较长时间居家隔离生活的严重影响，不少从歇业、半歇业到艰难复业，处在"不开业愁死、开业亏死"的生存线上，也可说处在急待抢救的"重症区"。如果说大企业给国家贡献的是税收，那中小企业给国家贡献的则是就业，后者是打赢抗疫复工稳就业总体战中不可或缺的"蚂蚁雄兵"，因此应想方设法救活它们，因为它们维系着大批劳动者的就业和生计。针对"四小"企业当前面临的突出困难，我们提出如下建议。

第一，制订餐饮、住宿、批发零售、文化旅游业振兴计划，对这些特困行业尤其是"四小"企业给予"定向救助"，减房租，减网租，发放消费券，鼓励网络直播带货，采用共享用工、特殊工时制等"非常之策"帮助企业渡过难关。低风险地区逐步放开对"四小"企业的营业限制，恢复企业活力。

第二，加大"量身定制"的金融扶持力度，将银行对企业的资金"放水"转化为扶持中小微企业的"管灌""滴灌"。下功夫落实对因受疫情影响经营暂时出现困难的小企业不抽贷、不断贷、不压贷，对到期还款困难的小企业，可予以展期或续贷等管用的救助政策措施，从资金上使小企业获得有效救助，将"双创"扶持在特殊时期赋予新的管用的内容。

第三，向"四小"企业给予特别救助措施。对营业收入100万元以下的小企业，可免征1年税费；在国有资产房租免收3个月的同时，行业协调非公企业房租也减免3个月；给予每家企业10万~100万元优惠贴息贷款，让小微企业、小店小铺活起来，稳岗员工多起来，充分释放其开拓市场缝隙的灵活性。

第四，建议改组现有"中字头"商业银行或组建国家中小企业银行，使各地城市商业银行、农业合作银行等"回归"到扶持中小企业发展的轨道上，形成银行和中小企业的利益共同体，从根本上治理中小微企业融资难的顽症。这项研究多年的改革举措在当前很多中小企业因资金短缺而处于生死线时应有所突破，给中小企业"输血"同时提振其"造血"的信心。

第五，积极帮助"四小"企业开拓市场、发展营销上线转型升级。对集聚生产小工厂或经营小店铺的"旗杆"城，政府应成立助企服务专班，帮助专业市场与上游材料供货、下游市场/采购商精准对接，刺激线下实体商家消化库存，以专项政策支持实体商家促销让利活动，形成促消费合力。帮助开展线上销售推广，以专项资金/政策支持实体商家拓展线上市场，扶持本地经营户、企业拓展和对接"网红"直播线上销售服务机构，推动引进优质导师/机构资源，针对本地好货推广、拓展线上销售、贸易风险防范等领域开展各类培训。

第六，加强对灵活就业的支持和保障力度。积极发展新就业形态和灵活用工方式，出台灵活就业稳就业政策。对于受疫情影响长时间未能就业的灵活就业人员，给予其一定的生活补贴。对社会保险费缴纳有困难的人员，可以缓缴或补缴，避免出现断保。对参加城镇职工社会保险的灵活就业人员，其个人承担的单位缴费部分可按中小微企业的政策享受 2020 年特殊时期的减缓缴纳待遇。针对灵活就业人员收入不稳定的特征，研究合理的缴费水平和断保处理办法，缴费周期可适当延长。研究建立适合灵活就业人员参加失业保险的办法。

救助"四小"企业尚无"完策"。越是困难的时候越需要扶持救助政策的突破，越需要用改革的办法来解决难题，越需要"四小"企业挖掘自身潜力在政府的帮扶下化危为机，努力"熨平"疫情创伤，加入国内国际双循环相互促进的发展中。

新冠肺炎疫情对中国劳动力市场的影响
——基于学者对个体追踪调查全面分析

蔡昉　张丹丹　刘雅玄

一、引言

2020年，新型冠状病毒肺炎（COVID-19）的大流行是一场史无前例的全球性公共卫生危机。为应对疫情，各国政府纷纷出台了"封城"和"社交隔离"等抗疫措施。但是在执行强度上，各国存在很大差异。一些国家和地区采取了比较严厉的疫情防控，疫情因此得到迅速控制。而在另一些国家和地区，当地政府则寄希望于"群体免疫"，管控措施较为松散。面对疫情传播的不确定性，各国政府在"要经济还是要健康"二选一的命题中纠结不定。严格的疫情控制措施也因此饱受争议。针对此项争论，一个需要解决的关键问题是，这些公共卫生防控措施是否会带来抑或在多大程度上会导致经济损失并由此产生额外的健康成本？

国外疫情防控的失利给多国带来了巨大的经济损失和就业冲击。据世界银行2020年6月的预测，全球国内生产总值（GDP）在2020年将下降5%。经济合作与发展组织（OECD）预测，2020年OECD国家GDP将下降6%~12%。国际劳工组织（ILO）估计，2020年二季度全球范围内将损失4亿个就业机会。OECD预测，2020年其成员国的失业率将是一季度失业率（5.3%）的两倍以上。

突如其来的疫情也给中国经济发展带来了极为不利的影响。最直接的冲击体现在劳动力市场上。春节后由于各地交通的大规模阻断，返乡劳动力无法及时返城复工，再加上由居家隔离导致的人们消费需求大幅度下降等原因，造成劳动力短缺和劳动需求下降。这使得很多企业无法正常开工，全国劳动力市场面临前所未有的压力。此外，国家统计局公布的城镇月度调查失业率显示，2020年2月中国的城镇调查失业率创2018年1月以来的最高纪录，为6.2%。随着此后疫情防控的效果逐渐凸显，这一短期的就业冲击是否能尽快恢复？不同就业群体在疫情冲击下受到的影响有何不同？回答这些问题将有助于厘清严格的防控措施的成本及收益，从而为常态化疫情防控中的政策制定提供依据。

本文利用对从业者群体的个体追踪数据，全面分析了疫情暴发期间中国劳动力市场遭受的冲击和恢复的过程。本文关注疫情期间个体劳动力的福利状况变化，利用该数据分析了以下三个问题。一是2020年疫情暴发期间，中国劳动力市场遭到的冲击及恢复的过程，以及其在不同地区、不同行业和不同类型劳动力群体间的差异。二是疫情防控措施对从业人员复工进度的因果影响。三是从业人员的就业不足对其心理健康产生的冲击，以及该影响是否在疫情防控不同阶段会有不同。

本文的主要贡献有以下四个方面。第一，从研究议题上，迄今少有研究关注疫情对劳动力群体心理健康的影响。本文关注从业者的就业变化、收入冲击和心理健康损失，弥补了现有研究的不足。第二，从政策含义上，劳动力市场的健康发展直接关系民生问题，评估"六稳"和"六保"特别是稳定和保障就业的效果，以及实施"十四五"规划，都需要充分了解中国从业群体受疫情影响的就业状态。此外，由于国外疫情防控普遍失利，2020年年末新冠肺炎疫情开始了二次暴发，防控任务仍非常艰巨。本文对2020年中国防控经验进行评估和总结，为国外疫情防控措施的制定提供了借鉴。第三，从分析数据上，本文利用的从业人员个体追踪数据，是疫情期间国内唯一的大样本个体追踪数据，覆盖了2020年疫情发展的整个过程，并且对全国从业群体在地域和行业层面有较好的代表性。相对于宏观数据，个体层面的信息能更准确和全面地判断疫情期间劳动力市场的情况。调查数据中包含了详细的就业测度内容，可以更为准确地评估劳动力市场恢复情况。调查信息覆盖了从2019年年底到疫情暴发期，再到经济复苏的全阶段，可以全面地分析中国劳动力市场经历的冲击。第四，从研究方法上，防疫政策制定的内生性问题是对其经济效果评估过程中的主要挑战，也是现有研究尚未解决的识别问题。

本文利用追踪数据的优势，使用动态面板数据方法，控制了个体固定效应和时间固定效应，排除了不随时间变化的个体特征和不存在个体差异的共同时间趋势的影响。这些分析手段可以在最大程度上解决防控措施制定的内生性问题，从而识别疫情防控措施的真实影响。

本文余下部分的结构安排如下：第二部分讨论中国和其他主要国家疫情防控措施制定和实施的情况，并综述防控措施对就业和心理健康影响的文献；第三部分描述"疫情、复工与心理健康"调查数据的基本特征，复盘复工进度，估算失业率；第四部分利用个体数据，分析防控措施对从业者复工进度的影响，以及不同就业状态对从业者心理健康的影响，并讨论其影响机制；第五部分是对中国疫情期间防控措施的整体分析，阐述"一级响应"与复工的关系，并根据不同省份的执行差异分析政策逻辑；第六部分是对全文的总结并提出政策建议。

二、新冠肺炎疫情防控措施及其影响综述

（一）各国新冠肺炎疫情防控措施的执行效果分析

新冠肺炎疫情是全世界共同面对的一场史无前例的公共卫生危机。由于其传染性强，死亡率也高于一般的传染病，一旦疫情暴发，就会迅速传播并会引起医疗挤兑，因此各国均积极采取措施抑制疫情的大规模流行。根据牛津大学防控政策追踪网站（OxCGRT）收集的信息，普遍采取的公共卫生措施主要有六项，包括关闭学校和工作场所、取

消公众聚集性活动、下达居家隔离令、暂停市内公共交通运行、限制国内跨区域人口流动及国际旅行等。各国政府在采取以上防控措施的种类选择、实施强度和执行时点等方面存在很大差异（见图2-1）。总的来说，中国采取的是"速战速决"的防控策略。在疫情得到有效控制后，为了预防其再次反弹，更是持续性地采取了严格的防控手段。韩国和意大利则选择在早期积极防控，疫情增速放缓后便即刻采取防

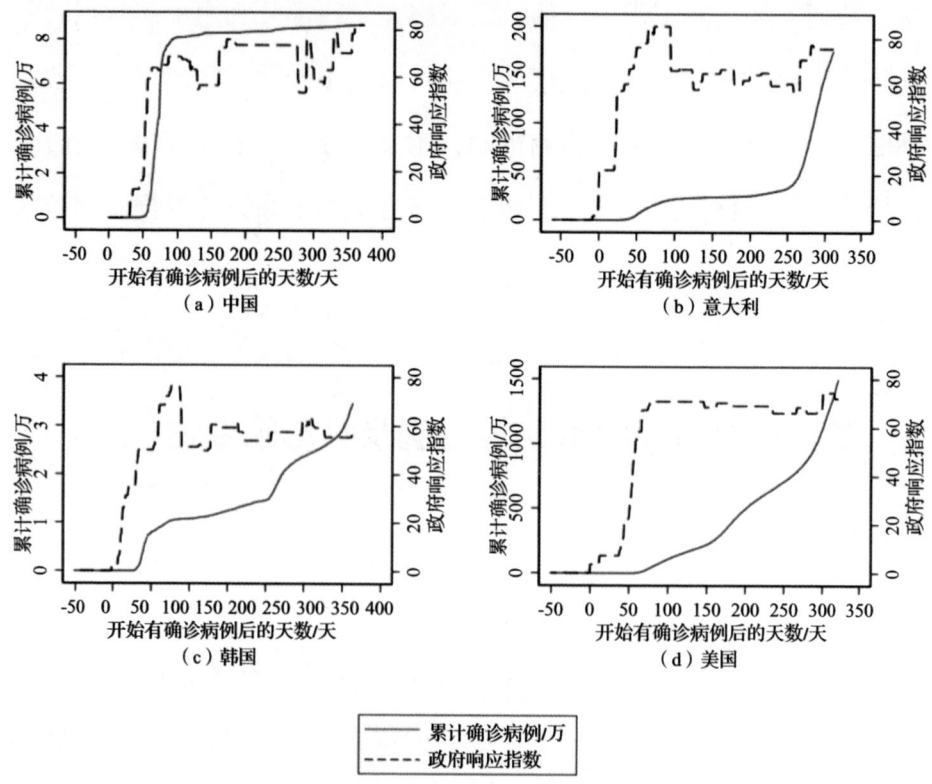

图2-1 COVID-19防控措施响应指数与疫情发展速度：以四国为例

注：图中原始数据（累计确诊病例、开始有确诊病例后的天数、政府响应指数）均来自OxCGRT网站（2019年12月1日至2020年12月6日）。其中，政府响应指数的计算是基于各国防控措施类型的选择和单个政策实施范围两方面的综合打分，在不同国家之间具有可比性。该指数反映了疫情期间政策响应的强弱程度。

控降级，但是两国此后都经历了疫情的严重反弹。而美国在防控手段失效的前提下进一步放松了防控，导致疫情在更大范围内的扩散和失控。相比之下，中国严格的防控措施确实取得了突出的疫情控制效果，尽管可能会对经济造成短期的负面影响，但是唯有早日控制新冠病毒的肆虐才能为经济复苏创造条件。

（二）防控措施对就业和心理健康的影响

基于美国、印度和韩国的研究显示，疫情期间"封城"等防控措施会对劳动参与率、工作时间、居民收入等产生负面影响，并导致失业率的显著提高。以美国为例，失业率从2020年2月的3.5%上升到4月的14.7%，截至4月9日有1 400万~2 000万名劳动者陷入失业。研究表明，美国疫情对就业的冲击远超过"大萧条"时期，劳动参与率也史无前例地下降了7个百分点。印度在2020年3月24日宣布实施史上最严格的"封城"令，此后近13亿名印度居民暂停了所有的社会和经济活动，印度的"封城"带来了巨大的经济成本，居民收入下降了57%，工作时间减少了73%。韩国则没有实施大规模"封城"，而疫情的扩散对其就业产生了直接冲击，即感染人数每增加千分之一会导致2%~3%的就业下降。

此外，大量的研究关注疫情防控期"封城"对人们心理健康的影响。现有研究发现，疫情期间人们的心理健康水平普遍下降，特别是女性、移民、非正规就业劳动者和年轻劳动力更可能在就业和心理层面受到疫情的重创。对中国居民的网络调查显示，"封城"期间中国居民总体的焦虑和抑郁水平以及压力感均显著上升，且女性与年轻人受到的影响最大。意大利"封城"期间当地居民的抑郁与焦虑症状均明显上升，总体睡眠质量下降，失眠症状增加。"封城"期间，奥地利居民的总体抑郁和焦虑水平分别为疫情前的 5 倍和 3 倍。印度外来务工人员在"封城"期间会因为失业而失去社保，并陷入焦虑与抑郁。以上文献探讨了各国在"封城"背景下个体从业者遭受的就业冲击和心理健康损失。本文在已有文献的基础上，填补了这一空白，并对重大突发灾害事件和经济下行对个体心理健康影响的文献做了有益的补充。

三、疫情对中国劳动力市场的冲击

（一）调查数据的介绍和描述性统计

本文使用的数据来源于"疫情、复工与心理健康"调查，由北京大学国家发展研究院研究团队借助"腾讯企鹅智库"的在线调查平台展开。研究团队从该平台上的 10 万以上活跃微信用户中筛选出符合研究条件的被试者并进行追踪调查。本研究的目的是分析疫情对劳动力市场的影响，因此被试者选择的是 2019 年年底处于就业状态且年龄在 16~65 岁的从业群体。基期调查于 2020 年 3 月初进行，研究团队随机抽取了从业人员样本并进行问卷投放，最终调查问卷回收率为 56.8%，共得到样本观测值 5 866 个，其中有效样本观测值 5 674 个。调查内容涉及从业人员的详细个人和家庭基本信息、疫情期间的生活安排、复工情况、心理健康和行为测度。2020年6月中旬，研究团队对全部样本进行了第一次追踪调查，追踪成功率为93.5%。11月底，研究团队对样本进行了第二次追踪调查，追踪成功率为95.1%。三次调查全部信息齐备的样本观测值共计4 539个。

尽管"腾讯企鹅智库"平台上的从业者微信用户覆盖了全国所有省（区、市）和各行各业，对就业群体具有广泛的代表性，但是其用户具有网民群体的年纪轻、高学历等特征。为了使抽样样本具有更好的代表性，我们采用2015年1%全国人口抽样调查微观数据，计算了从业人员在省份、行业、性别、年龄、教育、户口类型共6个维度的多重分组权重，并利用此权重对调查样本进行了加权处理，加权处理后的调查样本可以对全国的情况进行推断。从地区分布来看，5 674个样本来自31个省（区、市），覆盖了325个地级以上城市，占全国334个地级以上城市的97.3%，说明调查样本具有广泛的区域代表性。

（二）就业变化趋势与失业率测算

表2-1描述了2019年年底的从业者在2020年3月初、6月中旬和11月底三个时点的就业、收入以及心理健康状况。从整体复工趋势来看，2020年3月初到6月中旬，就业比率从63.06%提高到84.22%，截至11月底恢复到89.69%。从失业比率来看，3月初和6月中旬的从业者自报失业率分别为7.50%和11.05%。根据11月底的第三期调查

表 2-1　　对主要变量的描述性统计①

	2019年11月	2020年3月初	2020年6月中旬	2020年11月底	变化（2020年6月和3月的变化）①
工作状况					
在工作/%	100	63.06	84.22	89.69	21.16***
工作强度是上年同期的百分比②	100	51.63	80.20		28.57***
工作状态					
回单位复工/%	100	44.12	75.45		31.33***
在家工作/%	0	18.95	8.76		−10.19***
尚未复工/%	0	29.44	4.73		−24.71***
失业/%	0	7.50	11.05	4.4	3.55***
收入					
月劳动收入/元③	6 278.59（7 066.23）	4 043.01（8 972.31）	5 130.38（10 155.52）	5 867.07（5 850.42）	1 087.37***
占2019年平均收入的百分比	100	64.39	81.71	85.18	17.32***
样本量	5 674	5 674	5 027	4 539	5 027

注：表中数值均加权处理。括号内为未加权的标准差。显著性为 t 检验结果，其中 * 代表在10%水平上显著，** 代表在5%水平上显著，*** 代表在1%水平上显著。

---

①　这里我们只比较了2020年6月和3月的变化，原因是2020年11月的调查中我们使用的是与国家统计局一致的失业测量，与前两期调查在问法上存在差异；此外，收入情况在11月调查中询问的是收入分组情况以及相对2019年11月的变化情况，这也与前两期调查在问法上存在差异。为了统计指标的一致考虑，这里只分析了3—6月各指标的变化趋势。

②　由于存在已复工但是工作量未达到上年同期水平的情况，为了反映真实的就业恢复情况，2020年6月中旬我们询问了工作量的恢复情况并计算了工作量加权的复工率，按工作量计算的复工率约为80%，说明当时尚有约20%的劳动力没有复工或工作量不足。进一步将从业人员的就业状态分成"回单位复工""在家工作""尚未复工"和"失业"四种状态，则可以清晰地发现复工情况逐渐出现两极化趋势，即正常回单位复工的从业人员和陷入失业的从业人员均显著增加。

③　2019年11月的月劳动收入为2019年月平均劳动收入，2020年3月和6月的月劳动收入为2020年2月和5月的月劳动收入。2020年11月的劳动收入是根据收入组上下限的中值计算的月平均劳动收入。

中提供的信息，本文按照国家统计局对失业的标准定义测算的从业人员失业率为4.4%，可以判断从业者群体的失业率从6月中旬到11月底显著下降了。进一步的分析发现，6月中旬11.05%的失业者中有一半以上在11月实现了再就业，只有2.5%从6月中旬到11月底一直处于失业状态，佐证了从业者群体就业状态的改善。但是需注意的是，以上测算是对从业人员就业状况在不同时点上的比较，无法对全国整体的失业率进行推算，也没有涵盖2020年新进入劳动力市场的劳动力的失业状况。

总的来说，2020年内复工进度明显提升，就业率从3月初到11月底明显改善，失业率在年中达到高峰后逐渐下降，就业趋势呈现明显的V型特征。但不容忽视的是，截至2020年年末，疫情对就业市场的短期冲击尚未完全消失，周期性失业问题需引起重视，做好"六稳"工作、完成"六保"任务仍存在挑战。

对2020年11月失业群体的描述分析发现，失业群体中女性占了绝大多数（占78%），已婚群体占68%，至少有一个孩子的占82%。这可能说明了疫情期间学校和育儿机构的关闭，对有子女的家庭带来了挑战，职场妈妈们可能面临更大的就业冲击。从年龄分布上看，受疫情冲击最大的是劳动年龄段群体（25~45岁），他们是劳动力市场的中坚力量，失业给其家庭带来的影响不容小觑。此外，在失业群体中有相当一部分是农民工群体，占失业者的29%。农民工的失业率为5.3%，高于总体从业者失业率的4.4%。这说明，相比本地劳动力，农民工在疫情期间受到了更大的冲击，就业恢复速度也更为缓慢。此外，失业者具有受教育水平低（初中及以下居多）的特点，对再就业存在不利影响。失业者主要集中在"批发和零售业"与"制造业"，说明这两个行业在疫情期间受到的负面冲击更重、更深远。

从失业的时间长度看，截至2020年11月底，失业者平均失业了7个月（211天），51%的人失业长达半年以上。在失业期间，失业群体的主要收入来源为家人（占47.5%）和储蓄（占38.1%），仅有9%的失业者靠社会保险；从社会救助情况来看，86.8%的失业者没有得到任何形式的社会救助，失业保险仅覆盖了8%的失业人群，得到最低生活保障救助的不足1%，另外只有1.4%的失业者申请到了小额贷款。

总的来说，失业者作为疫情期间劳动力市场上的弱势群体，具有家庭负担相对较重、失业时间相对长的特点。截至2020年年末，失业者普遍没有得到社会救助，存在陷入长期失业并沦为贫困的风险。此外，数据显示农民工的失业率高于城市本地劳动力，证实了这一群体确实存在的失业问题。但是由于农民工群体流动性强，返乡是主要的应急选择手段，其失业问题常常被忽视。

（三）复工的动态过程

利用2020年6月中旬第二期调查中从业者提供的确切复工日期，我们复盘了2020年上半年疫情期间从业人员复工的动态过程。图2-2展示了从2月3日（法定春节假期结束时）到6月15日（追踪调查日）的每日从业人员复工率，同时分行业、城市从业人员以及本地劳动力与农民工的复工率进行了比较分析,从而关注不同就业群体的复工进度。

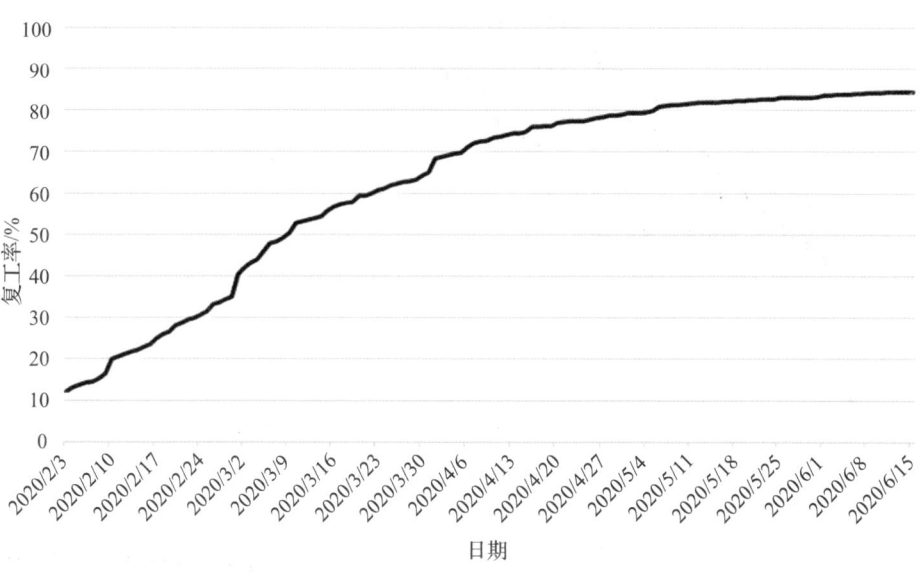

(a)全部从业人员复工率

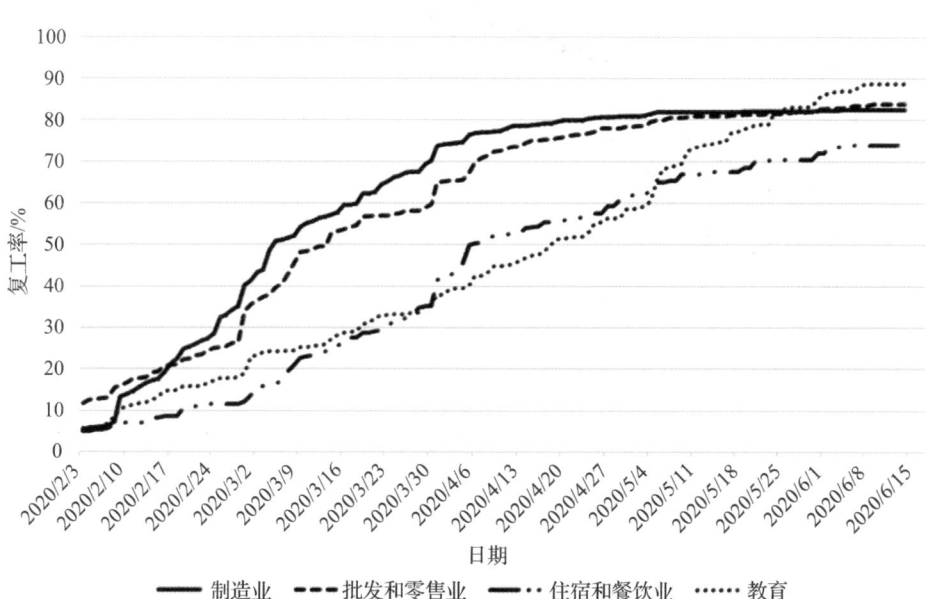

—— 制造业 ---- 批发和零售业 —·— 住宿和餐饮业 ······ 教育

(b)部分行业从业人员复工率

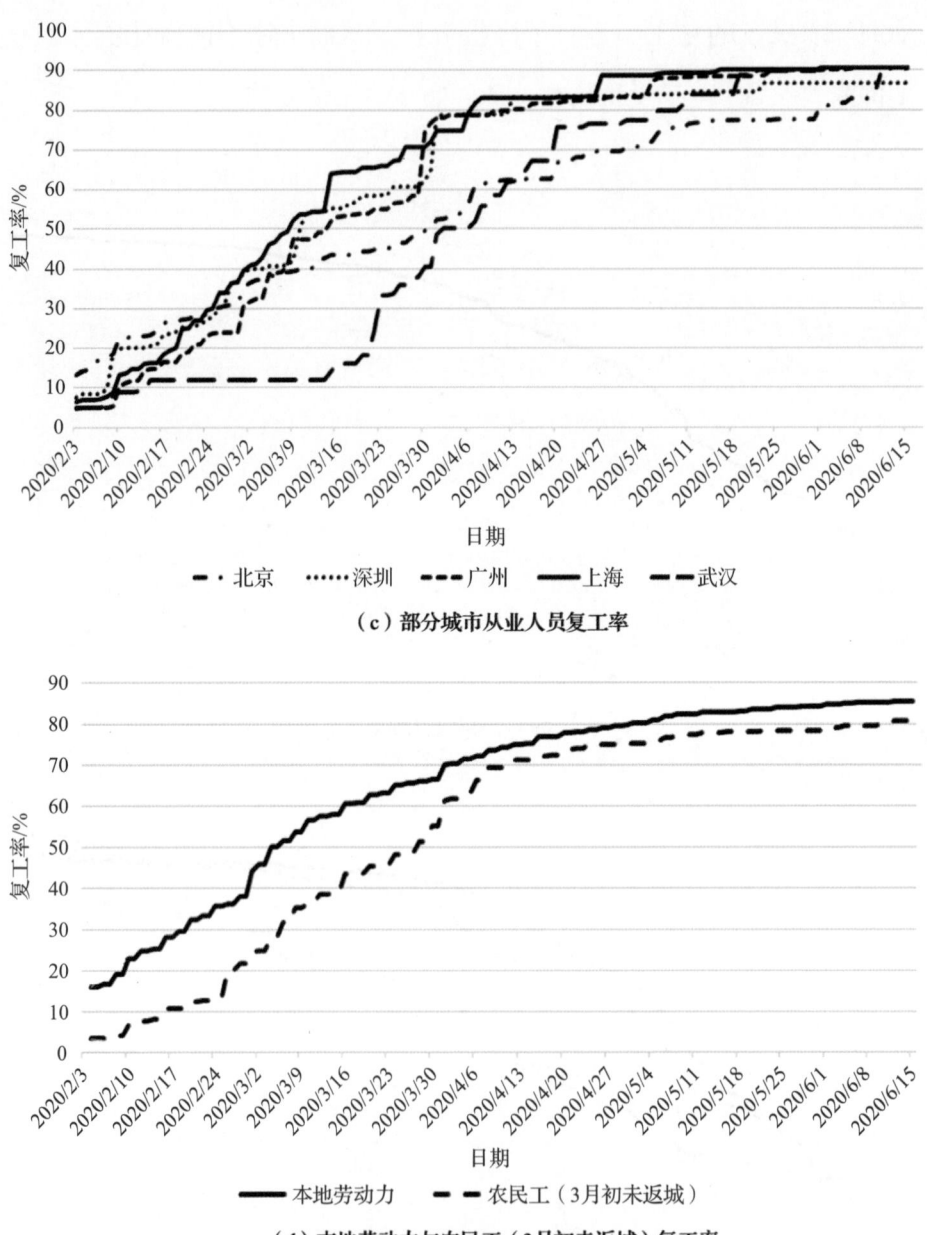

(c) 部分城市从业人员复工率

(d) 本地劳动力与农民工（3月初未返城）复工率

图 2-2 从业人员复工率变化趋势（2月3日—6月15日）

资料来源：2020年北京大学国家发展研究院研究团队开展的"疫情、复工与心理健康"调查。

从全国整体复工趋势来看［见图2-2（a）］，从2020年2月初到6月中旬，复工率持续上升；2月3日春节假期结束时复工率只有15%，截至6月15日复工率达到84%；在3月初和4月初两个时点，都能看到复工率有明显的提升。3月是复工率提高最迅速的一个月，大部分复工复产都集中在这个月，随着疫情得到有效的控制，3月的复工率猛增了30%左右。4月7日中央应对新型冠状病毒感染肺炎疫情工作领导小组印发了《关于在有效防控疫情的同时积极有序推进复工复产的指导意见》，4月8日武汉市解除离汉离鄂通道管控措施后，"复工复产"被提到更为重要的政策优先位置，此后复工率得以持续平稳上升。

从行业来看［见图2-2（b）］，本文主要关注受疫情冲击严重的行业复工情况，其中"教育""住宿和餐饮业""批发和零售业"是复工率最低的三个行业，受到疫情冲击最为严重。"五一"假期后，大部分地区都实现"复学"，"教育"行业从复工率最低的位置赶超上来，恢复正常运作。"建筑业"的复工情况则是在3月初反弹，并迅速攀升。"住宿和餐饮业"复工持续走低，截至6月中旬仍处于各行业最低的水平，总体复工率不到74%。此外，6月中旬"制造业""批发和零售业"从业者的复工率分别为82.5%、83.9%，这也说明相对2019年同期两个行业均存在就业不足的情况。

从地区来看［见图2-2（c）］，上海市、深圳市和广州市的复工趋势与总体趋势相符，北京市的疫情防控措施更为严格，复工进度明显滞后。武汉市作为疫情的暴发中心，处于抗疫的一线，2020年一季度经济基本处于停滞状态，3月底复工复产进度逐渐加快，而在4月8日

"封城"结束后的一周内，武汉市的复工率迅速提升，之后持续平稳提高，截至 6 月中旬复工率已超过 90%。

从户口类型来看 [见图 2-2 (d)]，疫情期间由于"封城"和全国大范围的流动限制，农民工的返城复工之路更为艰辛，直到 6 月中旬其复工率也比本地劳动力低近 5 个百分点。

（四）收入冲击

在防疫期间，能否及时复工、复工形式以及就业充足水平，对个体收入具有重要的影响，疫情对就业的冲击必然传导到收入层面。表 2-1 中显示了从业人员在 2020 年 2 月、5 月的月收入和 2019 年的平均月收入。数据显示，2020 年从业者的劳动收入较上年同期有显著的下降，2 月的月收入是 2019 年同期的 64.39%，平均下降幅度达 35.61%，到 5 月月收入有明显提升。2020 年 11 月的平均月收入经测算为 5 867.07 元，为上年同期的 85.18%。可见，从业者的收入从 2019 年年底到 2020 年 11 月的变化也呈现出 V 型，即触底后反弹的特征。

四、评估新冠肺炎疫情防控措施对复工和从业者心理健康的影响

（一）"封城"、封小区对复工的影响

本文采用不同的政策变量（"封城"或者封小区）分析防控措施对

复工进度的影响。本文的调查样本共覆盖 316 个城市，其中有 19 个城市同时采取了"封城"和封小区措施，230 个城市只封小区没有采取"封城"措施，67 个城市既没有执行"封城"也没有采取封小区措施。

为准确评估"封城"和封小区政策与复工的关系，本文采用双重差分回归方法，利用 2 月初到 6 月中旬每天个体复工状态和各地级市"封城"、封小区的日期进行匹配，构建了个体动态面板数据分析计量模型。

主要估计结果（见表 2-2）可以总结为以下三点。一是"封城"对个体复工存在显著的负向影响，回归系数显示"封城"会导致个体

表 2-2 "封城"、封小区对复工的影响：日面板数据 DiD 回归结果

	回单位或在家复工		回单位复工	
	（1）	（2）	（3）	（4）
"封城"	−0.132*** （0.037 3）	−0.132*** （0.037 5）	−0.116** （0.046 1）	−0.115** （0.046 3）
封小区		−0.012 （0.017 4）		−0.016 （0.018 6）
log（1+ 累计确诊人数）	−0.006 （0.006）	−0.006 （0.006）	−0.005 （0.006）	−0.004 （0.006）
"封城" + 封小区（F 检验）		−0.144***		−0.131**
个体固定效应	是	是	是	是
日期固定效应	是	是	是	是
观测值	673 618			
从业人员样本量	5 027			
R^2	0.681	0.681	0.709	0.709

注：括号内为城市聚集的标准误，其中 * 代表在 10% 水平上显著，** 代表在 5% 水平上显著，*** 代表在 1% 水平上显著。（2）和（4）列中的"'封城'+ 封小区（F 检验）"为检验"封城"和封小区两个系数加总的显著性，代表两个政策同时执行的效果。

复工的可能性下降11.5~13.2个百分点。换句话说，"封城"的解除可以使复工率显著提高（见图2-3）。二是单独执行封小区政策的影响，其对就业负向影响不显著，但是"封城"和封小区同时执行则具有叠加影响效果。三是在分析模型中加入随日期变动的地区级累计确诊人数，本文发现"封城"的负向影响没有改变。

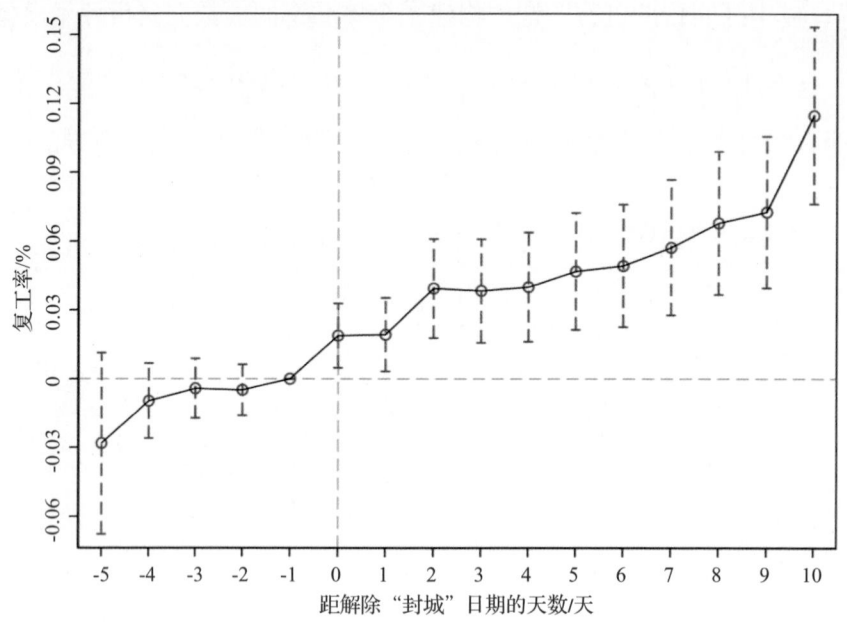

图2-3　事件分析法估计结果

资料来源：2020年北京大学国家发展研究院研究团队开展的"疫情、复工与心理健康"调查。

此外，通过加入交互项的异质性检验结果显示，农民工以及"批发和零售业"的从业人员更易受到"封城"的影响，农民工的复工率比本地劳动力低7个百分点，"批发和零售业"从业人员的复工率比"公共管理、社会保障和社会组织"从业人员的低28个百分点。

（二）就业受损对心理健康的影响

此前的分析发现，疫情与"封城"等防控措施放缓了复工进度，进而导致部分从业者无法及时复工甚至失业。就业受损可能会通过以下渠道影响个体的心理健康。一是直接影响。就业损失或改善可以直接影响到个体的心理健康。二是收入效应。就业损失或改善通过收入的变化对个体的心理产生影响。三是间接影响。就业状态的变化会直接影响个体自身感染新冠肺炎的概率，而个体自身感染新冠肺炎的概率变化又会影响人们对新冠病毒传播的心理焦虑和恐惧。利用2020年3月、6月和11月的三期调查数据，本文构建了固定效应模型，分析就业状态变化、收入变化、感染概率变化对不同维度心理健康测度的影响。

我们在上述模型中加入了所有可观测的个体随时间变化的特征，如受教育程度、婚姻状况、子女数量，结果显示，陷入失业或未复工状态显著降低了从业者的心理健康水平，且失业给人们带来的心理受损程度大于未复工状态对人们心理健康的影响，系数绝对值差异在2倍以上。收入、感染概率与就业状态存在相反关系（收入对心理健康和就业都存在显著的正向关系；而自身感染概率与就业正相关，与心理健康负相关），从而抵消了两者分别的渠道作用，说明两者都是就业状态对心理健康影响的重要渠道。此外，为了分析不同时点的就业状态对从业者心理健康的影响差异，我们加入了调查时间点虚拟变量与"失业"和"未复工/休假"的交互项。结果显示（见表2-3），2020

表 2-3　就业状态与心理健康：三期面板数据 FE 模型回归结果

	心理健康			幸福感		
	（1）	（2）	（3）	（4）	（5）	（6）
失业	−1.917*** （0.298）	−1.939*** （0.324）	−1.501*** （0.449）	−0.098*** （0.028）	−0.093*** （0.032）	−0.088** （0.045）
未复工／休假	−0.974*** （0.182）	−1.027*** （0.184）	−0.654*** （0.213）	−0.044** （0.019）	−0.047** （0.019）	−0.022 （0.022）
失业 2020 年 6 月			−0.923* （0.489）			−0.018 （0.052）
未复工／休假 2020 年 6 月			−0.717 （0.453）			−0.065 （0.054）
失业 2020 年 11 月			4.171*** （0.990）			0.239** （0.101）
未复工／休假 2020 年 11 月			−0.674 （0.507）			−0.048 （0.049）
log（1+ 累计确诊人数）	−0.127 （0.081）	−0.117 （0.082）	−0.120 （0.082）	−0.009 （0.009）	−0.009 （0.009）	−0.009 （0.009）
月劳动收入		−0.006 （0.052）	0.439*** （0.098）		0.002 （0.005）	0.026** （0.010）
COVID-19 自身感染概率		−0.019*** （0.004）	−0.019*** （0.004）		−0.001*** （0.000）	−0.001*** （0.000）
2020 年 6 月	−0.074 （0.094）	−0.086 （0.094）	−0.042 （0.101）	−0.020* （0.010）	−0.021** （0.010）	−0.019* （0.011）
2020 年 11 月	0.678*** （0.100）	0.475*** （0.109）	0.330*** （0.118）	0.046*** （0.011）	0.033*** （0.012）	0.025* （0.013）
R^2	0.021	0.023	0.028	0.008	0.009	0.010
观测值	15 240					
从业人员样本量	5 674					

注：此表的回归基于基期（3月）的 5 674 个样本、6 月中旬的 5 027 个追踪样本，以及 11 月底的 4 539 个追踪样本的非平衡面板数据。所有回归都控制了受教育程度、婚姻状况、子女数量等个体随时间变化的特征。括号内为稳健的标准误。* 代表在 10% 水平上显著，** 代表在 5% 水平上显著，*** 代表在 1% 水平上显著。回归中的基准组为"就业组"（3 月和 6 月调查中的"就业组"包括回单位复工和在家办公的从业者，11 月调查中的"就业组"指过去一周为了取得收入而工作了一小时以上的从业者）。

年3月时失业带来了显著的负向心理冲击，而6月该影响进一步加大，但到11月则几乎检测不到失业带来的心理冲击。这可能说明，到2020年11月底失业者对未来有了较好的预期，其心态也相对3月时有了明显的改善。最后，疫情的发展程度（累计确诊人数）对心理健康不存在显著的影响，但是会对幸福感存在负面影响。

本部分的分析结果表明，"封城"、封小区等防控措施确实放缓了复工的进度，增加了就业状况恶化的可能性；就业损失则进一步导致从业人员心理健康水平的大幅度下降，以及幸福感的显著降低；而失业对从业人员心理健康的负面影响随着时间的推移在逐渐减小，说明了该影响的短期性。

五、对防控措施的讨论

本文第二部分比较了中国和其他三个典型国家的防控措施执行的差异。相比之下，中国的防控措施不仅有"速战速决"的特色，而且防控效果是最好的。在其他国家陆续出现疫情二次反弹的情况下，中国依然保持了较好的疫情防控效果，这为中国发展经济、恢复就业创造了窗口期。同时，在疫情得到有效控制的前提下，中国的防控措施等级在相当一段时间内不仅没有放松反而整体升级，并一直持续到2020年9月底才有所放松。相比于其他国家，中国采取了更为严格且更长期的疫情防控，防控效果突出也源于此。考虑到防控措施的经济成本，在疫情常态化的前提下，防控力度的把控程度是摆在各地政府面前的难题。

为讨论中国各地防控措施制定的逻辑，本文利用各省的"一级响应"持续时间长短、（截至降级前的）累计确诊人数和复工率，进行了如下的相关性分析。

"应急响应政策"是中国针对突发公共卫生事件，由省级人民政府确定的防控等级。等级按照突发事件发生的紧急程度、发展态势和可能造成的危害分为一、二、三和四级。武汉市在2020年1月23日"封城"后，所有省份迅速启动了"一级响应"。各省从"一级响应"降级到"二级响应"的时间存在较大差异。"二级响应"指的是在疫情防控形势明显好转的前提下，逐步恢复生产和生活秩序，包括：全面推动复工复产，逐步开展复学复课，对公共场所、公共环境、公共交通以及相关场馆的设施进行逐步、有序开放。由此可见，"一级响应"强制性要求停工停产，"二级响应"则要全面推动复工复产，两者的政策目标存在方向上的差异。因此，"一级响应"降级的时点可以被认为是在政策上鼓励复工、恢复劳动力市场活力的重要拐点。全国各省（区、市）平均"一级响应"的持续时间为45天，即因疫情防控，平均有一个半月的生产活动是停滞的。

首先来分析"一级响应"执行的时间长短与疫情总体发展情况之间的关系。按照政策规定，"一级响应"的决策应该与疫情高度相关，如果疫情得到控制，新增确诊人数保持在较低水平，应及时降级。图2-4展示了各省"一级响应"持续时间和降级前累计确诊人数之间

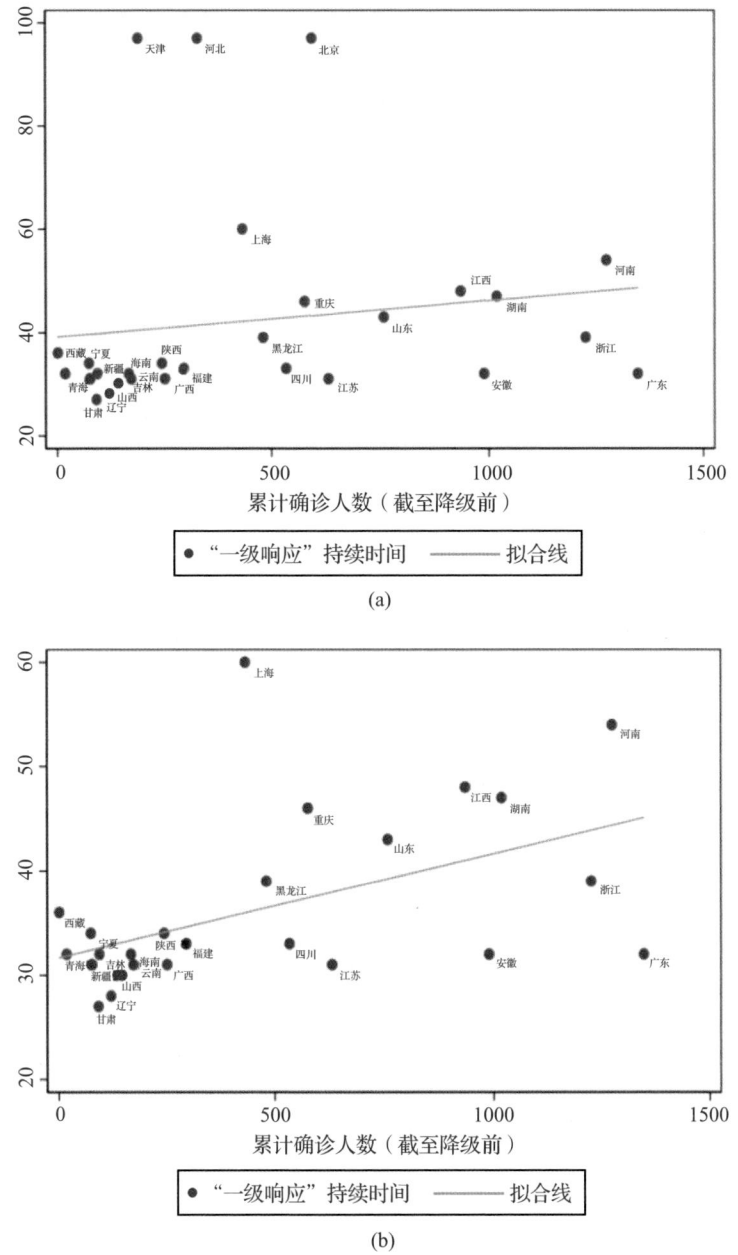

图 2-4　各省份"一级响应"持续时间与累计确诊人数

资料来源：各省政府网站及各省卫生健康委员会网站。

注：图中包含了除湖北省以外的 30 个省（区、市）。图中的累计确诊人数截至 6 月 15 日。

的关系。图2-4（a）显示，27个省（区、市）的"一级响应"持续时间与累计确诊人数存在明显的正相关关系，说明在这些地区疫情发展越严重，"一级响应"持续的时间就会越长。这些地区在政策考虑过程中，更多地把疫情防控放在首位，而将经济成本置于次要地位。广东省的政策制定逻辑与其他地区存在明显差别，其确诊人数相对较多，但是"一级响应"持续时间相对较短，为31天，见图2-4（b）。这说明广东省在防疫政策制定过程中可能更多地考虑了经济因素。

其次，进一步分析"一级响应"持续时间与各省份（6月中旬和11月底）复工率之间的关系（见图2-5）。"一级响应"持续时间越长，复工率越低，两者呈明显的负相关关系。这与第三部分中阐述的疫情封闭政策导致复工进度放缓的结论是一致的。比较6月中旬和11月底的二者关系来看，11月底的拟合线斜率减小，这说明防控措施的影响具有短期性，随时间推移影响减弱。综上所述，各省份的防控措施执行强度差异不仅反映了疫情的严重程度，而且体现了政治和安全的考虑，其成本则是经济的短期停滞和复工的相对滞后。如何在公共卫生防控的同时，把经济成本降到最低，这是政策制定者应充分考虑的问题。

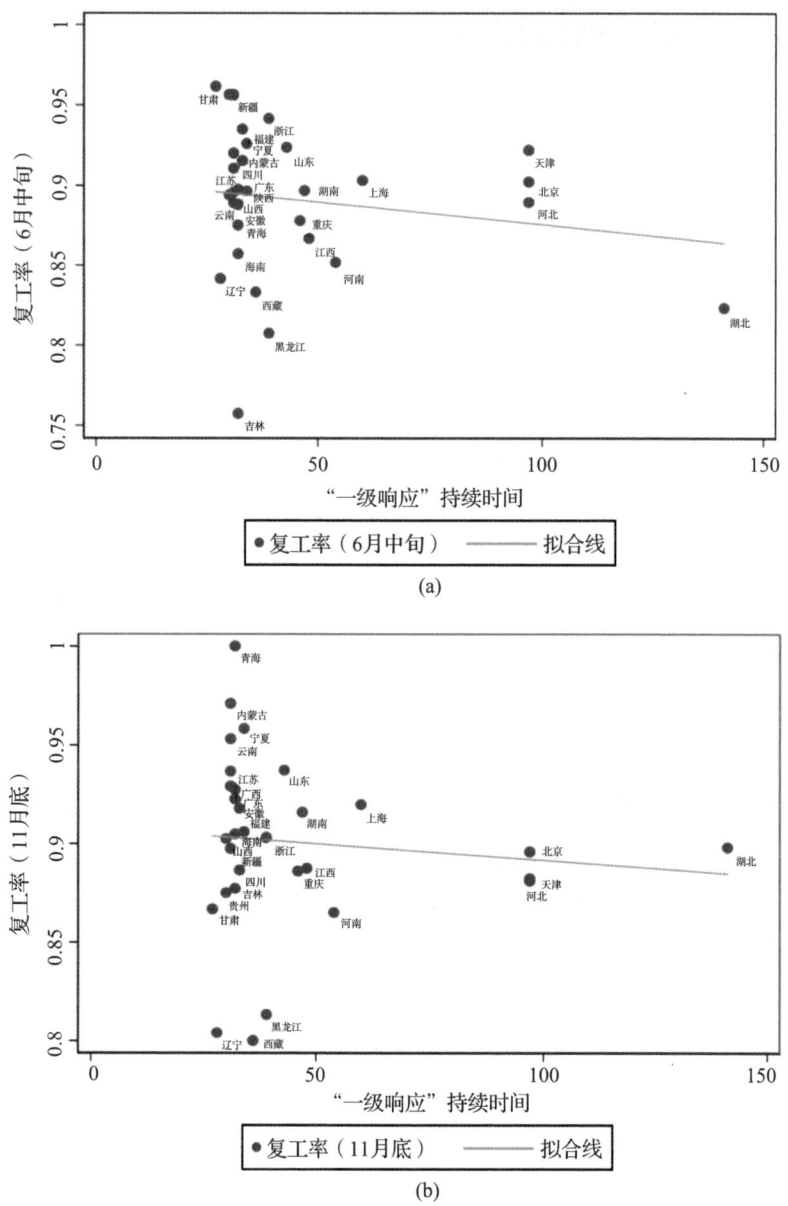

图 2-5　各省份"一级响应"持续时间与累计确诊人数和复工率

资料来源：各省政府网站以及 2020 年北京大学国家发展研究院研究团队开展的"疫情、复工与心理健康"调查。

注：图中包含了 31 个省（区、市）。

六、结论与政策启示

本文利用自 2020 年上半年中国劳动力市场上 5 600 多名从业者的动态就业信息，系统地分析了新冠肺炎疫情防控措施对中国劳动力市场的影响。研究表明，从业者的复工率从 3 月初的 63.06% 增加到 6 月中旬 84.22%，截至 11 月底恢复到 89.69%；从业者的失业率从 6 月中旬的 11.05%，下降到 11 月底的 4.4%。疫情冲击下的就业趋势呈现 V 型特征，尽管中国就业形势一度受到疫情的猛烈冲击，复工率在 2 月曾低至 12%，但随着疫情防控的有力开展，中国劳动力市场活力平稳恢复，到 2020 年年末就业趋势整体向好。这期间，中国劳动力受到疫情的冲击显现出周期性失业问题，失业者家庭负担重、失业周期长，在劳动力市场上处于不利的地位，需引起足够的重视，避免其陷入长期失业甚至贫困状态。此外，本文强调了农民工的失业问题及其高发性，农民工的失业保障问题不容忽视。本文建议在常态化疫情防控下，要重点关注劳动力市场上的弱势群体，制定有针对性的帮扶政策，切实做好"六稳"工作、完成"六保"任务，避免社会分化和不平等的加剧。

此外，本文利用回归分析方法厘清了"封城"等防控措施对复工进度的影响，以及就业损失对从业者心理健康的影响，并分析了影响机制。分析发现，地区层面的某些疫情防控措施显著减少了从业者的就业机会，"封城"导致从业者的复工率平均减少了 13 个百分点。同时，失业会显著影响从业者的心理健康。但分析表明，心理冲击具有短期性，失业对从业者心理健康状况的影响在 2020 年年末有了明显好转。

综上所述，常态化疫情防控下需更多地考虑经济成本和民生问题，在实时监测疫情发展的同时，要关注就业等民生指标，并根据各地实际情况有针对性地制定具有短期时效性和灵活性的救助政策。疫情期间，在从业者的就业、收入和心理健康面临短期冲击的情况下，建议对受疫情冲击较大的行业和部门进行短期帮扶，并推动为受损企业减负的政策，降低企业被动裁员的可能性；对于失业和收入受到严重冲击的群体，建议通过转移支付、就业扶助等政策手段尽快提高其福利水平和获得感。此外，在遭遇经济冲击时，农民工群体往往承受了更大的冲击，面临更多的不确定性。尽管农民工群体流动性强，返乡务农固然是自助措施，但其失业问题不可忽略，建议流入地城市给予农民工群体必要的就业保障。总之，在疫情期，需加强对弱势群体的帮扶和救助，避免他们陷入长期失业或贫困之中，从而确保整个社会的稳定及和谐发展的大局。

第三部分
研究论证

课题总结和专题综述

纪实抗疫复工全过程　谱写中国就业新篇章
——在复工复产稳就业课题研究结题会上的总结讲话

中国就业促进会会长　张小建

2022 年 3 月 31 日

今天的会议开得非常好，既是课题的论证会，也是一次深入的专题研讨会。作为总结讲四个方面。

一、表达感谢之意

首先代表中国就业促进会，感谢大家参加我们这次线上会议，对课题研究成果进行结题论证，并提出很多好的观点主张和意见建议。

衷心感谢中国劳动学会杨志明会长。他在这两年领导中国劳动学会对复工复产稳就业工作做了多次深入调研，向国务院领导提出了许多很有分量的建议。对中国就业促进会组织的季度形势分析和这次课题研究也给予了积极的、无保留的支持。他刚才的讲话更是体现了对农民工的深厚感情，有观点，有主张，更有重要启示。

感谢部里九个司局单位的同志。人力资源社会保障部相关司局在部党组的领导下，这两年在复工复产稳就业工作中，坚决贯彻落实党中央和国务院的部署安排，以为国分忧、为民解难的精神，针对工作中的难点、断点和堵点，快速出台政策，及时作出安排，大力推动落实，务求取得实效。对我们的课题研究，各司局也提供了大量的资料和工作信息，使研究报告的内容更真实、观点更准确。

感谢参与这项课题研究的专家学者和在地方一线工作的同志。在两年的复工复产稳就业工作中，大家既是实践者，又是研究者，更是见证者，现在共同书写这篇纪实性的研究报告，专家们进行了更加深入的思考，一线同志提供了大量的实践做法和创新经验，为这项研究做出了贡献。

还要感谢湖北省人力资源和社会保障厅、省就业服务中心、省就业促进会，以及纳杰人力资源有限公司、帷幄人力资源服务有限公司。

他们在湖北省经历的疫情冲击最早、困难最大，他们在复工复产稳就业工作中付出的努力最多，体会也最深。一方面，他们用实际行动打赢了抗疫就业保卫战；另一方面，他们又拿出纪实性的研究报告，及时总结经验，为全国各地带了一个好头。在中国就业促进会组织的课题研究中，他们积极参与，大力支持，做出了重要贡献。

二、讲讲研究特色

这项课题研究，从启动到结题整整5个月的时间。研究成果得到了大家的肯定，我们感到很欣慰。课题研究具有以下几个特色。

1.纪实与研究相结合。主报告以纪实为主线，将研究分析寓于纪实之中，既复盘了复工复产稳就业工作干了什么，又思考了为什么进行这样的决策，还详述了怎样去解决现实的难题，并提炼了从工作中悟出的经验启示，从而深化了对整体工作的认识，进一步理解中国抗疫复工复产稳就业的方针路线之正确，对讲好中国方案和中国故事提供了一份好的素材。

2.主题明确，脉络清楚。主报告以复工稳就业为主题，梳理出大的背景、问题挑战、决策部署、实践创新和经验启示5个章节，脉络较为清晰，各章节做到相互关联，有机衔接。例如，在第二章分析了疫情冲击下遇到的问题和挑战之后，在第三章决策部署和第四章实践创新中都阐述了相对应的解决思路和具体办法。又如，在第三章决策部署中列举了不同阶段的部署安排，对这些部署的贯彻落实在第四章实践创新的内容中都有所体现，在第五章经验启示中也得到了进一步深化。

3. 多种形式，全景展示。一是研究报告在阐述从疫情冲击到复工复产稳就业全过程的同时，在第三章决策部署中，划分了"3+1"个阶段；在第四章创新实践中，与前面所述问题挑战相对应，列举了地方一线同志解决"5+1"重大难题的具体做法及取得的成效。二是在运用数据图表展现冲击波和恢复状态的同时，还设立了21个专栏，以此形式重点展现一线工作中可圈可点、有声有色的创新做法和工作亮点，这些实证案例既丰富了研究报告的内容，也增加了研究报告的可读性。三是在第二部分专项工作实录中，用11个专栏介绍了国务院和人力资源社会保障部的专项工作，成系列地反映了人力资源社会保障部各司局的工作成果。选登的湖北省的研究报告，详述了湖北省抗疫就业保卫战的全程全景。选登的中国劳动学会对企业复工复产的跟踪调查报告，讲述了课题组观察到的不同企业在疫情中受到的影响和复工的具体情况。研究报告还选登了专家学者基于个体问卷调查对劳动力市场进行的分析报告。这样就使读者能够从更多角度进行考察，更加全面地了解情况。四是精选汇编的大事记，包括了2020—2021年抗疫复工复产稳就业的所有国家级和多部门协同级的大事件，按照时间排序列举每个月国家的决策部署、部门紧跟贯彻和推动落实的简况，在为读者提供系统的情况线索和依据的同时，也形成了宝贵的史料，录以备查。

三、谈谈几点体会

1. 做此研究很有必要。这两年的成果是干出来的。我们进行研究写出报告,是帮助记录这样一项大的工程干了什么、是怎么干的,是复盘这两年在抗疫中推进复工复产稳就业干的过程、干的成果,并进行梳理和研究、总结和提炼。相信课题组拿出的这套研究成果,有利于当前坚定信念和路线,更好地推动工作;有利于今后从中得到启示和启发,并做好后续的工作;有利于讲好中国方案、中国故事,供世界各国参考借鉴。

2. 搞好研究要群策群力。一是广泛收集资料。在研究过程中,中国就业促进会在部就业促进司和中国劳动和社会保障科学研究院的支持下,积累汇编了大量资料,并将其全部用于研究中。二是组织十几位专家在两年中一直跟踪复工复产稳就业的工作情况,进行分析、提出建议,其精华也都体现在研究报告中。三是各部门在贯彻中的出谋划策、地方在落实中的创新做法,更是由参与研究的司局和地方同志及时地提供给我们,使我们在较短时间内掌握了大量一手资料,为搞好研究奠定了基础。四是在研究过程中,专家和部内司局同志提出了许多很有价值的建议,对充实和完善研究报告内容,科学准确反映决策思路和实际工作情况具有重要作用。

3. 产出成果要倾心尽力。一线同志干得那么拼、那么好,我们去书写他们奋斗的篇章,记录他们拼搏的历程,应当更加尽力、更为用心。实际上,在研究报告的撰写过程中,我们也时时被感动着。湖北省抗疫就业保卫战和几十个地方城市中一个个鲜活的实例、部里司局起草的国家文件和出台的政策措施，一篇篇文字的背后，是劳动就业"铁军"一线同志奋力拼搏的心血和努力。为了使他们的工作情景和成果能够通过研究报告真实、全面地反映出来，编写组同志认真梳理，反复研究，深入分析，对总纲讨论修改了 3 稿，对每个篇章改了三四稿，对主报告统稿讨论修订了 5 稿，关键时候更是加班加点、日夜兼程，可谓殚精竭虑。我和编写组同志有一个共同体会：这个研究报告是近几年来我们最费力气、最花心血的一个研究成果，然而当我们想到一线同志在疫情巨大冲击下的出色工作和卓然成果，都感到我们在纪实研究工作中所付出的全部努力是非常值得的。

当前疫情并未结束，新的考验仍在前面，稳就业促就业的工作任重而道远，这次的研究仅是 2020 年（个别延续到 2021 年）的阶段性报告、阶段性成果，2021 年以后的情况研究还有待另行开题立项再行跟进。通过这次研究，我们也总结出一些好的路数和方法，在今后的研究工作中可以更好地应用。

四、下一步工作安排（略）

农民工防疫与复工双兼顾的实践与创新

——在复工复产稳就业课题研究结题会上的主题发言

中国劳动学会会长　杨志明

2022 年 3 月 31 日

课题组围绕抗疫期间保就业之重大国策展开研究，通过对疫情期间复工复产稳就业工作全景式的描述、洞察式的分析、淬炼式的提升，圆满地完成了此次课题研究，意义重大。在这里，我就农民工防疫与复工双兼顾的实践创新相关调查分析与大家在线交流，具体讲讲以下十个方面。

一是百年来历次经济、金融、疫情危机都给劳动就业造成重大损失。新冠肺炎疫情造成的损失至今无法估量。国际劳工组织 2020 年 1 月的评估显示，疫情冲击所损失的工作岗位是 2008 年国际金融危机损失工作岗位的 4 倍。农民工是中国防疫复工中规模最大的劳动群体，也是劳动收入受疫情影响最直接的群体。2020 年年初疫情突发时，通过评估，农民工晚复工一个月损失工资收入总额达 1.2 万亿元。中国劳动学会通过快速调查，报送农民工错峰返城分批复工的调查报告与建议，得到了国务院领导的重视。人力资源社会保障部快速采取了一系列的行动措施。农民工有序复工中"序"点到底在哪里？从实际情况看，制造业率先复工复产，农历正月十五后制造业农民工就开始率先返城复工。当时世界上多数国家都是采取遇到疫情就停下来、疫情控制好再复工的做法。中国农民工却是面对着疫情冲击，加强防疫与复工两不误，开始了危机下的劳动创新性实践。可以说，在世界抗击疫情的过程中，中国就业的规模之大、流动之大、贡献之大，是前所未有的，构成了中国抗疫与复工独特的图景。制造业打头，建筑业紧随，服务业根据市场恢复情况跟进。从一定意义上讲，读懂了抗疫中的农民工也就读懂了中国的抗疫复工，这也是中国加快恢复经济取得令世界刮目相看成绩的"密码"。

二是危机中往往易于突破常规，产生新事物。在抗击疫情的过程中有许多创新，比如制造业有富士康、格力集团等快速自制口罩；有规模化装配式建筑施工，雷神山、火神山医院用十天的时间迅速建成，让世界眼前一亮；服务业中有外卖、快递等"无接触"配送；劳动就业上有新业态灵活用工、在线工作、共享用工、网约劳动等多种形式，这些创新在抗疫期间都闪射出了光亮。疫情初期先防疫后复工，中期边防疫边复工，后期以复工促防控。从按下"暂停键"又及时转换到"复工键"，这一系列果断正确的决策中，党中央的坚强领导至关重要。这说明在疫情发展的不同阶段出台的稳就业保就业政策都很精准，在关键时刻发挥了关键作用。2020年2月9日，国务院农民工工作领导小组办公室就发出了加强农民工有序复工服务保障工作的通知。

三是中小企业是农民工复工复产的主渠道。2021年全国两会前，国务院研究室有关同志看过中国劳动学会"百企万人"快速系列调查后，询问现在面临困难的餐饮、住宿、零售、物流行业里中小企业的状况，我说最困难的是"四小"企业，即"小店铺、小工厂、小工程、小文娱"。当时去白沟调研，看到百分之七八十都已停工停产。困难程度可以说，它们大都进入了"重症区"，需要通过国家一系列组合政策来救助和扶持，形象地说就是需要接上"呼吸机"，只有将国家精准施策和中小企业能动的自救结合起来，它们才能活下来保就业，才能避免被疫情"杀死"。近日，中央企业延续了2020年的房租减半，并实施"免减缓返补"等扶持中小企业的措施，形成抗疫期间保就业政策"接地气"，经过中小企业消化吸收后见到实效"冒热气"，政策措施产生了超乎想象的效果。

四是"城归"创业带动了就业。"城归"是在城市经过打工磨炼，有技术技能的、有些资金的、有营销渠道的、有办厂想法的和对农村有感情的"五有"农民工返乡创业。这次在抗击疫情中，"城归"远离疫情"震中"，他们生产所用的原辅材料以国内供应为主，加上就近就地用工，受到疫情冲击相对较小，所以能够率先复工复产，实现了抗疫中的逆势增长。2021年有近千万"城归"，基本上实现了"创业一人、就业一拨"的倍增效应。返乡创业也解决了长期以来中西部地区，特别是边远地区留不住劳动力、招商引资签约项目多而实际落地少、在中西部地区由谁来对东部劳动密集型产业转移进行"接盘"的三个难题。可以说，"城归"当年是坐着火车外出打工，现在开着汽车回乡创业，这里蕴含着深刻的经济体制变革因素，他们为脱贫攻坚做出了重大贡献。实践说明，巩固脱贫成果近期靠打工，中期靠产业，长期靠教育。

五是农民工就业流动的半径在防疫中逐渐缩小的趋势显现。从2022年1月的调查看，跨省外出打工的比例持续走低，省内就近就业的比例较快上升，县城吸纳约50%的就地就业农民工。虽然工资收入与跨省到发达地区和沿海城市打工的收入相差约10%，但由于离家较近，便于兼顾家庭生活等有利因素对冲了这一收入差，从而有效地缓解了长期以来困扰农村劳动力转移中的"三留守"问题。

六是新生代农民工就业选择出现新变化。2021年的调查反映出，地域、收入和小户型租赁住房以及子女就近上学成为新生代农民工就业选项里面新的刚需。对"90后"农民工租房情况进行调查，有86%的人认为房子是租的，但生活不是租的，哪怕租房面积小，只要有单间就行，他们不愿意下班后被打扰，想享受自在时光。因此，发展城市适合农民工特点的小户型租赁住房成为农民工就业新的吸引力。重庆市等地的实践说明，"小户型、低门槛、政府补、滚动租"成为城市和农民工都认可的有效办法。

七是开发新职业、学习新技能、适应新就业在抗疫复工中悄然兴起。快递、外卖、网约车、寻呼服务、家庭服务、平台服务、网络营销服务等各种新业态快速发展。约有5 000多万名农民工投身到新业态，其中有80%是新生代的初、高中毕业生，20%是从制造业和建筑业转移而来，这也倒逼制造业、建筑业加快数字化、智能化的转型，需要以技术的新鲜度和新技能的吸引力使越来越多的新生代农民工投入其中。

八是机器取代人，但取代不了人的能动性、创新性和柔性。富士康在使用机器人取代生产线上人工操作方面发展很快，从2010年到2021年，使用了十多万台机器人，平均1个机器人取代3个操作工人，农民工仍有80万人，多数已是技工。在坚持多劳多得同时，鼓励技高多得，激励优秀"蓝领"和"城归"率先进入中等收入群体。和国际其他国家相比较，欧美不少国家"中产"里相当一部分是"蓝领"。我国的"中产"主要是企业高管、大企业中层以上管理者以及专业技术人员等"白领"精英。2021年的调查反映出，农民工的收入与年龄呈现出倒U型，16~25岁、26~35岁年龄段的农民工收入最高，而到了中年以后农民工的收入呈下降的趋势，这与国有企业员工形成了鲜明对比，国有企业员工是随着年龄增长，技能增多，有了高技能的职称，收入也会增多。

九是农民工就地过年促进外出务工农民工稳定就业。2022年1月的调查显示，外出农民工的情况与上年有所区别，2021年在中央倡导、各地组织下，有76%的外出务工农民工就地过年。2022年是双向选择，有40%的农民工就地过年。农民工通过就地过年体验了城市的"年文化"，春节后复工时间提前且就业稳定。他们不仅仅是城市财富的创造者，也应成为城市高品质生活的共享者。

十是对待建筑工地大龄、超龄农民工"转岗""转场"需求要更有温度。近来有13个地方推出"清退令"，采取对进入工地农民工的年龄进行严格管理等措施。这类措施的初衷是出于安全考虑，因为农民工"爬高上架"时的心理不稳定是最大的安全隐患。我们要看到，农民工在建筑工地上辛劳了三四十年，为星罗棋布的高楼大厦和纵横交错的道路桥梁建设做出了卓越的贡献。现在有些大龄农民工从体力、精力方面考虑不适宜在劳动强度大的建筑一线施工作业。正因如此，对于建筑工地大龄农民工"转岗"、超龄农民工"转场"更要有感情、有温度，要与农民工参加的项目建设周期衔接，与"以项目参保"衔接，与农民工所掌握的技术技能相衔接，不能搞"一刀切"。大龄农民工有序转岗，包括经过技能培训进入新型建筑业，搞装配式建筑施工等。对于身体不太适应一线劳动的大龄农民工，经双方协商后可安排到辅助岗位工作，不能简单化处理，毕竟建筑业是农民工就业的支柱产业。也有很多超龄农民工进入了零工市场。我认为，对于超过法定年龄的农民工，即使没有劳动合同，有劳动约定、劳务协议，其劳动权益也应该受到保护，尤其是在建筑业。现在建筑业用工已经是"青黄不接"。由此，拓展到大龄农民工劳动权益与社会保障问题应得到重视和深入研究，体现尊重劳动，使广大农民工实现体面劳动和有尊严的生活。

疫情尚未结束，创新仍在进行。在这个特殊时期，稳住农民工就业就稳住了中国就业的基本盘。今天的课题研究走在政策制定的前面，当然也回顾了以往，努力使政策走在市场曲线前面。我们正进入数字化、智能化的时代，新技术革命和经济高质量发展合力推动了劳动就业领域需求供给与结构的新变化，也为从充分就业到高质量就业提供了广阔的空间，释放"抗疫红利"给高质量就业提供了便捷条件。农民工所承载的人口红利递减，但是我们又迎来了向技能红利的转变，人力资源也正在向人力资本跃升。拥抱数据，创新无限；拥抱农民工，发展无限；拥抱农民工并提升其技能，未来无限。

专家评论

一、课题专家评述

作为课题组成员，我有两点体会：一是能跟大家一起完成这样一项有着深远历史意义和现实指导意义的课题，对疫情发生发展给经济和就业带来的影响、从中央到地方应对的做法、取得的成效进行梳理总结，为今后留下史料及参考，十分荣幸！通过参与课题研讨和写作，进一步了解了抗疫的艰辛，就业一线同志们不懈的奋战和取得的骄人成绩，越发感觉课题意义重大，使命光荣，我能参与其中十分荣幸！二是课题从启动到完成，时间紧任务重。中国就业促进会和所有课题组成员继承和发扬就业"铁军"的精神，全力奋战，精益求精，很辛苦也很快乐！

对下一步课题运用的建议：一是课题开篇谈到课题撰写的目的是供行政部门、一线同志和世界同行参考，应增加供相关大专院校、科研机构使用。二是课题运用内外结合，亦应内外有别。对外使用，以主报告和具体做法介绍为主，主报告力求语言精练严谨，通俗易懂，剔除非公开数据和官方式描述；地方做法介绍强调可操作性，语言简练。可请戴晓初和王亚栋同志一起做好对外宣介方案。三是课题发布和使用可长短结合。全文特别是大事记，应做史料留存，供行政部门参考，供相关院校教学使用；专栏和各地做法可分系列在网络平台和媒体刊登。可考虑将各阶段和各地有特色的做法集中成册，供地方参考或系统基层培训使用。

——张亚力（中国社会保险学会副会长、中国就业促进会高级顾问）

课题研究在宏大背景下，全景式呈现了中国面对突如其来的新冠肺炎疫情，在以习近平同志为核心的党中央坚强领导下，于极其艰难而紧迫的形势中，以超常规的果敢和坚定意志，抗击疫情，复工复产，取得举世瞩目伟大成就的成功实践，向世人展示出独特的中国智慧和宝贵经验。整个研究结构合理、内容翔实、论理有据、建议中肯，是一项优秀的实证研究成果，应当尽快整理完善，形成最终成果，在国内推广应用，向国际社会广泛宣传，供各国参考。

成果形成后，建议出版成书，并将成果转化成群众喜闻乐见的形式，如宣传画、短视频、图片册、诗歌赋、故事汇等，通过广播、电视、报刊、网络等进行广泛宣传，让抗疫复工促就业的伟大实践探索和宝贵经验融入人们工作及生活的方方面面，不仅要让人们记住这段难忘的奋斗历程，而且为今后应对更大更艰巨的考验增强必胜的信心。同时，积极向国际社会推介，讲好中国故事，为世界各国抗疫促就业贡献中国智慧和经验。

研究成果中最具实践价值的部分，应及时应用于政策完善方面。疫情仍在肆虐，抗疫尚未全胜，这两年应对公共卫生突发事件稳就业保就业的政策措施具有创新性和可操作性的成果，应系统梳理，形成较完备的公共就业服务应急预案和工作指南，以应对可能遇到的更大不确定性的冲击，把积极抗疫、促进就业的组合政策措施落实到位，使应急预案前置，发挥好减震缓冲作用。同时，考虑到抓抗疫促就业绝不是临时措施，而将是一场持久战，相关政策措施要稳定，还要不断健全，因此有必要相机推动相关政策进入立法程序，让"六稳""六保"决策入法，让社保兜底入法，让财政支撑入法，等等。

——田小宝（中国劳动和社会保障科学研究院原院长）

2020年，新冠肺炎疫情突如其来，对人民生命安全构成严重威胁，对经济运行造成巨大冲击，给中国乃至全球就业带来前所未有的严峻挑战。在以习近平同志为核心的党中央坚强领导下，全国就业战线同各地区各部门、广大企业和劳动者万众一心、全力以赴抗击疫情，千方百计推动复工复产，为中国确保就业稳定、推动创新发展做出了重要贡献，取得了宝贵经验。

课题组开展抗疫复工复产稳就业课题研究，对抗击疫情、复工复产稳就业的重大决策、政策措施、工作实践和做法经验进行纪实总结和深入研究，经过5个月的努力，形成课题全部研究成果。课题成果对做好常态化疫情防控时期的就业工作，促进贯彻落实《"十四五"就业促进规划》，进而推动实现更加充分更高质量就业具有重要意义。

课题成果包括三个部分：第一部分是主报告；第二部分是典型分析，包括："复工复产稳就业专项工作实录""2020年湖北省抗疫就业保卫战研究报告""企业复工百日跟踪调查报告（摘要）"和"新冠肺炎疫情对中国劳动力市场的影响"四方面内容；第三部分是国家推进复工复产稳就业工作大事记。

课题成果具有以下鲜明特点：

一是具有整体性和系统性。研究成果全面记录和研究了自疫情暴发以来，在党中央的坚强领导下，全国各地特别是重点地区、行业企业抗疫复工复产稳就业的非凡历程。课题研究以抗疫复工稳就业为主线，多层次、多视角、多方式、全面系统地分析阐述了抗疫复工稳就业的宏观背景、问题挑战、重大决策、系列政策和做法经验。

二是具有真实性和时效性。课题研究方法突出了纪实研究的特点。研究成果中引用的政策文件、统计数据、专栏案例等均来自官方公告、统计部门、地方一线和实际调研。研究成果的真实性和时效性既可以为当前及今后制定政策、实际工作提供参考和借鉴，也可以为扩展和延伸研究提供基础和依据。

三是具有参考性和实践性。课题研究理论联系实际，从抗疫复工复产稳就业的实际出发，深入研究稳就业的宏观背景、问题挑战、决策政策、做法经验，对常态化疫情防控下稳就业保民生，对助力贯彻落实《"十四五"就业促进规划》，推动实现更加充分更高质量就业目标具有积极的参考作用，特别是对当前及今后一个时期抵御重大疫情、自然灾害、经济风险等突发事件对就业稳定造成的冲击和损害，治理失业、稳定就业以及保障民生，具有重要的启示和借鉴作用。

抗击疫情复工复产稳就业是在党中央的坚强领导下，全国就业战线和各地方各部门、广大企业和劳动者齐心协力、奋力拼搏的伟大实践，经过付出巨大努力，取得了稳就业保就业的显著成果。成绩来之不易，经验弥足珍贵。全面记录和深入研究抗疫复工稳就业的非凡历程和做法经验十分必要，也很及时。当前世界局势复杂多变，国内疫情近期多发。受多种因素影响，就业形势依然复杂严峻，稳就业保民生的任务仍然艰巨繁重。疫情变化对就业的冲击和影响还需要持续跟进研究，还需要深入掌握分析新情况，研究解决新问题，及时提出稳就业保就业的新思路新建议。

——刘燕斌（中国劳动和社会保障科学研究院原院长）

  课题意义重大，不仅具有现实应对疫情的意义，而且具有留供后人参考的重要意义。研究方法科学合理，采取科研与行政结合、中央与地方结合、研究与实际工作结合的"三结合"。报告全文结构合理，要件完整。报告对各地做法经验总结准确，科研方法值得学习，领导亲力亲为值得敬佩。

  特别是稳就业经验启示总结得非常到位，弥足珍贵，值得细细品味，例如：

  1. 坚定依靠党的坚强领导，充分彰显制度优越性，是抗疫复工稳就业的根本保障。

  领导担当作为。以习近平同志为核心的党中央把人民群众生命安全、身体健康放在第一位，在第一时间作出部署，全面加强集中统一领导，采取最全面最严格的防控举措，带领全党全军全国人民在严格防控疫情的同时，加快恢复生产生活，持续推动复工复产稳就业，赢得了抗击疫情的战略主动。

制度彰显优势。疫情暴发后,从武汉到湖北、再到全国,在党中央统一指挥调度下,全国上下拧成一股绳,社会主义制度释放出强大的治理能量。

2.坚持以人民为中心的发展思想,生命至上、民生为本,是稳就业保民生的根本遵循。

践行生命至上。致力排忧解难。优先稳就业保就业。谋划长远发展。

3.强化实施就业优先政策,各项经济社会政策协同发力,是取得抗疫复工稳就业显著成效的战略支撑。

强化协同发力。强调就业在经济社会发展中的优先地位,将稳就业、保居民就业摆在"六稳""六保"首位,是就业优先政策置于宏观层面的切实体现。

推动政策直达。各地区在统筹抗疫复工复产中将稳就业保就业作为首要任务,明确工作责任,层层分解落实。

4.统筹全局,突出重点,破解难题,激发活力,是做好抗疫复工稳就业工作的有效方法。

稳住就业基本盘。力保重点稳主体。勠力攻坚克难关。激发创新添活力。

5.动员社会各方齐心协力,依靠和发挥人民群众的力量,是实现抗疫复工稳就业胜利的重要法宝。

靠前指挥推动。党中央、国务院准确判断形势,中央领导同志亲自调研分析,进行决策部署和指导政策制定,统筹安排疫情防控和稳经济保民生。

一线奋力拼搏。企业主动担责。劳动者积极进取。

6.将复工复产稳就业与长远发展战略相结合,是推进实现更加充分更高质量就业的关键路径。

明确方向目标。具体到更加充分就业,用通俗的话来说就是:就业多,失业少,流得动,稳得住。具体到更高质量就业,用通俗的话来说就是:在劳动者实现就业的同时,收入能增长,素质有提高,条件得改善,权益获保障。

全面布局安排。着力抓好落实。突出当前重点。勇于开拓创新。

7.认真总结经验,抓紧健全就业应急机制,是更好应对当前及今后严峻就业局面的必备之器。

强化高效反应。运用失业预警。做实工作预案。

每次学习这些文字,都有心灵震撼,敬佩课题组深刻的思考、科学的总结、准确理智高雅的文字表述,这是政策研究者难得的教科书。建议申请国家社会科学基金重大项目资助,课题报告出版后供实践和政策研究工作者学习参考,留下宝贵的历史资料。

——莫荣(中国劳动和社会保障科学研究院院长)

一是作为课题的参与者,我深深地感受到大家对就业工作的深情。感谢大家对课题报告的肯定,我们将对大家提出的意见和建议进一步消化和吸收,做好课题报告的完善。

二是本次研究的过程和方法值得总结。第一,老带新,"1+1"的研究团队组成形式为本研究项目提供了研究力量的保障。"百日工程"在一定意义上也是就业"铁军精神"在研究工作中的传承。第二,"中国就业促进会+湖北省就业促进会+各地人力资源社会保障部门"的课题组织形式确保了本次"全景研究"的组织保障,这也是今后开展类似研究的组织方式。

三是近三年来参与中国就业促进会的课题研究,感觉中国就业促进会在新时代坚持就业优先、落实更加充分更高质量就业战略方面形成了较为系统的政策建议和方法、工具积累。当前,受疫情、技术发展、国际环境等因素影响,产业发展正在结构面出现深刻变化,对就业形势产生着深度影响。建议可运用既有成果,联合行业组织和重点地区,开展行业研究和区域研究,提升课题研究和成果应用的针对性。

——陈李翔(中国职业技术教育学会副会长)

作为课题的参与者,回顾"百日工程"——"抗击疫情复工复产"课题形成的过程,我感触颇深,下面谈两点体会。

一是课题成果的取得可谓来之不易。在收集、整理、汇总疫情期间涉及就业民生的国家级和部门协同级重大要事的过程中,我深深地感受到党中央、国务院"人民至上、民生为本、就业优先、稳中发展"重大决策的智慧;深深地感受到各部门通力合作、上下齐心,人力资源社会保障系统就业部门身先士卒、勇于担当的作为和精神;深深地感受到在复杂逆境形势下,闯出的中国特色就业之路的不易和艰辛。

二是课题之所以得到大家的充分肯定和高度评价,有三点重要因素。首先得益于确立这一课题的站位和定位高远;其次得益于各级领导的支持和专家们的辛勤付出;最后得益于就业战线同志的不懈努力和创新实践,特别是一线工作同志推动抗疫复工复产中干出来的成果,等等。这些都为课题内容的丰富立体和课题报告成功出炉提供了有力支撑。

为进一步发挥和提升课题成果在实际运用中的作用,建议充分利用和扩大课题成果的推广宣传,进一步加强与部门,特别是部级学会、协会之间的横向联系,以利促进相互学习交流,同时也借力扩大课题的社会影响。

——柏莉(中国就业促进会副会长)

二、业务专家评述

课题报告全面系统地阐述了中国在抗击疫情复工复产稳就业保就业方面所采取的一系列举措,内容全面丰富,既有背景分析,又有全过程举措的描述,而且也突出了重点,做了经验的归纳和总结。课题报告既有中央和部里的部署安排和推动,又有地方的做法梳理,描绘出全国和全系统上下协力、共同战疫的场景,客观重现了这一历史过程中惊心动魄的"斗争",具有文献研究和实证研究的重要价值,为今后做好就业工作,应对更为复杂严峻的局面,提供了重要的参考和借鉴。

一是报告进一步体现了中央和各地党委、政府对就业工作的高度重视。中央对稳就业保就业高度重视，将其摆在"六稳""六保"之首，并频繁召开有关会议，明确促就业举措应出尽出，拓岗位办法能用尽用。各部门密集出台了160多个文件，这种重视的程度和部署的密度也是前所未有的，充分体现了中央稳就业保就业的决心。各级地方党委、政府也结合实际情况作出调整，积极推进政策落实和创新，充分体现了疫情冲击下各级党委、政府对落实稳就业保就业的重视和支持。

二是进一步体现了中国政策的综合性和突破性。首先，应对政策体现了宏观、中观、微观相结合的综合立体性。从宏观看，三大宏观经济政策中就业处于优先位置，财政政策、货币政策围绕着就业优先政策来发力。积极的财政政策减税让利激发市场活力；稳健的货币政策更多地投向实体经济和中小微企业；宏观的社会政策强化兜底，强化对失业的保障和生活的保障。从中观看，我们的政策不同于西方国家通过投入救济来解决失业问题，中国更多的是在保障兜底的情况下，在中端发力，保市场主体保就业。此次面对疫情冲击全面减税降费，并对所有主体一视同仁，既保持了市场的竞争力，又激发了市场活力。从微观看，有针对各类群体的就业政策和促进措施，体现了中国全方位立体化的政策体系。其次，更加积极的就业政策有了新的突破和发展，既鼓励创业带动就业，同时又结合新技术发展鼓励平台就业、灵活就业，扩展了就业空间和渠道。从稳岗政策看，继续实行稳企业稳岗位的政策措施，同时还结合解决结构性就业矛盾，全面提升劳动者的素质和水平，并将加大补贴作为对企业稳岗的一项重要抓手。

三是进一步强调了公共就业服务在整个疫情应对中起到的关键性作用。每逢重大危机时，公共就业服务还是能发挥支柱作用的。此次疫情发生时，劳动力市场业务中断，要启动市场复工复产，各级公共就业服务机构全力以赴保就业稳就业，这充分体现了组织性，保证了复工复产的顺利进行。2020年又是脱贫攻坚的关键一年，这支队伍积极行动，冲在一线，为应对疫情影响推进复工复产和打赢脱贫攻坚战发挥了重要作用。其间，公共就业服务机构还创新出很多方式方法，如信息化网上招聘、点对点岗位推送等，也涌现出了很多感人事迹。

——尹建堃（就业促进司一级巡视员）

课题报告内容翔实，系统地梳理了以习近平同志为核心的党中央践行以人民为中心的发展思想，科学应对新冠肺炎疫情对我国就业工作带来不利影响的过程，记录了各地和各部门在党中央、国务院的决策部署下推动复工复产方面开展的各项工作、取得的成效和经验。主报告的结构合理，脉络非常清晰。

——张达（职业能力建设司二级巡视员）

课题报告系统地梳理了抗击疫情复工复产中，人力资源社会保障部门确保就业稳定创新发展的历程，既有主报告，又有典型分析，还有梳理的抗疫大事记。课题报告信息量很大，内容全面、翔实。主报告完整、结构合理,全面回顾纪实中国抗疫复工复产稳就业的历程,脉络清晰,总结到位。典型分析进一步丰富和完善了主报告。典型分析既有11个专项工作部署推动情况,又有湖北省抗疫就业保卫战纪实、企业复工百日跟踪调查报告,还有基于个体追踪调查的全面分析报告,从不同层面、多角度立体地进行分析。"四小"企业百日复工跟踪调查报告提出的建议很有针对性。大事记也非常有意义,内容也较全面。

——蔡颖(失业保险司一级巡视员)

  课题意义重大,研究报告质量高。主报告对于疫情冲击下的就业背景、挑战、应对举措、成效等做了系统研究,主题明确、脉络清晰、内容丰富、分析透彻;有整体工作的系统梳理,也有对创新和可复制经验的典型介绍,全面立体地反映了中国在疫情下快速反应、精准施策、协同一致稳就业促就业工作。主报告加实践专栏、专题研究、重点政策的结构安排,也体现了理论研究与政策措施的紧密互动、同向发力,更突出了报告的理论性、纪实性、指导性特点,理论研究和实践指导意义都很强。

  课题研究对做好农民工工作带来了更多的启示和思考。课题将疫情下的农民工就业作为重要内容,总结了疫情期间在促进农民工多渠道就业、扩大农民工享受失业保险范围、保障新业态从业人员权益、开展农民工"点对点"返岗复工服务等方面的政策措施和经验创新,反映了疫情中加强农民工就业政策协同的实际成效。一方面,促使我们思考在新的时期如何更好地落实、巩固完善疫情时期的一些惠及农民工群体的好政策、好机制。另一方面，疫情凸显了农民工群体的弱项短板，也加剧了农民工群体的一些趋势性变化，促进农民工就业增收还需要在这些方面进一步深入研究，持续施力完善农民工相关政策。

应加大课题研究成果的转化运用。一方面，更多地面向基层加强课题内容宣传，以便在实际工作中对一些典型做法和经验直接转化借鉴。另一方面，对研究成果可通过国际劳工组织等平台进行宣传，讲述好中国就业故事，为国际社会就业政策研究和实践提供中国智慧。

——林淑莉（农民工工作司副司长）

对课题报告的总体评价：一是课题选题好。课题站位高，研究内容有重要的现实意义，首次完整地体现了疫情背景下复工复产确保稳就业的历程，有很强的时代背景，对做好疫情防控常态化管理下的就业工作具有很强的指导意义。二是课题报告内容翔实。报告中既有政策措施，也有地方创新实践以及企业的经验做法，同时报告中还列出了大量的数据、图表，使得报告内容更加充实，为行政决策研判提供了强有力的支撑。大事记部分也详细地列出了政策脉络，对工作实际具有很强的指导性和参考性。三是课题研究方法具有借鉴意义。课题组团结各方力量共同参与课题研究，使课题成果的应用性更强。这种研究思路、研究方法值得中国就业培训技术指导中心学习借鉴。

对课题成果的应用。建议进一步加大成果宣传应用力度。今年中国就业培训技术指导中心将开展基层公共就业服务人员能力提升培训工作，建议课题组结合研究成果在培训班上作专题讲座。

——王颖（中国就业培训技术指导中心副主任）

关于课题研究成果运用方面，我站在后期出版角度简单讲一下。

中国劳动社会保障出版社多年来，一直以服务部中心工作为宗旨，策划和出版了很多就业、社会保障、劳动关系等领域的重要选题和精品力作。今年年初刚刚印制出版的一本重点图书《中国的就业（中、英文）》，被列入了中宣部对外出版项目。这本书也是在中国就业促进会的大力支持下完成的。它系统全面地介绍了新中国成立到2019年年底这70年来，我国就业的改革发展历程和基本概况，阐述了我国就业经历的数次挑战和取得的历史性成就，全面总结了我国在就业工作实践中取得的经验，为国内外读者提供了深入了解中国就业的窗口，取得了非常好的宣传效果，也产生了很好的社会效益。

今天我们结题讨论的课题报告，从时间线上来讲，介绍的是2020年年初至2021年年底新冠肺炎疫情期间我国就业工作经历的又一次重大挑战，全面总结了这一时期就业工作的重点、难点问题以及实际工作取得的成效，不仅有中央层面的部署，也有地方各行业的具体举措。这恰恰与上一本书在时间线上形成了很好的接续，组成了一个有机的整体。

2022年是党的二十大召开之年，中宣部提出了主题出版工作部署，而今天讨论的课题报告连同2021年出版社获批的另一个中宣部对外出版项目《就业扶贫　助力脱贫攻坚》，能够很好地总结出近五年来我国就业工作所取得的新成就新进展，非常符合今年的主题出版方向。一方面，这种工作纪实性的研究报告能够积累非常有价值的资料，为今年再做"党的十八大以来人力资源社会保障事业十年发展"的主题出版物奠定了十分坚实的基础。另一方面，"紧紧围绕阐释中国之治的成功密码，着眼构建中国话语和中国叙事体系，推出一批展示中国智慧和中国方案的出版物，向世界展现可信、可爱、可敬的中国形象，提升讲好中国故事的能力"已成为近几年新闻宣传、图书出版的一项重要工作。这个课题报告总结了我国抗击疫情复工复产稳就业工作所取得的成果，提炼了经验启示，探索出了成功之道，为世界其他国家抗疫复工复产稳就业提供了可以借鉴的"中国方案"，因此是非常有意义和有价值的。后期，我们会根据今年中宣部和国家新闻出版署的具体宣传工作要求和安排，将这个课题成果积极申报"十四五"国家重点图书出版项目和中宣部对外出版项目，从而扩大课题成果的影响力，更好地宣传近年来我国就业工作所取得的经验和成绩。

——黄霞（中国劳动社会保障出版社副编审）

三、地方专家评述

课题报告以纪实的方式，全面系统、科学严谨地回顾总结了两年来抗疫防控复工复产稳就业保就业工作。报告结构布局合理、逻辑思维缜密、阐述脉络清晰、内容翔实丰富,是应对百年未有之大变局、贯彻新发展理念、统筹疫情防控和稳就业保就业的最新科研成果。我认为课题报告有三个突出特点。

一是纪实性。纪实报告名副其实。首先具有翔实的史料数据。主报告用16个图、一组组数据客观分析疫情防控复工复产稳就业保就业工作,很有说服力。其次具有丰富的实践经历。主报告通过21个专栏、一件件体现创新做法的案例反映从中央到地方的应对方略举措。报告以朴实的文风文字、一段段平铺直叙、带有感情的描述,反映出就业工作接地气、连民心的真谛。

二是结合度。这是一个把疫情防控与经济发展和稳就业保就业内在联系阐述得十分清楚、融为一体的研究报告。主报告从背景环境入手,直面就业工作遇到的空前挑战,从中央重大决策和地方创新实践中,归纳总结出卓有成效和弥足珍贵的7条经验。这是理论指导和实践创新的结合,是发展经济和稳定就业的双赢,是疫情防控与复工复产统筹兼顾的融合。

三是优先观。这是课题报告最"亮眼"的地方。特别是2020年国家没有确定经济增长指标,只明确新增就业900万人以上的目标,结果当年GDP实现了正增长。其中的关键是实行了"六稳""六保"政策。课题报告把就业优先政策诠释得非常到位,一改以往被动应对,只有间接作用等不足,突出了就业对国民经济发展的促进作用,比如激发了市场活力,促进了消费和再生产,畅通了供需循环等。课题报告提升了人力资源社会保障部门作为宏观经济调控部门、要素市场管理部门的地位，与财政金融等部门具有同等重要的位置。

对课题报告运用的建议有三个方向：一是将学术成果用于申报国家社会科学类重大课题评审；二是用于学校教材，将课题成果出版后作为高等教育人力资源管理专业教材；三是用于学习参考，提炼各地典型案例供各地学习推广。最后再提一点建议，课题组在完善报告的基础上，提炼出一个课题成果提要或概述，便于大家用很短时间了解报告内容，形成共识，扩大影响。

——孔长起（天津市人民政府参事）

课题报告主题明确，结构清晰，内容丰富，数据翔实，意义重大。课题报告贯彻党中央、国务院统筹疫情防控和经济社会发展以及稳就业、保就业工作决策部署，准确把握疫情防控的平稳和经济发展的大势，将抗疫两年来全力推动复工复产稳就业工作的创新举措和成效进行了梳理、研究和提炼。我有三点学习体会：

一是报告全面贯彻党中央、国务院一系列相关会议精神和领导的讲话精神，认真梳理和汇总了人力资源社会保障部和相关部门的意见与工作部署，分析了一些重点地区、重点行业的数据和情况，总结了一些创新做法和鲜活经验。报告具有很强的指导性和实用性，是就业工作中一项重大科研成果。在研究过程中，中国就业促进会的领导和同仁与相关专家学者加班加点、广泛收集、认真研究、深入分析、辛苦操劳，充分体现了他们与一线从事就业工作的同志们的奉献与担当。

二是国务院和人力资源社会保障部的11个专项工作实录具有很

强的指导性和实效性。这些工作是做好疫情防控期间工作的有力支撑，非常重要。湖北省就业促进会的研究报告具有代表性和指导性。湖北省是抗击疫情的前沿，经历了严峻的考验和艰苦的过程。他们的感受很多，体会最深，湖北省取得胜利是全国取得抗疫全面胜利的基础与保障。两份企业调查报告深入细致，有高度有温度，有问题有建议。第二部分提供的材料对主报告具有辅助和补充作用。

三是国家推进复工复产稳就业大事记中，共收集会议讲话、文件等210余件次。对这些重要资料，我们需要进一步学习研究和进一步深入贯彻，尤其在疫情反复的过程中，更需要我们在落实中创新，在创新中注重结合报告研究成果在工作中运用。

——刘建一（内蒙古自治区人力资源和社会保障厅原巡视员）

总体感觉，课题报告主题精准，观点鲜明，站位高远，全面翔实，意义重大。特别是在当前新冠肺炎疫情仍在国内外蔓延肆虐的背景下，我们来认真地总结回顾如何应对突发的疫情，做好稳就业、稳经济工作的实践经验，对当前和长远都至关重要。正像报告中论述的，作为一个拥有14亿人口的大国，我国做好抗疫复工复产工作，也是对全世界、全人类的重大贡献，这也从一个侧面体现了一种大国担当。

——李公达（吉林省就业服务局原局长）

在新冠肺炎疫情全球肆虐的情况之下，中国经济平稳运行，就业工作稳中有进，可以说在全球是一枝独秀。这是中国就业史上的一个伟大成果,也是世界就业史上的一大奇迹,值得认真总结,在全球推广。课题报告总结得非常全面,既有政策框架,又有数据分析;既有宏观判断,又有典型案例,非常翔实,很有说服力。

抗疫复工稳就业能够取得成就,得益于党中央提出的"人民至上,生命至上,精准防控,动态清零"决策。这与国外一些国家"躺平"的做法形成了鲜明对比。此外,在抗疫复工稳就业工作中,公共就业服务机构起到了重要的引领作用,同时人力资源服务机构也发挥了不可或缺的作用,应对此给予充分的肯定。应动员全社会各种力量共同发力,为就业工作的稳定保驾护航。

——吴可立(江苏省就业促进会会长)

首先,课题研究成果具有现实、历史意义和国际影响力。课题报告资料全面真实,研究深入透彻,是对2020年以来中国抗疫稳就业的系统深刻总结,既对还在继续的全国抗疫稳就业工作具有指导作用,又对今后应对类似情况提供了借鉴参考,还为世界各国提供了具有中国特色的宝贵经验。可以毫不夸张地说,课题研究成果必将成为中国特色就业辉煌史册中一部具有重要影响的著作。

其次,课题研究成果是以张小建会长为核心的课题组全体成员艰辛劳动和倾注智慧的结晶。课题研究从立项到完成只有5个月的时间,其间还有元旦、春节。课题报告从主题、结构到典型经验和重要观点的确立及修改,张小建会长亲自拟定、亲自撰写,不顾劳累。我与所有知情同志对此都特别感动!

最后，对课题研究成果的应用提三点建议：一是尽快修改定稿，出版发行；二是争取与国际劳工组织合作，把中国特色抗疫稳就业的经验向世界传播；三是建议人力资源社会保障部适时开展全国性抗疫稳就业先进评选表彰活动。

——周腊元（湖北省就业促进会首席专家）

首先，课题报告是对百年之大变局、疫情大流行的特殊历史时期和特殊历史条件下，中国就业工作实践的全景式、史实性宏大记述，既有宏观叙事，又有微观记录；既有政策解读，又有工作点评；真实、客观、全面、深刻。

其次，中央提出实施"就业优先战略"和"就业优先政策"。什么是"两个优先"？为什么要实施"两个优先"？怎样实施"两个优先"？经济发展顺利时可以实施"两个优先"，经济发展困难时还要不要实施"两个优先"？怎样实施"两个优先"？课题报告从理论和实践两个方面都作出了全面、准确的回答。报告是对中国就业理论、制度和政策体系的新的实践总结和完善升华，是宝贵的理论财富和实践指南。

最后，当前新冠肺炎疫情反复，国际形势多变，经济下行压力加大。如何做好稳就业、保民生工作，课题报告是可行、可靠的政策指南和工作遵循。报告的及时发布，既能在实际工作中发挥巨大的作用，做出其历史性贡献；其成果又会在实践中得到进一步的丰富和发展。

——赵湘平（湖南省人力资源和社会保障厅原党组书记）

主报告共分五个部分,以 2020 年抗疫复工复产稳就业为主线,介绍了疫情暴发对经济社会和就业的影响,总结了稳就业的做法经验。全文结构严谨,内容丰富,观点鲜明,采用纪实的方法详细介绍了我国在抗击新冠肺炎疫情期间所采取的稳就业措施,客观、全面、翔实、具体、到位,对于今后进一步完善、发展就业优先战略和政策,具有重要的借鉴意义。

——陈斯毅(广东省人力资源和社会保障厅原巡视员)

一是关于课题报告的总体评价。欲知大道,必先为史。我们党历来善于从历史中总结经验,汲取智慧。此次全国就业领域最资深、最权威的专家学者和从业者,历时百天撰写出课题报告,全面总结归纳了就业领域积极应对疫情的中国方案、中国经验、中国智慧,这是近两年我国就业领域的又一重量级研究成果。

课题报告以习近平新时代中国特色社会主义思想为指导,坚持马克思主义唯物史观的立场、观点、方法,从就业领域的视角、就业战线的足迹、就业工作的成效,全面复盘了我国抗击疫情复工复产的艰辛历程。课题报告回顾过程,脉络清晰、内容翔实;总结经验,鞭辟入里、言简意深;选取案例,主题鲜明、各具特色;探究规律,科学客观、全面深刻,书写了一部新时代全国就业战线可歌可泣的"战疫"史诗。

我亲身参与了山东省就业战线抗击疫情的指挥,亲历了抗击疫情复工复产的全过程,通读了课题报告的提纲后,真切地重温了那段惊心动魄、感人肺腑、催人泪下、永生难忘的历史,我激动的心情久久难以平静。我充分感受到撰写这一课题报告的及时性、必要性、重要性，对我国乃至世界其他国家积极应对突发事件、稳定就业，具有很强的现实指导意义和深远的借鉴意义。

二是关于研究成果的运用建议。以史为鉴可以知兴替。在当前国内疫情多点暴发的形势下，要统筹做好应对疫情和稳就业保就业工作。形势依然复杂严峻，工作依旧任重道远。运用好课题研究成果，有助于我们从抗击疫情发展之路中寻找到工作规律，作出分析、得出结论、汲取智慧，更好地指导当前和今后一个时期的稳就业保就业工作。对研究成果的运用，建议做好三篇"文章"。第一，做好发布的"文章"。适时召开课题成果发布会，对课题报告进行专题发布，扩大课题成果的社会影响。第二，做好宣传的"文章"。运用全媒体平台，对课题的相关内容进行全方位宣传报道。第三，做好出版的"文章"。以正式出版物的形式将课题报告出版发行，供全国就业战线学习研读。下一步，山东省也将把课题报告作为全省人力资源社会保障系统干部职工培训的"必修课"，组织专题学习培训，把课题报告的成果学习好、运用好。

——夏鲁青（山东省就业和农民工工作领导小组办公室主任、山东省人力资源发展促进会会长）

一是对报告学习的体会。我认真学习了课题报告。总体上讲，课题报告内容丰富，体系完整，质量很高。课题报告系统收录了新冠肺炎疫情发生以来，我国在积极应对疫情的冲击、推进复工复产和稳定就业局势方面所作出的不懈努力，对疫情期间的工作进行了全面和详细的记录，系统梳理了疫情的背景情况、问题挑战、决策部署和创新做法。工作专栏设定模式对报告起到了很好的支撑作用，从政治制度、组织运行、区域协作、政策支持等方面总结的六条经验和一条展望弥足珍贵。这不仅为我国应对突发事件提供了经验，也向世界传递了中国经验、中国方案。可以说，课题报告具有很强的现实意义和指导作用，研究成果十分宝贵。

二是对湖北省抗疫的感受。首先，抗疫胜利离不开党中央、国务院的坚强领导。以习近平同志为核心的党中央把人民群众生命安全放到首位，关键时刻调动全国力量支援湖北。解放军的到来稳定了民心，稳定了社会，我们的制度优势、体制优势在关键时刻得到了完全体现，道路自信、制度自信在这里也得到了充分的证明。只要有党中央的坚强领导，当时身在疫情核心区的我们都心不慌。其次，抗疫胜利离不开人力资源社会保障部的统筹协调。疫情发生的几个阶段，人力资源社会保障部领导和就业司张莹、尹建堃、宋鑫以及失业保险司桂桢等司领导对湖北省及时给予政策指导、工作帮助和资金支持。在封城阶段，对不能返乡的湖北人要求各地予以关心；在返岗复工阶段，要求各地留好岗位接纳湖北人，不得歧视；在境外疫情波及外贸出口阶段，要求各地优先留用湖北人。部里每次都能够正确研判、预判，迅速组织，创新协调"6+1"重点支持湖北省；部里指导各地采用"点对点、一站式"的返岗复工组织运送方式，为夺取抗疫胜利奠定了很好的基础。再次，抗疫胜利离不开各省（区、市）的大力支持。疫情期间，湖北省充分体验了"全国一家人"，对此我是心怀感恩、永远铭记的。广东省人力资源和社会保障厅葛国兴同志于2020年3月11日来电询问情况，3月19日协助开通了湖北省的第一趟荆州市至广东省用工返岗专列。浙江省人力资源和社会保障厅陈中同志协助开通了湖北省第一辆恩施州至杭州市的扶贫专列，宁波申通快递有限公司第一个在湖北省招收新员工。上海市人力资源和社会保障局张岚同志、江苏省人力资源和社会保障厅张宏伟同志、福建省人力资源和社会保障厅洪长春同志、山东省人力资源和社会保障厅夏鲁青同志给我来电并对湖北省返岗复工提供帮助，等等。这些都使我充分体会到各省（区、市）的兄弟情。最后，抗疫胜利离不开各级党委、政府的高度重视和全体湖北就业人逆行而上。当时湖北省就业战线承担了两个专班：一个是外地滞鄂人员服务保障专班。当时有100.9万人因为各种原因封在湖北省。从上至下，一天内，全省17个市州、103个县（市、区）专班人员到位；三天之内，461个安置点建设到位；五天之内，所有社会面上无住宿、无依靠人员保障到位，做到有房住，有饭吃。另外一个是解封后的返岗复工专班。在很短时间内，协调开通专列67列、专车25 598辆，"点对点"输送70.54万人，带动717.34万人返岗。两个专班都得到了湖北省委、省政府的高度肯定。当时的分管省领导主动提出这两个专班都应申报抗疫先进集体，最后是返岗复工专班得到了表彰，实际上外地滞鄂人员服务保障专班也做得非常出色。这些都充分体现了湖北就业人是一支政治可靠、敢打硬仗，关键时刻舍生忘己，冲得上去的队伍。

——董长麒（湖北省人力资源和社会保障厅副厅长、一级巡视员）

总的来看，课题报告全面复盘了疫情初期面临的严峻形势，系统梳理了应对疫情稳定就业的政策体系，全面总结了取得的历史成绩和经验，具有主线清晰、结构科学、内容翔实的特点，充分展现了党中央、国务院对就业工作的高度重视和科学谋划部署，充分反映了就业战线队伍的创新拼搏和辛苦付出，是一份沉甸甸、高质量的总结报告。一是主线清晰。报告设计的"背景情况、问题挑战、决策部署、创新做法、经验启示"这一主线符合应对疫情稳定就业的历史逻辑和实践逻辑，主报告各部分内容相对均衡，还特别设计专栏凸显经典案例做法等，有高度，有亮点，有经验，有启示，整体质量很高。二是设计科学。课题报告分为主报告、典型分析和大事记等部分，层次分明，有详有略，能够有效兼顾宏大实践和细节操作的平衡问题，结构设计具有很强的科学性。三是内容翔实。课题报告对疫情期间中央的稳就业政策进行系统性总结梳理，同时又充分关注了各地的经验做法，特别是对应对疫情稳就业的经验总结站位高、理论性强，摸清了规律，增强了对实践的科学认知，为做好接下来的应对疫情稳就业工作提供了借鉴。

在课题成果的运用方面，建议尽快将其整理出版，供全国人力资源社会保障部门和就业战线干部学习。建议有关成果可用于调整优化现行的一些稳岗扩就业政策措施。

——张广立（广东省人力资源和社会保障厅二级巡视员）

我们认真聆听了课题报告介绍，感触很深，也很受启发。归纳起

来,主要有三点体会:

一是报告非常及时,意义重大。报告回顾2020年年初,突如其来的新冠肺炎疫情不仅对经济运行造成了巨大冲击,而且对就业形成前所未有的压力和挑战。以习近平同志为核心的党中央,审时度势,作出统筹推进疫情防控和经济社会发展的重大战略部署。人力资源社会保障部立足主责主业,领导和组织全国各级人力资源社会保障部门,齐心协力,团结奋斗,为稳就业、促发展做出了重要贡献,取得了重大成果,积累了丰富经验,值得我们认真深入地进行全面总结。此外,课题成果对做好疫情防控常态化时期的就业工作,贯彻落实《"十四五"就业促进规划》,实现更加充分更高质量就业具有十分重要的意义。

二是报告内容全面,客观真实。报告以抗击疫情复工复产中,确保就业稳定和实现创新发展为主线,深入分析了时代背景,全面总结了创新经验,是对新冠肺炎疫情大流行的特殊历史时期,我国就业工作应对重大突发情况的全景记述和深刻分析,同时精准提炼出了应对重大突发情况的深刻启示。报告结构严谨,内容充实,全面客观,具有很强的针对性、实用性和实效性。

三是报告为我们做好新时期就业工作提供了重要参照。报告客观分析了我国现行的就业理论、制度和政策体系,是对具体工作实践的总结和升华,从理论和实践两方面回答了我们工作中的困惑和疑虑,为我们提供了实践指南。该课题成果一定能够在实际工作中发挥巨大的指导作用,也会在实践中得到进一步的丰富和发展。

我们将在实际工作中,深入学习借鉴和运用好这项重要成果,积极为海南省稳就业保就业工作落实和创新发展做出新贡献。

——林琳(海南省人力资源和社会保障厅副厅长)

中国就业促进会以课题研究报告的方式全面回顾和系统总结了疫情冲击下国家和各地为实现稳就业保就业目标,在实施优化政策、完善服务等方面的一系列政策措施和各种典型案例。研究报告对我们下一步做好常态化疫情防控形势下稳就业工作具有很强的指导作用。特别是在当前时期,新冠肺炎疫情多地散发,全国疫情防控面临更加复杂严峻的局面,大部分企业特别是服务业企业普遍受到影响,劳动者就业受到冲击,这份研究报告的发布可以很好地提振全国上下人力资源社会保障系统的信心,让各地市特别是我们这些受疫情影响较重的城市从研究报告中汲取好的经验做法,继续发挥人力资源社会保障部门应对疫情强化稳就业的积极作用。总体而言,我认为这份研究报告很及时,有数据、有案例,有成效、有创新,内容翔实,含金量高,已经非常成熟了。

——吴军军(深圳市人力资源和社会保障局副局长)

一是课题具有重大的现实意义。2020年新冠肺炎疫情的突如其来,对就业工作的冲击是直观而具象的。时至今日,全国聚集性疫情点多、面广、频发,防控形势严峻复杂,就业工作面临着更为艰巨的挑战。在这样的背景下,"抗击疫情复工复产"课题研究以纪实方式,采用全景全貌与典型分析相结合、序时记述与专栏突出相结合、观点提炼与数据支撑相结合的方法，通过课题成员单位素材资料的广泛收集和专家组的精准提炼、统筹策划，克服疫情期间诸多不便的困难，迅速成稿。课题本身立意高远，文稿几经打磨，特点非常明显。一是脉络清晰，以抗疫复工时间线为主轴实现了对全国从上至下稳就业工作推进的再现。二是逻辑严谨，从抗疫稳就业的背景和面临的挑战，到应对危机的当机决断和砥砺前行，再到取得的稳就业成效和经验启示，层层递进。三是重点突出，报告不但系统阐述了全国层面抗疫稳就业政策举措的出台落实，也注重从基层一线的视角，从典型案例、首创做法的角度总结地方的经验做法。总体感觉，课题报告立意高远，主题明确，全面翔实，客观严谨，意义重大。

二是课题成果对地方有重要的启示作用。从 2020 年突如其来的困难，到今天疫情"多点散发、传播性强、反复不确定性"，需要我们有目标定力、政策定力，也需要我们有更大的勇气和智慧，有更灵活的方法和更有效的办法。"抗击疫情复工复产"这个课题正是这样一个平台。开展课题研究的这些日子以来，每一次材料的提供，每一次其他城市材料的借鉴，让我们都对抗击疫情复工复产和稳就业有了更多的思考和思路。首先，快速应对疫情需要更加精准、更有针对性的政策的快速启动和落地。政策"快速兑现"更有利于支持帮助企业减轻负担和稳定职工队伍。其次，线下服务的暂时停滞"倒逼"我们加快"线上"服务功能的拓展和做实。最后，大数据、信息系统的运用不但是"数据"长期积累的结果，更需要部门间共享协作、充分运用。

三是课题成果对今后就业工作推进的重要启发。课题经验的总结,最重要的是为今后工作指明方向。针对今年以来疫情反复、防控时间周期延长等新压力,稳就业工作更应运用前两年抗击疫情复工复产中好的就业培训政策,并将之固化。这一阶段经过调研,中小微企业,尤其是有关服务业企业特别困难。建议借鉴课题的经验启示,尽快出台相关政策举措,比如赋权省或疫情发生地市级政府,在缓缴社会保险费的基础上,根据社会保险基金积累,阶段性减免社会保险费。再比如,赋权地方政府对特别困难的服务行业,可阶段性发放应急稳岗返还,帮助困难服务业企业稳定岗位。

——谭国明(苏州市人力资源和社会保障局副局长)

为应对百年不遇的新冠肺炎疫情给就业工作带来的难题,中国就业促进会组织力量,对疫情之下稳就业、保就业这一重大课题进行研究,具有十分重要的现实意义和深远的历史意义,也充分体现了中国就业促进会以及各位专家学者对工作的责任与担当。我认真拜读了课题的全部成果,感到课题报告思路清晰,逻辑严密,视角多维,内容丰富,结构完整,具有理论性、实践性、前瞻性、可操作性,是一份群策群力,汇集众智,质量特别高、成果特别实的研究成果,为今后应对突发危机做好就业工作积累了宝贵经验,留下了弥足珍贵的资料。我认为此课题有四大亮点:

亮点一,选题切合热点、难点问题。习近平总书记指出:就业是永恒的课题,更是世界难题,必须大力促进就业创业。疫情之下,就业更是难题中的难题。针对世界性难题，课题报告在分析形势困难的基础上，深刻阐释了以习近平同志为核心的党中央坚持以人民为中心的宗旨，重点介绍了党中央、国务院有序推进复工复产和稳就业保民生工作的重要举措，内容数据翔实准确，充分彰显了党中央执政为民的服务理念。

亮点二，参与人员众多，内容丰富全面。课题组成人员都是本次新冠肺炎疫情事件的亲历者、研究者、政策执行者，能够更直观、准确地反映真实的工作成果，从而获得更多的启发和参考。同时，这个研究成果有理论、有实践，有现象、有本质，有数据、有分析，有党中央的决策部署，又有地方的具体做法，内容十分翔实丰富。

亮点三，研究方法多样，数据翔实。课题在研究方法上，采取实证分析法，以宏观的统计数据和微观的调查数据为基础，采用统计分析和案例分析，深入分析了抗疫稳就业的时代背景与面临的挑战。纵观课题报告，所有分析数据采用了国家各部门及权威机构的调查数据，保证了报告的权威性、准确性，图文并茂，直观地体现了新冠肺炎疫情形势下我国经济特别是就业工作遭受的严重冲击。

亮点四，课题研究视角多维度。一是上下结合。课题研究既有中央层面相关领导，也有地方的同志参与，形成了上下联动，联合研究的合力。二是内外结合。课题研究既有效调动了人力资源社会保障系统的内在动力，又有效借助外脑外力，邀请有关研究机构、权威专家学者，大大提高了研究水平。三是点面结合。课题研究在详细梳理把握国家情况的同时，又对各地的好经验、好做法进行了系统梳理和吸纳，为今后我国乃至全世界应对危机、稳定就业提供了可借鉴的经验。

稳就业促就业直至实现更加充分更高质量就业的工作任重而道远。课题研究不是目的，关键是做好课题成果的转化与运用。我的建议：一是加大对课题成果的宣传力度，二是加强课题成果的持续性研究，三是深化课题成果的适应性研究。

——毕京福（山东省就业促进会会长）

通过认真学习课题报告和听取各位领导、专家及同仁们的深入解读分析，我的收获与感悟颇多。尤其是对新冠肺炎疫情给全球经济和民生带来的影响有了更加客观的认知，同时也对我国经济社会的复苏和就业民生稳定方面充满了信心和希望。中国就业促进会在疫情下寻求稳就业保就业创新之举的专题研究成果，也是在一脉相承地展现着国家面对困难迎难而上的积极态度和决心，意义重大。

这种态度和决心，也带动着社会团体、企业和民众，同样以积极的心态和辩证的眼光看待当下所面临的局势。结合自己这些年的工作实践，就疫情对一些服务行业的影响谈点感受。就拿我曾从事的物业行业来说，新冠肺炎疫情的暴发对全社会都是一次挑战，对物业企业来说也是一次大考，此次疫情对从业者的专业能力、应对能力、价值创造力等多个方面都提出了前所未有的更高要求。这突出表现为：一是行业两极分化严重，部分企业被市场淘汰；二是物业企业的运营成本上升，社会对物业服务品质提出更高的要求；三是智能化、自动化要求更高。

疫情给服务行业带来很大压力，但是从服务行业整体发展与进步角度来说，企业和从业人员更应该把着眼点放在积极思变上，努力提升自身的抗风险能力和免疫力，辩证地看待疫情带来的影响。比如，疫情给各个行业提供了契机去重新思考业务布局，应对危机意识、应急管理意识，面对风险的安全机制和管控机制，与深度数字化、自动化和智能化的融合机制，以及资产的配置机制等。

各行各业都应从此次疫情中受到启发，懂得"思变"。各级政府的着眼点放在积极思考如何完善社会保障与安全这张大网，企业和社会团体应积极思考如何提高自身免疫力和抗风险能力。作为协会，我们通过认真学习和贯彻国家层面各项工作指导方针和政策，将继续以服务"六稳""六保"大局为工作宗旨，以促进职业培训与创业就业为工作重点，积极凝聚社会力量，在推进地区职业培训与创业就业工作中更好地发挥桥梁与纽带作用。

——王瑞军（内蒙古自治区职业培训与就业促进会会长）

我认真学习了课题报告。报告有高度、有广度、有深度、有温度，主题鲜明，脉络清晰，具有很强的理论价值、实践意义和指导意义。以下我主要谈三点认识。

一是报告提供了"中国方案"。报告站在战略和全局高度，贯彻党中央、国务院统筹疫情防控和经济社会发展、稳就业保就业工作决策部署，准确把握疫情防控和发展大势，深刻剖析挑战、总结创新举措、提炼宝贵经验、谋划未来发展，为全球抗击疫情复工复产提供了"中国方案"。

二是报告回答了"时代之问"。在常态化疫情防控下如何助企复工复产？中国如何善治？中国就业如何应对新挑战确保稳定创新发展？报告坚持问题导向，对这些时代性问题进行了科学深入分析，多层次、多角度、多方位进行研究思考，交出了人力资源社会保障"高分亮表"，很好地回答了这些"时代之问"，极具时代意义和历史价值。

三是报告彰显了"人社温度"。报告全景式展现了疫情防控大背景下，全国人力资源社会保障系统闻令而动、担当作为，全力抗击疫情复工复产的生动实践，既有宏观政策举措，又有基层创新实践，于服务大局、服务发展中彰显了"人社温度"。报告积累了抗击疫情复工复产的宝贵经验做法，为持续做好新形势新挑战下的复工复产、确保中国就业稳定创新发展提供了积极有益的参考和借鉴。希望报告尽快出版，为基层抗击疫情复工复产和推动就业高质量发展提供更好的指导。

——童铁江（杭州市人力资源和社会保障局就业创业指导处处长）

附　录
国家推进复工复产稳就业工作大事记[①]

2020年1月

1月23日，人力资源社会保障部办公厅印发《关于优化就业服务推进2020年春风行动暨就业援助月活动的通知》（人社厅明电〔2020〕2号），对落实国务院常务会议和新型冠状病毒感染的肺炎疫情防控工作电视电话会议部署，提升2020年春风行动暨就业援助月活动提出具体要求。

1月24日，人力资源社会保障部办公厅印发《关于妥善处理新型冠状病毒感染的肺炎疫情防控期间劳动关系问题的通知》（人社厅明电

---

① 大事记包含了党中央、国务院和各部门的重要会议活动、政策文件，汇集起止时间为2020年1月至2021年12月。

〔2020〕5号），要求妥善处理好疫情防控期间劳动关系问题，维护职工合法权益，保障企业正常生产经营秩序，促进劳动关系和谐稳定。

1月25日（农历正月初一），中共中央政治局常务委员会召开会议，专门听取新型冠状病毒感染的肺炎疫情防控工作汇报，对疫情防控特别是患者治疗工作进行再研究、再部署、再动员。习近平总书记主持会议并发表重要讲话。他强调，生命重于泰山。疫情就是命令，防控就是责任。各级党委和政府必须按照党中央决策部署，全面加强工作，把人民群众生命安全和身体健康放在第一位，把疫情防控工作作为当前最重要的工作来抓。

1月30日，人力资源社会保障部印发《关于进一步做好新型冠状病毒感染的肺炎疫情防控工作的通知》（人社部明电〔2020〕1号），要求全力做好人社政策支持工作，切实关心激励疫情防控人员，稳妥做好劳动就业等重点工作。

1月30日，人力资源社会保障部办公厅印发《关于切实做好新型冠状病毒感染的肺炎疫情防控期间社会保险经办工作的通知》（人社厅明电〔2020〕7号），提出确保各项社会保险待遇按时足额发放，强化经办大厅防控措施，推行"不见面"服务，开辟医护及相关工作人员工伤保障绿色通道，允许参保企业和个人延期办理业务等具体措施，切实做好疫情防控期间社会保险经办工作。

1月31日，李克强总理主持召开中央应对新型冠状病毒感染肺炎疫情工作领导小组会议，要求认真贯彻落实习近平总书记关于坚决打赢疫情防控阻击战的一系列重要指示精神，按照中央应对新型冠状病毒感染肺炎疫情工作领导小组的部署，周密做好人员错峰返程和疫情防控，坚决防止疫情进一步蔓延。

2020 年 2 月

2月1日，李克强总理赴疫情防控国家重点医疗物资保障调度平台考察时强调，要在党中央坚强领导下，全力保障重点医疗防控物资生产供应，优化调度，优先保障重点地区需要，同时保障好生活必需品供应，为打赢疫情防控阻击战提供必要条件。

2月3日，习近平总书记主持中共中央政治局常务委员会会议，研究加强新型冠状病毒感染的肺炎疫情防控工作。会议对复工复产工作提出要求，围绕做好"六稳"工作，做好应对各种复杂困难局面的准备。全力支持和组织推动各类生产企业复工复产，加大金融支持力度，加大企业复产用工保障力度，用好用足援企稳岗政策，加大新投资项目开工力度，积极推进在建项目。

2月3日，人力资源社会保障部办公厅印发《关于公布失业保险金网上申领平台的通知》（人社厅发〔2020〕9号），提出网上申领失业保险金有关需求，并公布部分地市网上申领平台。

2月5日，人力资源社会保障部、教育部、财政部、交通运输部、国家卫生健康委印发《关于做好疫情防控期间有关就业工作的通知》（人社部明电〔2020〕2号），明确从有力确保重点企业用工、做好返岗复工企业和劳动者的疫情防控、关心关爱重点地区劳动者、支持中小微企业稳定就业、完善高校毕业生就业举措、推广优化线上招聘服务6个方面切实做好疫情防控期间农民工、高校毕业生等重点群体就业工作。

2月5日，国家发展改革委办公厅、人力资源社会保障部办公厅、工业和信息化部办公厅、中华全国总工会办公厅印发《关于应对新型冠状病毒感染肺炎疫情 支持鼓励劳动者参与线上职业技能培训的通知》（发改办就业〔2020〕100号），从免费开放线上职业技能培训资源、提升线上职业技能培训资源质量、完善线上职业技能培训配套服务、加大线上职业技能培训扶持力度、积极开展宣传动员、强化组织实施6个方面，对支持鼓励劳动者参与线上职业技能培训作出部署安排。

2月6日，财政部、税务总局印发《关于支持新型冠状病毒感染的肺炎疫情防控有关税收政策的公告》（财政部、税务总局公告2020年第8号），提出对纳税人运输疫情防控重点保障物资取得的收入，免征增值税；受疫情影响较大的困难行业企业2020年度发生的亏损，最长结转年限由5年延长至8年。

2月6日，李克强总理主持召开中央应对新型冠状病毒感染肺炎疫情工作领导小组会议，部署进一步有针对性加强疫情防控工作，并对有序做好恢复生产保障供应工作提出要求：抓紧做好现有企业施工，开足马力生产，督促相关企业转产扩能，帮助解决实际困难，推动全产业协同联动；鼓励地方采取缓缴社保等方式促进企业稳岗。

2月7日，人力资源社会保障部、中华全国总工会、中国企业联合会/中国企业家协会、全国工商联印发《关于做好新型冠状病毒感染肺炎疫情防控期间稳定劳动关系支持企业复工复产的意见》（人社部发〔2020〕8号），从灵活处理疫情防控期间的劳动用工问题、协商处理疫情防控期间的工资待遇问题、采取多种措施减轻企业负担、统筹各方力量加大指导服务力度四方面提出稳定劳动关系支持企业复工复产多项措施。

2月7日，国家发展改革委办公厅印发《关于疫情防控期间采取支持性两部制电价政策降低企业用电成本的通知》（发改办价格〔2020〕110号），提出三项具体措施，在疫情防控期间降低企业用电成本，支持企业共渡难关。一是对疫情防控期间暂不能正常开工、复工的企业，放宽容（需）量电价计费方式变更周期和减容（暂停）期限；二是对因满足疫情防控需要扩大产能的企业，原选择按合同最大需量方式缴纳容（需）量电费的，实际最大用量不受合同最大需量限制，超过部分按实计取；三是全力保障为疫情防控直接服务的新建、扩建医疗等场所用电需求，采取免收高可靠性供电费等措施。

2月10日，习近平总书记在北京市调研指导新型冠状病毒感染肺炎疫情防控工作时强调，以更坚定的信心更顽强的意志更果断的措施，坚决打赢疫情防控的人民战争总体战阻击战。对复工复产稳就业提出要求：要加强经济运行调度，尽可能降低疫情对经济的影响，努力完成今年经济社会发展各项目标任务。要抓好在建项目复工和新项目开工。要稳定居民消费，发展网络消费，扩大健康类消费。要积极推动企事业单位复工复产，对受疫情影响较大企业，要在金融、用工等方面加大支持力度，帮助渡过难关。越是发生疫情，越要注意做好保障和改善民生工作，特别是要高度关注就业问题，防止出现大规模裁员。

2月11日，李克强总理主持召开国务院常务会议，进一步部署在全力以赴抓好疫情防控的同时加强经济运行调度和调节更好保障供给。会议对复工复产稳就业提出要求：分类有序推动企业复工复产，推动重点医疗防控物资生产企业尽快达产，制定方案有序组织务工人员返岗，建立企业应对疫情专项帮扶机制，高度关注就业，防止大规模裁员。

2月13日，全国人力资源社会保障系统应对新冠肺炎疫情做好就业工作电视电话会议在京召开，胡春华副总理出席并讲话。会议部署要求全力以赴应对疫情做好就业工作，确保就业大局稳定。人力资源社会保障部张纪南部长作了发言。

2月13日，人力资源社会保障部印发《关于建立24小时重点企业用工调度保障机制的通知》（人社部明电〔2020〕3号），要求在继续加强疫情科学防控的同时，全力做好重点企业用工保障工作，确保重点防护物资及生活必需品有序生产，建立24小时重点企业用工调度保障机制。

2月17日，李克强总理主持召开中央应对新型冠状病毒感染肺炎疫情工作领导小组会议，部署继续做好湖北省特别是武汉市医疗救治和保障，对加强疫情防控的同时推动有序复工复产提出要求，继续加强抗疫防控，推动有序复工复产；有针对性制定实施农民工返岗运输组织方案，开行"点对点"直达包车，帮助农民工安全有序返岗。

2月17日，人力资源社会保障部、财政部印发《关于实施职业技能提升行动"互联网＋职业技能培训计划"的通知》（人社部发〔2020〕10号），鼓励支持广大劳动者参加线上职业技能培训。

2月18日，李克强总理主持召开国务院常务会议，多措并举稳企业稳就业。会议强调，当前统筹做好疫情防控和经济社会发展工作，一项迫切任务是稳就业。稳就业就必须稳企业。确定阶段性减免企业社保缴费，突出抓好稳就业这一"六稳"的首要任务，保障失业人员基本生活，确保失业保险待遇按时足额发放，运用失业保险基金向失业人员发放失业补助金。

2月19日，人力资源社会保障部、公安部、交通运输部、国家卫生健康委、国家铁路集团印发《关于做好农民工返岗复工"点对点"服务保障工作的通知》（人社部明电〔2020〕4号），组织开展对用工集中地区和集中企业"点对点"的农民工专车（专列）运输服务，保障成规模、成批次外出的农民工安全有序返岗复工。

2月20日，李克强总理主持召开中央应对新型冠状病毒感染肺炎疫情工作领导小组会议，部署进一步加强一线医务人员防护，加快药物有效应用，要求继续做好科学防控，推动有序复工复产。会议审议了企事业单位复工复产疫情防控措施指南。

2月20日，人力资源社会保障部、财政部、税务总局印发《关于阶段性减免企业社会保险费的通知》（人社部发〔2020〕11号），明确阶段性减免企业基本养老保险、失业保险、工伤保险单位缴费部分。

2月21日，国务院应对新型冠状病毒感染肺炎疫情联防联控机制印发《企事业单位复工复产疫情防控措施指南》（国发明电〔2020〕4号），从加强员工健康监测、做好工作场所防控、指导员工个人防护、做好异常情况处置四方面推动企事业单位稳步有序复工复产。

2月21日，人力资源社会保障部、国务院扶贫办印发《关于应对新冠肺炎疫情进一步做好就业扶贫工作的通知》（人社部发〔2020〕12号），部署在确保做好防疫工作的前提下，做好贫困劳动力返岗就业有关工作。

2月21日，国家医保局、财政部、税务总局印发《关于阶段性减征职工基本医疗保险费的指导意见》（医保发〔2020〕6号），提出在确保基金收支中长期平衡的前提下，对职工医保单位缴费部分实行减半征收，减征期限不超过5个月等阶段性减征职工基本医疗保险费的政策措施，切实减轻企业负担，支持企业复工复产。

2月21日，住房城乡建设部、财政部、人民银行印发《关于妥善应对新冠肺炎疫情实施住房公积金阶段性支持政策的通知》（建金〔2020〕23号），提出对受新冠肺炎疫情影响的企业、职工及经认定的新冠肺炎疫情严重和较严重地区，实施住房公积金阶段性支持政策。

2月22日，国家发展改革委印发《关于阶段性降低非居民用气成本支持企业复工复产的通知》（发改价格〔2020〕257号），提出非居民用气门站价格提前执行淡季价格政策，对化肥等受新冠肺炎疫情影响大的行业给予更大价格优惠，及时降低天然气终端销售价格等措施支持复工复产。

2月23日，统筹推进新冠肺炎疫情防控和经济社会发展工作部署会议在京召开，习近平总书记出席会议并讲话。会议分析新冠肺炎疫情防控形势，部署下一步疫情防控和经济社会发展工作。对复工复产稳就业提出要求：落实分区分级精准复工复产；加大宏观政策调节力度；全面强化稳就业举措；坚决完成脱贫攻坚任务；推动企业复工复产。抓好失业保险稳岗返还政策落地见效，加快推动线上申领失业保险金，确保失业人员应发尽发、应保尽保。人力资源社会保障部张纪南部长汇报了人力资源社会保障部疫情防控稳就业工作情况。

2月24日，人力资源社会保障部上线"农民工返岗复工点对点用工对接服务平台"（http://wgfw.mohrss.gov.cn），支持企业在线填报员工返岗需求，支持各地根据企业需求组织农民工成规模、成批次"点对点"安全有序返岗。

2月25日，李克强总理主持召开国务院常务会议，推出鼓励吸纳高校毕业生和农民工就业的措施等；确定鼓励金融机构对中小微企业贷款给予临时性延期还本付息安排，并新增优惠利率贷款；部署对个体工商户加大扶持，帮助缓解疫情影响纾困解难。

2月25日，人力资源社会保障部、公安部、交通运输部、国家卫生健康委、国家铁路集团召开农民工返岗复工"点对点"服务协调小组全体会议，深入学习贯彻习近平总书记在统筹推进新冠肺炎疫情防控和经济社会发展工作部署会议上的重要讲话精神，交流工作情况，分析存在的突出问题，推动做好下一步工作。

2月26日，中共中央政治局常务委员会召开会议，分析新冠肺炎疫情形势，研究近期防控重点工作。会议强调，要精准稳妥推进复工复产。**各级党委和政府要把支持复工复产、恢复和稳定就业、畅通交通运输、保障市场供给等各项工作做细做扎实。**

2月27日，人力资源社会保障部办公厅、财政部办公厅、税务总局办公厅印发《关于阶段性减免企业社会保险费有关问题的实施意见》（人社厅发〔2020〕18号），明确各级人力资源社会保障、财政、税务部门要围绕阶段性减免社会保险费的目标任务，主动履职尽责，细化任务分工，加强协作配合，要建立健全抓落实的体制机制，落实落细社会保险费减免各项政策，以钉钉子精神抓好各自任务落实，确保政策落地见效。

2月28日，财政部、税务总局印发《关于支持个体工商户复工复业增值税政策的公告》（财政部、税务总局公告2020年第13号）。自2020年3月1日至5月31日，对湖北省增值税小规模纳税人，适用3%征收率的应税销售收入，免征增值税；适用3%预征率的预缴增值税项目，暂停预缴增值税。除湖北省外，其他省、自治区、直辖市的增值税小规模纳税人，适用3%征收率的应税销售收入，减按1%征收率征收增值税；适用3%预征率的预缴增值税项目，减按1%预征率预缴增值税。

两部门后续又出台了《关于延长小规模纳税人减免增值税政策执行期限的公告》（财政部、税务总局公告2020年第24号），将上述规定的税收优惠政策实施期限延长到2020年12月31日。

2月28日，市场监管总局、发展改革委、财政部、人力资源社会保障部、商务部、人民银行印发《关于应对疫情影响　加大对个体工商户扶持力度的指导意见》(国市监注〔2020〕38号),对帮助个体工商户应对疫情影响、尽快有序复工复产、稳定扩大就业提出具体措施,如分类有序推动复工复产、保障用工和物流需求、加大资金支持力度、减免社保费用、实行税费减免、减免个体工商户房租、为个体工商户提供便捷高效的服务、进一步释放经营场所资源、依法对个体经营者豁免登记、保障个体工商户电气供应、发挥工商联以及个体劳动者协会等社团组织作用、鼓励互联网平台发挥作用等。

2020年3月

3月1日,银保监会、中国人民银行、发展改革委、工业和信息化部、财政部印发《关于对中小微企业贷款实施临时性延期还本付息的通知》(银保监发〔2020〕6号),提出纾解中小微企业困难,推动企业有序复工复产,对符合条件、流动性遇到暂时困难的中小微企业贷款,给予临时性延期还本付息安排。

3月2日,农业农村部办公厅印发《关于应对新冠肺炎疫情影响 扩大农村劳动力就业促进农民增收的通知》(农办规〔2020〕9号),提出分类推进农村劳动力就业、精准稳妥推进农村中小微企业复工复产、积极引导农村创新创业、强化农民技能培训、充分发挥农业农村投资对就业的拉动作用、大力扶持贫困户劳动力就业增收等措施,贯彻落实党中央、国务院关于统筹推进新冠肺炎疫情防控和经济社会发展工作的部署要求，进一步扩大农村劳动力就业。

3月3日，李克强总理主持召开国务院常务会，部署完善"六稳"工作协调机制，有效应对疫情影响，促进经济社会平稳运行。会议确定支持交通运输、快递等物流业纾解困难加快恢复发展的措施；加大对地方财政支持，提高保基本民生保工资保运转能力。

3月3日，国务院办公厅印发《关于进一步精简审批优化服务精准稳妥推进企业复工复产的通知》（国办发明电〔2020〕6号），要求提高复工复产服务便利度、大力推行政务服务网上办、完善为复工复产企业服务机制、及时纠正不合理的人流物流管控措施以及加强对复工复产企业防疫工作的监管服务。

3月3日，国务院办公厅电子政务办公室、人力资源社会保障部办公厅印发《关于依托全国一体化在线政务服务平台做好社会保障卡应用推广工作的通知》，加快推进社会保障卡依托全国一体化在线政务服务平台跨地区、跨部门应用。

3月4日，习近平总书记主持召开中共中央政治局常务委员会会议，研究当前新冠肺炎疫情防控和稳定经济社会运行重点工作。习近平总书记指出，当前已初步呈现疫情防控形势持续向好、生产生活秩序加快恢复的态势。会议强调，要根据疫情分区分级推进复工复产，要把复工复产与扩大内需结合起来，要在扩大对外开放中推动复工复产，要有针对性地开展援企、稳岗、扩就业工作，做好高校毕业生、农民工等重点群体就业工作，积极帮助个体工商户纾困。

3月4日，人力资源社会保障部办公厅印发《关于订立电子劳动合同有关问题的函》（人社厅函〔2020〕33号），支持企业可以与劳动者订立电子劳动合同。

3月5日，人力资源社会保障部办公厅印发《关于进一步推进失业保险金"畅通领、安全办"的通知》（人社厅发〔2020〕24号），对疫情防控期间及其后可能出现的失业风险，要求切实保障失业人员的基本生活，确保失业保险金按时足额发放。

3月6日，决战决胜脱贫攻坚座谈会召开，习近平总书记强调，到2020年现行标准下的农村贫困人口全部脱贫，是党中央向全国人民作出的郑重承诺，必须如期实现。其中对分区分级精准防控，推进脱贫攻坚提出具体要求。

3月6日，中央应对新型冠状病毒感染肺炎疫情工作领导小组印发《关于进一步做好疫情防控期间困难群众兜底保障工作的通知》（国发明电〔2020〕9号），要求保障好疫情防控期间困难群众、陷入临时困境外来人员的基本生活以及特殊困难人员的基本照料服务要求，切实做好兜底保障工作。

3月6日，人力资源社会保障部办公厅印发《关于做好农民工返岗复工"点对点"出行线上服务工作的通知》（人社厅明电〔2020〕14号），要求强化线上服务，提高工作效率，保障成规模、成批次外出的农民工安全有序返岗复工。

3月7日，人力资源社会保障部办公厅、国家卫生健康委办公厅印发《关于做好农民工返岗复工"点对点"出行健康服务工作的通知》（人社厅明电〔2020〕15号），要求扎实推进农民工健康信息互认，按照分区分级差异化防控要求，开展农民工"点对点"出行健康服务检查。

3月10日，李克强总理主持召开国务院常务会议，确定应对疫情影响稳外贸稳外资的新举措，部署进一步畅通产业链资金链，推动各环节协同复工复产；要求更好发挥专项再贷款再贴现政策作用，支持疫情防控保供和企业纾困发展。

3月11日，中共中央组织部办公厅、人力资源社会保障部办公厅印发《关于应对新冠肺炎疫情影响做好事业单位公开招聘高校毕业生工作的通知》（人社厅发〔2020〕27号），从落实分区分级精准防控、安全有序开展事业单位公开招聘工作等六个方面，对应对新冠肺炎疫情影响做好事业单位公开招聘高校毕业生工作提出明确要求。

3月12日，中共中央办公厅、国务院办公厅印发《关于组织开展复工复产情况调研的通知》，定于3月中旬组织29个调研工作组，对部分省（区、市）和新疆生产建设兵团复工复产情况开展调研，了解各地复工复产进展情况，深入听取意见建议，指导帮助地方解决复工复产中遇到的困难和问题，总结推广典型经验做法，切实推动党中央、国务院决策部署落实落地。

3月12日，人力资源社会保障部办公厅、国务院扶贫办综合司联合印发《关于进一步做好贫困劳动力返岗复工"点对点"服务的通知》（人社厅明电〔2020〕17号），明确提出实施有序返岗、打通"最先一公里"、互认健康信息、保障防护物品、优先为贫困劳动力提供"点对点"返岗复工服务、统筹做好疫情防控和贫困劳动力返岗复工"点对点"服务保障等政策措施。

3月12日,退役军人事务部印发《关于应对新冠肺炎疫情有效促进退役军人就业创业工作的意见》(退役军人部发〔2020〕15号),提出10项举措促进新冠肺炎疫情期间退役军人就业创业工作。

3月13日,人力资源社会保障部印发《关于开展"百日千万网络招聘专项行动"的通知》(人社部明电〔2020〕5号),要求积极应对疫情冲击,推动企业复工复产,加强高校毕业生、农民工等重点群体网上招聘力度,开展大型公益网络招聘行动。

3月13日,人力资源社会保障部办公厅、交通运输部办公厅、民航局综合司印发《关于做好重点企业农民工返岗复工"点对点"航空运输服务保障工作的通知》(人社厅明电〔2020〕18号),要求做好重点企业农民工返岗复工"点对点"航空运输保障工作。

3月16日,李克强总理主持召开中央应对新型冠状病毒感染肺炎疫情工作领导小组会议,部署进一步做好疫情防控和后续相关工作,优化复工复产中防控疫情措施,加强地区间协调,推进全面复工复产,加快恢复经济社会秩序。

3月16日,人力资源社会保障部办公厅印发《52个未摘帽贫困县劳动力外出务工"点对点"服务保障工作方案》(人社厅明电〔2020〕19号),要求组织开展52个未摘帽贫困县劳动力外出务工"点对点"服务。

3月17日,李克强总理主持国务院常务会议,部署深入推进"放管服"改革,培育壮大新动能促进稳就业,要求加快重大投资项目开复工，有效补短板惠民生。会议指出，按照党中央、国务院决策部署，统筹推进疫情防控和经济社会发展，做好"六稳"工作，必须把稳就业放在首位。

3月18日，国务院办公厅印发《关于应对新冠肺炎疫情影响强化稳就业举措的实施意见》（国办发〔2020〕6号），要求从更好实施就业优先政策、引导农民工安全有序转移就业、拓宽高校毕业生就业渠道、加强困难人员兜底保障、完善职业培训和就业服务、压实就业工作责任6个方面加快恢复和稳定就业。

3月18日，中共中央政治局常务委员会召开会议，分析国内外新冠肺炎疫情防控和经济形势，研究部署统筹抓好疫情防控和经济社会发展重点工作，习近平总书记主持会议并发表重要讲话。习近平总书记指出，全国疫情防控形势持续向好，生产生活秩序加快恢复，统筹推进疫情防控和经济社会发展工作取得积极成效。会议指出，要加快建立同疫情防控相适应的经济社会运行秩序，积极有序推进企事业单位复工复产，努力把疫情造成的损失降到最低限度。

3月19日，李克强总理主持召开中央应对新型冠状病毒感染肺炎疫情工作领导小组会议，部署调整优化防控措施适应形势变化积极有序推进企事业单位复工复产，并强调必要的健康证明要做到全国互认。

3月19日，人力资源社会保障部举行专题新闻发布会。人力资源社会保障部李忠副部长出席发布会，介绍人力资源社会保障部门应对疫情稳就业在建立用工复工机制、搭建供求服务平台、优化对接服务、加强政策支持四方面措施。

3月20日，统筹推进疫情防控和稳就业工作电视电话会议在京召开。李克强总理对统筹推进疫情防控和稳就业工作电视电话会议作出重要批示。批示指出，就业事关基本民生、经济发展和社会稳定大局。要将稳就业放在做好"六稳"工作首位，更大力度实施就业优先政策。要千方百计加快恢复和稳定就业，为就业创业、灵活就业提供更多机会，胡春华副总理出席会议并讲话。

3月20日，人力资源社会保障部、最高人民法院等七部门印发《关于妥善处置涉疫情劳动关系有关问题的意见》（人社部发〔2020〕17号）。

3月24日，人力资源社会保障部印发《百日免费线上技能培训行动方案》（人社部函〔2020〕24号），决定在全国组织实施百日免费线上技能培训行动，3月下旬至6月底，集中实施线上培训行动，大规模开展免费线上职业技能培训。实现"百日515"目标：遴选50家以上线上技能培训平台，推出覆盖100个以上职业（工种）的数字培训资源，实现线上培训实名注册500万人次以上。

3月24日，交通运输部、公安部、人力资源社会保障部、国家卫生健康委联合印发《关于做好有关人员进出湖北省交通运输保障工作的通知》（交运明电〔2020〕102号），要求精心组织"点对点"返岗返乡包车，有序恢复进出湖北道路客运服务，强化公路通行保障，全面加强防疫和安全管理，严格落实进京管理要求，切实做好湖北省务工人员、外地滞留在汉在鄂人员、湖北籍在外滞留人员等有关人员进出湖北省交通运输保障工作。

3月24日，李克强总理主持召开国务院常务会议，确定推动制造业和流通业在做好疫情防控同时积极有序复工复产的措施。会议指出，要综合研究进一步扩大有效需求、助企业、稳就业等应对之策，更有针对性地做好"六稳"工作。会议还对积极有序推动制造业和流通业复工复产复业提出具体要求，一是维护产业链供应链稳定，二是培育壮大消费新业态，三是加快落实扶持中小微企业、个体工商户的已定政策措施。

3月25日，国务院新闻办召开政策例行吹风会，人力资源社会保障部游钧副部长出席会议并介绍《国务院办公厅关于应对新冠肺炎疫情影响强化稳就业举措的实施意见》的有关情况。重点介绍了该意见立足当前推动尽快返岗复工，着眼中长期多措并举拓宽就业渠道，统筹推进疫情防控和稳就业工作，实施精准防控，突出重点群体，强化兜底保障，织紧织牢就业保障网，并提出了五方面举措。

3月25日，胡春华副总理到人力资源社会保障部调研"百日千万网络招聘专项行动"开展情况。他强调，要把稳就业放在"六稳"工作首位，利用网络招聘等多种形式帮助更多劳动者实现就业，全力促进就业大局稳定。

3月26日，农业农村部办公厅、人力资源社会保障部办公厅印发《扩大返乡留乡农民工就地就近就业规模实施方案》（农办产〔2020〕2号），要求以实施乡村振兴战略为总抓手，以促进农民就业增收为目标，集成政策措施，集聚资源要素，集合公共服务，促进返乡留乡农民工就地就近就业创业，形成就业促增收、致富奔小康的良好局面，为全面小康和脱贫攻坚提供支撑。

3月27日，习近平总书记主持召开中共中央政治局会议，分析国内外新冠肺炎疫情防控和经济运行形势，研究部署进一步统筹推进疫情防控和经济社会发展工作。习近平总书记专门提出在做好疫情防控的前提下，支持湖北省有序复工复产；支持援企稳岗促就业保民生等工作。

3月27日，人力资源社会保障部办公厅印发《关于组织开展支援湖北劳务协作专项对接工作的通知》（人社厅发〔2020〕28号），要求有序推进湖北籍劳动者返岗复工和外出务工，加大对湖北省就业工作的支持。

3月31日，李克强总理主持召开国务院常务会议，确定再提前下达一批地方政府专项债额度，带动扩大有效投资；部署强化对中小微企业的金融支持；要求加大对困难群体相关补助政策力度，抓紧研究失业保障提标扩围政策。

2020年4月

4月2日，李克强总理主持召开中央应对新型冠状病毒感染肺炎疫情工作领导小组会议。会议指出，要统筹推进疫情防控和经济社会发展工作。坚持应急处置和常态化防控相结合，有力有序积极推进复工复产。加大企业尤其是中小微企业帮扶纾困力度，推动全产业链协同复工，尽快达产。

4月3日，人力资源社会保障部办公厅印发《关于开展2020年人力资源服务机构助力脱贫攻坚行动的通知》（人社厅函〔2020〕56号），要求充分发挥人力资源服务机构的职能优势和专业优势，积极应对疫情带来的影响和挑战，聚焦贫困地区特别是"三区三州"等深度贫困地区人力资源市场建设，创新方式，精准施策，着力提升劳务协作组织化程度和就业质量，为确保如期高质量完成脱贫攻坚目标任务提供坚实有力的人力资源服务支撑。

4月7日，国家发展改革委、中央网信办印发《关于推进"上云用数赋智"行动 培育新经济发展实施方案的通知》（发改高技〔2020〕552号），提出在已有工作基础上，大力培育数字经济新业态，深入推进企业数字化转型，打造数据供应链，以数据流引领物资流、人才流、技术流、资金流，形成产业链上下游和跨行业融合的数字化生态体系，构建设备数字化－生产线数字化－车间数字化－工厂数字化－企业数字化－产业链数字化－数字化生态的典型范式。方案将推进灵活就业激励计划实施。

4月7日，国家税务总局办公厅、中国银行保险监督管理委员会办公厅印发《关于发挥"银税互动"作用助力小微企业复工复产的通知》（税总办发〔2020〕10号），要求从实施重点帮扶、创新信贷产品、落实扩围要求、提高服务质效四方面进一步发挥"银税互动"作用，助力小微企业复工复产。

4月7日，李克强总理主持召开国务院常务会议。会议指出，实行财政金融政策联动，将部分已到期的税收优惠政策延长到2023年年底。

4月7日，国务院应对新型冠状病毒感染肺炎疫情联防联控机制发布《关于印发全国不同风险地区企事业单位复工复产疫情防控措施指南的通知》（国发明电〔2020〕12号），进一步推进全国低风险地区企事业单位全面复工复产，尽快恢复正常生产生活秩序，同时推动高风险、中风险地区继续按照科学防控、精准施策、分区分级等有关要求，统筹做好企事业单位疫情防控和复工复产工作，有序恢复生产生活秩序。

4月7日，中央应对新型冠状病毒感染肺炎疫情工作领导小组印发《关于在有效防控疫情的同时积极有序推进复工复产的指导意见》（国发明电〔2020〕13号），要求从压实地方和单位疫情防控主体责任、常态化防控与应急处置相结合、分区分级恢复生产秩序、推动全产业链复工复产、推动服务业复工复市、做好客运恢复和返岗服务、加强交通秩序保障七方面做好统筹疫情防控和经济社会发展、在防控常态化条件下加快恢复生产生活秩序、积极有序推进复工复产工作。

4月8日，国家发展改革委、民政部、财政部、人力资源社会保障部、退役军人事务部、国家统计局印发《关于进一步做好阶段性价格临时补贴工作的通知》（发改电〔2020〕876号），提出对低收入群体特别是困难群体加大保障力度，更好保障困难群众基本生活，并提出阶段性扩大价格补贴联动机制保障范围、阶段性提高价格临时补贴标准、明确增支资金保障渠道，以及加强资金保障、进一步提高工作效率、确保补贴对象全覆盖、规范补贴测算依据等具体工作要求。

4月8日，中共中央政治局常务委员会召开会议，分析国内外新冠肺炎疫情防控和经济运行形势，研究部署落实常态化疫情防控举措全面推进复工复产工作。习近平总书记主持会议并发表重要讲话。他指出，当前我国疫情防控阶段性成效进一步巩固，复工复产取得重要进展，经济社会运行秩序加快恢复。要坚持在常态化疫情防控中加快推进生产生活秩序全面恢复，抓紧解决复工复产面临的困难和问题。会议特别提出，要因地制宜、因时制宜优化完善疫情防控举措，千方百计创造有利于复工复产的条件，不失时机畅通产业循环、市场循环、经济社会循环。要加大复工复产政策落实力度，加强对困难行业和中小微企业扶持，着力扩大国内需求，有序推动各类商场、市场复工复市，促进生活服务业正常经营，积极扩大居民消费，加快推进投资项目建设，形成供需良性互动。会议要求，加强保障和改善民生工作。扩大失业保险覆盖范围，更好保障失业人员基本生活。

4月8日，中国银行保险监督管理委员会办公厅印发《关于2020年推动小微企业金融服务"增量扩面、提质降本"有关工作的通知》（银保监办发〔2020〕29号），提出运用专项再贷款等政策，从减轻企业负担入手，为企业复工复产创造条件。

4月9日，工业和信息化部办公厅印发《关于开展2020年中小企业公共服务体系助力复工复产重点服务活动的通知》（工信厅企业函〔2020〕72号），要求全面加强中小企业公共服务体系建设，紧紧围绕中小企业复工复产和高质量发展开展重点服务活动，解难点、除痛点、疏堵点、补盲点，为中小企业恢复生产经营和可持续发展切实提供支撑和保障。

4月9日，李克强总理主持召开中央应对新型冠状病毒感染肺炎疫情工作领导小组会议，部署加强边境地区疫情防控力量，扩大国内重点地区检测范围，在做好常态化防控同时全面推进复工复产。会议指出，要帮助各类企业特别是中小微企业渡过难关，帮助受疫情影响较大的群众解决就业、生活等方面实际困难。

4月13日，人力资源社会保障部办公厅、国务院扶贫办综合司印发《关于实施"6+1"劳务协作行动支持湖北贫困劳动力外出务工的通知》（人社厅发〔2020〕42号），要求统筹推进疫情防控和经济社会发展，集中帮扶湖北贫困劳动力外出务工。

4月14日，李克强总理主持国务院常务会议，要求落实落细今年以来出台的支持企业政策措施，助力企业渡过难关，部署采取有力有效举措促进高校毕业生就业。会议指出，高校毕业生是国家的未来，今年毕业生人数再创新高，受疫情影响，就业形势更加严峻。要加大力度支持稳企业、拓岗位，吸纳毕业生就业；要开发科研助理岗位，充实基层教师和医护人员队伍；要加强就业服务。会议还提出对困难家庭未就业毕业生等给予倾斜支持，对湖北高校毕业生就业实施特殊支持政策。

4月15日，财政部、人力资源社会保障部、中国人民银行联合印发《关于进一步加大创业担保贷款贴息力度全力支持重点群体创业就业的通知》（财金〔2020〕21号）。文件指出，为深入贯彻落实习近平总书记在统筹推进新冠肺炎疫情防控和经济社会发展工作部署会议上的重要讲话精神,全面强化稳就业举措,更好发挥创业担保贷款贴息资金引导作用,加强资金保障,全力支持复工复产和创业就业,推动经济社会有序稳定发展等采取多项政策措施。一是扩大覆盖范围;二是适当提高额度;三是允许合理展期;四是降低利率水平;五是合理分担利息;六是简化审批程序;七是免除反担保要求;八是提升担保基金效能;九是鼓励地方加大支持力度;十是强化统筹协调与激励约束;十一是做好政策衔接。

4月16日,李克强总理主持召开中央应对新型冠状病毒感染肺炎疫情工作领导小组会议。会议指出,要统筹推进疫情防控和经济社会发展,抓紧梳理总结各地好的经验做法,完善常态化防控下推进全面复工复产的措施。

4月17日,中共中央政治局召开会议,分析国内外新冠肺炎疫情防控形势,研究部署抓紧抓实抓细常态化疫情防控工作,分析研究当前经济形势和经济工作,习近平总书记主持会议。会议强调,加大"六稳"工作力度,保居民就业、保基本民生,维护经济发展和社会稳定。稳住经济基本盘,兜住民生底线。要在稳的基础上积极进取,在常态化疫情防控中全面推进复工复产达产,恢复正常经济社会秩序。坚决打好三大攻坚战,加大"六稳"工作力度,保居民就业、保基本民生、保市场主体、保粮食能源安全、保产业链供应链稳定、保基层运转。

4月21日,李克强总理主持召开国务院常务会议,部署加大对贫困人口、低保人员和失业人员的帮扶保障力度，进一步将失业保险保障范围扩大至城乡所有参保失业人员，决定提高普惠金融考核权重和降低中小银行拨备覆盖率，加强对小微企业的金融服务。

4月21日，人力资源社会保障部、教育部、司法部、农业农村部、文化和旅游部、国家卫生健康委、国家知识产权局印发《关于应对新冠肺炎疫情影响实施部分职业资格"先上岗、再考证"阶段性措施的通知》（人社部发〔2020〕24号），进一步强化稳就业举措，促进高校毕业生就业，对《国家职业资格目录》中部分职业资格实施"先上岗、再考证"阶段性措施。

4月23日，人力资源社会保障部办公厅、财政部办公厅印发《关于发布就业补贴类政策清单及首批地方线上申领平台的通知》（人社厅发〔2020〕44号），要求各地对照就业补贴类政策清单，在确保中央政策落实落地的基础上，结合本地实际，进一步细化完善本地政策清单，明确补贴对象、补贴标准、申领流程、受理机构、办理时限、政策依据，并主动向社会公布。要将推动线上办成为政策申领主渠道。要切实精简材料，优化流程，缩短办理时间，切实提升用人单位和劳动者获得感、满意度。

4月23日，二十国集团劳工就业部长特别会议以视频方式召开，交流各国应对新冠肺炎疫情稳定劳动力市场的政策措施，探讨减轻疫情对本国和全球劳动力市场的影响。人力资源社会保障部张纪南部长出席会议，介绍中国在抓好疫情防控同时全面强化稳就业措施情况。

4月24日，国家发展改革委办公厅、国务院国资委办公厅、教育部办公厅、人力资源社会保障部办公厅联合印发《关于开展双创示范基地创业就业"校企行"专项行动的通知》(发改办高技〔2020〕310号),要求依托企业和高校两类国家双创示范基地,以释放一批就业岗位、提供一批创业就业导师、发布一批创新创业需求、对接一批优秀创业项目、打造一批创业就业服务品牌、组织一批成果展示"六个一批"重点任务为抓手,搭建协作平台,加强资源对接,提升服务水平,为高校毕业生就业创业营造更好环境。

4月26日,人力资源社会保障部办公厅、财政部办公厅、民政部办公厅印发《关于加大湖北地区和湖北籍劳动者就业支持力度的通知》(人社厅发〔2020〕46号),从开展劳务协作专项对接、鼓励企业吸纳湖北籍劳动者、鼓励自主创业和灵活就业、加强高校毕业生就业支持、及时提供就业援助、保障失业人员基本生活、规范招聘行为、加强组织实施八方面加大对湖北地区和湖北籍劳动者就业支持力度。

4月27日,习近平总书记主持召开中央全面深化改革委员会第十三次会议并发表重要讲话。会议强调,对有助于促进复工复产、居民就业、投资消费、中小微企业发展、基本民生、脱贫攻坚的改革举措,要集中力量推进。

4月29日,人力资源社会保障部印发《关于加强技工院校劳动教育的实施意见》(人社部发〔2020〕27号),要求把劳动教育融入技工院校技能人才培养全过程。结合技工教育特点,构建技工院校劳动教育体系,开展以"新时代、新青年、新技能、新梦想"为特色的技工院校劳动教育。在技能学习和劳动实践中磨炼学生艰苦奋斗、精益求精的意志品质，引导其成长为辛勤劳动、诚实劳动、创造性劳动的高技能人才。

4月29日，中共中央政治局常务委员会召开会议，分析国内外新冠肺炎疫情防控形势，研究部署完善常态化疫情防控举措，研究确定支持湖北省经济社会发展一揽子政策。会议强调，湖北省各级党委和政府要在常态化疫情防控前提下，加快恢复生产生活正常秩序，扎实做好"六稳"工作，落实"六保"任务。要着力做好保居民就业、保基本民生工作，帮助群众解决就业、社保、医保、就学等方面的实际困难，落实好特殊困难群体兜底保障政策。要坚决打赢脱贫攻坚战，确保贫困人口全部脱贫。要加快复工复产、复市复业，帮助解决企业特别是中小微企业面临的困难。

4月30日，人力资源社会保障部办公厅、国家发展改革委办公厅、工业和信息化部办公厅、国务院扶贫办综合司印发《关于开展易地扶贫搬迁就业帮扶专项行动的通知》（人社厅发〔2020〕48号），要求聚焦有劳动能力和就业意愿的搬迁群众尤其是建档立卡贫困搬迁群众，聚焦易地扶贫搬迁大型安置区，综合运用就业服务各种措施，集中力量加大就业帮扶，促进一批搬迁群众就业创业。

2020年5月

5月6日，李克强总理主持召开国务院常务会议，听取支持复工复产和助企纾困政策措施落实情况汇报，推出和进一步完善相关政策加大稳企业保就业力度。

5月7日，李克强总理主持召开中央应对新型冠状病毒感染肺炎疫情工作领导小组会议，要求总结推广有效做法，精准做好常态化防控，有序推动企业复产达产、生活服务业复业复市和学校复学复课。

5月9日，国家发展改革委、住房城乡建设部、财政部、商务部、人民银行、国资委、税务总局、市场监管总局联合印发《关于应对新冠肺炎疫情进一步帮扶服务业小微企业和个体工商户缓解房屋租金压力的指导意见》（发改投资规〔2020〕734号），要求各级政府加大政策支持力度，金融机构视需要给予适当支持；明确房屋租金减免和延期支付政策主要支持经营困难的服务业小微企业和个体工商户，优先帮扶受疫情影响严重、经营困难的餐饮、住宿、旅游、教育培训、家政、影院剧场、美容美发等行业。从实施房屋租金减免、完善财税优惠政策、加大金融支持力度、稳定房屋租赁市场等方面提出12条具体措施和要求。

5月9日，人力资源社会保障部办公厅印发《关于开展失业保险金和失业补助金网上申领服务全国统一入口对接工作的通知》（人社厅函〔2020〕67号），提出6月30日正式上线失业保险金和失业补助金网上申领服务全国统一入口，7月全面实现网上申领。

5月9日，人力资源社会保障部、教育部、中央编办、财政部印发《关于做好2020年中小学幼儿园教师公开招聘有关工作的通知》（人社部发〔2020〕28号），要求从统筹谋划做好教师公开招聘工作、加强中小学教职工编制保障、加大幼儿园教师补充力度、教师公开招聘实施"先上岗、再考证"、引导高校毕业生到艰苦边远地区学校任教、确保完成"特岗计划"招聘计划、落实教师招聘工作责任、增强民办学校吸纳就业能力八方面,落实促进高校毕业生就业的部署,做好教师公开招聘工作。

5月9日,人力资源社会保障部、财政部印发《关于实施企业稳岗扩岗专项支持计划的通知》(人社部发〔2020〕30号),要求坚决贯彻中央统筹推进疫情防控和经济社会发展工作部署,强化底线思维,注重精准施策,坚持援企、稳岗、扩就业、保民生并举,用足用好失业保险基金、职业技能提升行动专账资金,大力实施稳岗返还、以工代训,支持企业稳定岗位,鼓励企业吸纳就业,保障劳动者基本生活,努力保持就业局势和社会大局稳定。

5月9日,人力资源社会保障部、国务院扶贫办召开进一步做好就业扶贫工作电视电话会议。会议要求,要用情用心用力把就业扶贫工作落实落细落到位,推进"点对点"劳务协作。要全力以赴把贫困劳动力稳在企业,综合施策把贫困劳动力稳在就业地,积极稳妥有序承接返乡贫困劳动力,扎实推进易地扶贫搬迁就业帮扶专项行动。

5月14日,习近平总书记主持召开中共中央政治局常务委员会会议,分析国内外新冠肺炎疫情防控形势,研究部署抓好常态化疫情防控措施落地见效,研究提升产业链供应链稳定性和竞争力。

5月15日,国家发展改革委、国务院台办、工业和信息化部、财政部、人力资源社会保障部、自然资源部、商务部、人民银行、银保监会、证监会联合印发《关于应对疫情统筹做好支持台资企业发展和推进台资项目有关工作的通知》（发改厅〔2020〕755号），从持续帮扶台资企业复工复产、统筹协调推进重大台资项目、积极支持台资企业增资扩产、促进台资企业参与新型和传统基础设施建设、支持台资企业稳外贸、有效引导台资企业拓展内销市场、全面落实税费减免政策、强化金融支持台资企业疫情防控和复工复产等11个方面加强部署，支持台资企业应对疫情、复工复产和投资发展。

5月15日，财政部、税务总局印发《关于支持疫情防控保供等税费政策实施期限的公告》（财政部、税务总局公告2020年第28号），明确将《财政部 税务总局关于支持新型冠状病毒感染的肺炎疫情防控有关税收政策的公告》（财政部、税务总局公告2020年第8号）、《财政部 税务总局关于支持新型冠状病毒感染的肺炎疫情防控有关捐赠税收政策的公告》（财政部、税务总局公告2020年第9号）、《财政部 税务总局关于支持新型冠状病毒感染的肺炎疫情防控有关个人所得税政策的公告》（财政部、税务总局公告2020年第10号）、《财政部 国家发展改革委关于新型冠状病毒感染的肺炎疫情防控期间免征部分行政事业性收费和政府性基金的公告》（财政部、国家发展改革委公告2020年第11号）规定的税费优惠政策，执行至2020年12月31日。

5月19日，人力资源社会保障部办公厅、财政部办公厅印发《关于做好2020年高校毕业生"三支一扶"计划实施工作的通知》（人社厅发〔2020〕57号），明确2020年全国拟选拔招募3.2万名高校毕业生到基层从事支教、支农（水利）、支医、扶贫等相关领域服务。

5月20日，人力资源社会保障部办公厅印发《关于大力开展以工代训工作的通知》（人社厅明电〔2020〕29号），要求贯彻落实《人力资源社会保障部　财政部关于实施企业稳岗扩岗专项支持计划的通知》（人社部发〔2020〕3号）以工代训政策，进一步细化和完善以工代训政策措施，优化以工代训管理服务，加紧做好职业技能提升行动相关工作。

5月22日，人力资源社会保障部办公厅、国务院扶贫办综合司发布《关于印发"数字平台经济促就业助脱贫行动"方案的通知》（人社厅函〔2020〕74号），要求从精心组织实施、加强作风建设、做好信息报送等方面做好组织工作，为开展数字平台经济促就业助脱贫专项服务行动奠定基础。

5月22日，第十三届全国人民代表大会第三次会议在北京市召开，李克强总理代表国务院作政府工作报告。报告指出，统筹推进疫情防控和经济社会发展工作，在疫情防控常态化前提下，坚持稳中求进工作总基调，坚持新发展理念，坚持以供给侧结构性改革为主线，坚持以改革开放为动力，推动高质量发展，坚决打好三大攻坚战，加大"六稳"工作力度。强调要优先稳就业，保民生，坚决打赢脱贫攻坚战，努力实现全面建成小康社会目标任务，并明确稳就业目标和总体部署。

5月23日，习近平总书记在全国政协经济界联组会上指出，新冠肺炎疫情突如其来，"新就业形态"也是脱颖而出，要顺势而为，补齐短板；民营企业发展要不断破解难题，走上新的发展道路。

5月26日，中国人民银行、银保监会、国家发展改革委、工业和信息化部、财政部、市场监管总局、证监会、外汇局联合印发《关于进一步强化中小微企业金融服务的指导意见》（银发〔2020〕120号），从落实中小微企业复工复产信贷支持政策、开展商业银行中小微企业金融服务能力提升工程、改革完善外部政策环境和激励约束机制、发挥多层次资本市场融资支持作用、加强中小微企业信用体系建设、优化地方融资环境、强化组织实施7个方面提出30条政策措施，推动加快恢复正常生产生活秩序，支持实体经济高质量发展。

5月28日，人力资源社会保障部发布《关于印发农民工稳就业职业技能培训计划的通知》（人社部函〔2020〕48号），要求深入实施职业技能提升行动，将职业技能培训作为促进农村转移劳动力就业、稳定农民工工作岗位、支持农民工返乡创业、助力贫困劳动力增收脱贫的重要抓手，面向广大农民工群体，开展大规模、广覆盖和多形式的职业技能培训。2020年至2021年，每年培训农民工700万人次以上，促进农民工职业技能提升，推动农民工稳岗就业和返乡创业，改善农民工就业结构，将农民工培育成为重要的人力资源。

5月28日，人力资源社会保障部办公厅印发《关于做好疫情防控常态化条件下技能扶贫工作的通知》（人社厅函〔2020〕81号），要求从加大职业技能培训力度、支持企业面向贫困劳动力开展以工代训、加大52个未摘帽贫困县技能扶贫支持力度、做好贫困地区技能人才评价工作、合理调整培训补贴标准、深入开展技能脱贫千校行动、强化

"三区三州"等技工院校建设和对口帮扶、优化贫困家庭学生资助政策等方面做好疫情防控常态化条件下技能扶贫工作。

5月29日,人力资源社会保障部、财政部、自然资源部、交通运输部、水利部、国家林业和草原局、国务院扶贫办印发《关于进一步用好公益性岗位发挥就业保障作用的通知》(人社部发〔2020〕38号),要求从切实提高思想认识、做好就业困难人员认定、多渠道开展就业援助、聚焦城乡公共服务短板把握开发领域、合理利用临时性城镇公益性岗位、协同协力用好乡村公益性岗位助力脱贫攻坚、公开公平公正开展岗位招聘、强化岗位规范化管理、加强组织领导9个方面进一步用好各类公益性岗位,充分发挥就业保障作用。

5月29日,人力资源社会保障部、财政部印发《关于扩大失业保险保障范围的通知》(人社部发〔2020〕40号),从充分认识做好失业人员生活保障的重要意义、及时发放失业保险金、阶段性实施失业补助金政策、阶段性扩大失业农民工保障范围、阶段性提高价格临时补贴标准、畅通失业保险待遇申领渠道、切实防范基金运行风险、做好组织实施工作8个方面确保失业人员待遇应发尽发、应保尽保。

5月29日,人力资源社会保障部办公厅发布《关于印发线下招聘活动疫情防控工作指南的通知》(人社厅发〔2020〕60号),指引各地在开展线下招聘活动时,从坚持常态防控、坚持有序推进、坚持动态调整、合理规划布局、配备防护物资、加强消毒通风、加强入场检测、做好健康提示、实施限流措施、加大现场巡查、加强应急管理、做好应对处置、强化责任落实、建立沟通机制、加强内部管理15个方面切实做好疫情防控工作，服务复工复产企业用工招聘，帮助高校毕业生、失业人员、农民工、建档立卡贫困劳动力等群体求职就业。

2020年6月

6月1日，中国人民银行、银保监会、财政部、国家发展改革委、工业和信息化部联合印发《关于进一步对中小微企业贷款实施阶段性延期还本付息的通知》（银发〔2020〕122号），缓解受疫情影响的中小微企业贷款的还本付息压力。

6月3日，李克强总理对全国普通高等学校毕业生就业创业工作电视电话会议作出重要批示，强调采取更多市场化办法拓宽毕业生就业渠道，千方百计保持高校毕业生就业局势总体平稳。

6月3日，国务院召开全国普通高等学校毕业生就业创业工作电视电话会议。孙春兰副总理、胡春华副总理出席会议并讲话，对做好2020年高校毕业生就业创业工作进行了全面部署。人力资源社会保障部张纪南部长对促进高校毕业生就业创业作了发言。

6月5日，人力资源社会保障部印发《关于做好2020年技工院校招生工作的通知》（人社部函〔2020〕52号），根据《国家职业教育改革实施方案》和《职业技能提升行动方案（2019—2021年）》有关要求，推动扩大2020年技工院校招生规模，提高招生质量。

6月11日，人力资源社会保障部、教育部、中华全国总工会、全国工商联印发《关于开展2020年全国民营企业招聘月活动的通知》（人社部函〔2020〕53号），定于7月在全国开展2020年全国民营企业招聘月活动。服务对象以民营企业、中小微企业为重点，同时面向各类用人单位；以2020届高校毕业生、贫困劳动力、失业人员、下岗（待岗）职工为重点，同时面向各类求职人员。

6月11日，人力资源社会保障部印发《关于举办2020年"三区三州"职业技能大赛的通知》（人社部函〔2020〕54号），发挥职业技能大赛引领示范作用，推动贫困地区特别是深度贫困地区群众学习技能、掌握技能，实现以技能促就业、助脱贫。

6月13日，农业农村部、国家发展改革委、教育部、科技部、财政部、人力资源社会保障部、自然资源部、退役军人事务部、银保监会印发《关于深入实施农村创新创业带头人培育行动的意见》（农产发〔2020〕3号），要求坚持农业农村优先和就业优先方针，以实施乡村振兴战略为总抓手，紧扣乡村产业振兴目标，强化创新驱动，加强指导服务，优化创业环境，培育一批扎根乡村、服务农业、带动农民的农村创新创业带头人，发挥"头雁效应"，以创新带动创业，以创业带动就业，以就业促进增收，为全面建成小康社会、推进乡村全面振兴提供有力支撑。

6月16日，人力资源社会保障部办公厅印发《关于开展职业技能电子培训券试点工作的通知》（人社厅发〔2020〕67号），决定在11个省（区、市）38个地市开展电子培训券试点工作，依托电子社保卡线上渠道，面向参加职业技能培训人员发放电子培训券，作为劳动者免垫付便捷享受职业技能培训服务的载体，调动劳动者参加职业技能培训的积极性。通过个人领取与使用、培训机构登记与验证、人社部门管理与审核电子培训券等全服务流程，实现对职业技能培训的人员合理引导、实名培训服务、精确资金监管、全局宏观分析，逐步形成以社保卡为载体的劳动者终身职业技能培训电子档案。

6月17日，李克强总理主持召开国务院常务会议，部署引导金融机构进一步向企业合理让利，助力稳住经济基本盘，要求加快降费政策落地见效为市场主体减负。

6月17日，人力资源社会保障部、财政部、国务院扶贫办印发《关于进一步做好就业扶贫工作的通知》（人社部发〔2020〕48号），围绕贫困劳动力出得去、稳得住、留得下，多措并举、精准施策，帮助有劳动能力和就业意愿的贫困劳动力外出务工，帮助已外出贫困劳动力稳定务工，力争外出务工规模不降低、有提高，最大限度防止和减少外出务工贫困劳动力返乡回流，努力稳定贫困群众就业增收渠道。

6月19日，教育部办公厅、文化和旅游部办公厅印发《关于开展2020年文化和旅游行业面向高校毕业生网络招聘活动的通知》（教学厅函〔2020〕18号），进一步强化稳就业举措，鼓励用人单位积极承担社会责任，为文化和旅游行业做好高质量人力资源储备。

6月22日，人力资源社会保障部、财政部、税务总局印发《关于延长阶段性减免企业社会保险费政策实施期限等问题的通知》（人社部发〔2020〕49号），进一步帮助企业特别是中小微企业应对风险、渡过难关，减轻企业和低收入参保人员今年的缴费负担。

6月22日，人力资源社会保障部、国家卫生健康委印发《关于做好2020年县级及基层医疗卫生机构公开招聘高校毕业生工作的通知》（人社部发〔2020〕50号），要求落实国务院关于促进高校毕业生就业的部署要求，进一步强化稳就业举措，加强基层卫生人才队伍建设，从统筹谋划公开招聘高校毕业生工作、扩大公开招聘规模、提高公开招聘针对性、鼓励高校毕业生投身艰苦边远地区卫生健康事业、促进人才合理流动、加强工作指导监督6个方面做好2020年县级及基层医疗卫生机构公开招聘高校毕业生有关工作。

6月22日，中共中央组织部、人力资源社会保障部、民政部、中央文明办、教育部、财政部、国家卫生健康委印发《关于引导和鼓励高校毕业生到城乡社区就业创业的通知》（人社部发〔2020〕53号），引导和鼓励高校毕业生到城乡社区就业创业，支持城乡社区积极为高校毕业生提供职业平台，既是扩大高校毕业生就业空间、助力成长成才的重要渠道，也是助推城乡社区治理体系和治理能力建设的有效举措。推动拓宽高校毕业生就业渠道、提升城乡社区治理和服务水平互促共进。

2020年7月

7月3日，工业和信息化部、国家发展改革委、科技部、财政部、人力资源社会保障部等十七部门联合印发《关于健全支持中小企业发展制度的若干意见》（工信部联企业〔2020〕108号），从完善支持中小企业发展的基础性制度、坚持和完善中小企业财税支持制度、坚持和完善中小企业融资促进制度、建立和健全中小企业创新发展制度、完善和优化中小企业服务体系、建立和健全中小企业合法权益保护制度、强化促进中小企业发展组织领导制度7个方面提出25条制度措施，健全支持中小企业发展制度。

7月5日，胡春华副总理在重庆市调研就业工作。他强调，要深入贯彻习近平总书记重要指示批示精神，按照党中央、国务院决策部署，把就业工作放在做好"六稳"工作、落实"六保"任务首位，全面落实就业优先政策，强化对城镇困难群众就业援助，兜牢基本民生底线。

7月8日，人力资源社会保障部、教育部、财政部等七部门联合印发《关于进一步加强就业见习工作的通知》（人社部函〔2020〕66号），从把握见习政策要求、加强见习单位管理、扩大岗位募集规模、摸清见习对象情况、促进见习供需对接、完善见习管理制度、保障见习人员待遇、加大见习宣传推广、加强工作组织领导等方面，贯彻落实《国务院办公厅关于应对新冠肺炎疫情影响强化稳就业举措的实施意见》（国办发〔2020〕6号），扩大见习规模，提高见习质量的要求。

7月14日，国家发展改革委、中央网信办、工业和信息化部、教育部、人力资源社会保障部等十三部门联合印发《关于支持新业态新模式健康发展激活消费市场带动扩大就业的意见》（发改高技〔2020〕

1157号），提出要支持包括在线教育、互联网医疗、线上办公、数字化治理、产业平台化发展、传统企业数字化转型、"虚拟"产业园和产业集群、"无人经济"、新个体自主就业、微经济"副业创新"、多点执业、共享生活、共享生产、生产资料共享、数据要素流通等15种新业态新模式发展。该意见要求，重点完善与线上服务新业态新模式相适应的制度规则，打造线上线下有机融合新业态，激活消费新市场；重点提升数字化转型公共服务能力和平台"赋能"水平，降低转型门槛，壮大实体经济新动能。适应基于互联网平台的新型就业形态和模式发展，完善自主就业、灵活就业、"副业创新"及多点执业政策，激发市场主体创新创业内生动力。

7月15日，李克强总理主持召开国务院常务会议，部署深入推进大众创业万众创新，重点支持高校毕业生等群体就业创业。

7月15日，国务院办公厅印发《关于进一步优化营商环境更好服务市场主体的实施意见》（国办发〔2020〕24号），从持续提升投资建设便利度、进一步简化企业生产经营审批和条件、优化外贸外资企业经营环境、进一步降低就业创业门槛、提升涉企服务质量和效率、完善优化营商环境长效机制6个方面提出20条政策措施，持续深化"放管服"改革，优化营商环境，更大激发市场活力，增强发展内生动力。

7月15日，人力资源社会保障部、教育部、国务院扶贫办印发《关于进一步加强贫困家庭高校毕业生就业帮扶工作的通知》（人社部函〔2020〕75号），提出将贫困家庭高校毕业生及时纳入就业帮扶，使建档立卡贫困家庭、零就业家庭毕业生全面就业到位，使有需求的其他贫困家庭毕业生全面帮扶到位，有就业意愿的都能实现就业或组织到就业准备活动中，并从摸清就业需求、加强招聘服务、提升就业能力、突出重点帮扶、加强组织领导等方面提出具体要求。

7月15日，教育部办公厅印发《关于为2020届离校未就业高校毕业生提供不断线就业服务的通知》（教学厅函〔2020〕22号），从岗位推送不断线、指导培训不断线、重点帮扶不断线、接续服务不断线4个方面帮助2020届离校未就业高校毕业生尽早实现就业。

7月16日，财政部印发《关于加强非税收入退付管理的通知》（财库〔2020〕23号），要求切实落实减税降费政策，把保就业、保民生、保市场主体等"六保"任务不折不扣落实到位，把已取消、停征、免征及降低征收标准的收费基金优惠政策不折不扣地落实到相关企业和个人。

7月21日，习近平总书记主持召开企业家座谈会，强调激发市场主体活力，弘扬企业家精神，推动企业发挥更大作用实现更大发展。习近平总书记强调，党中央明确提出要扎实做好"六稳"工作、落实"六保"任务。

7月21日，国家发展改革委办公厅印发《关于全力做好下半年稳就业保就业有关工作的通知》（发改办就业〔2020〕557号），强调各地方各有关部门履职尽责，统筹推进疫情防控和经济社会发展，集中精力抓好"六稳"工作、落实"六保"任务，在做好常态化疫情防控的前提下，不失时机推进复工复产，推出减税降费、金融支持等一系列援企稳岗政策，加大对高校毕业生、农民工等重点群体的就业帮扶力度，促进经济回升和就业大局稳定。

7月21日，人力资源社会保障部组织建设的全国性一站式就业服务平台——"就业在线"（https://www.jobonline.cn）平台正式上线，助力后疫情时代精准就业，激发经济新活力。

7月21日，人力资源社会保障部、财政部、共青团中央发布《关于印发百万青年技能培训行动方案的通知》（人社部发〔2020〕59号），强调组织实施好青年学徒培养、青年以工代训、青年技能研修、青年创业培训、青年新职业培训、青年职业技能竞赛六大培训计划。

7月21日，人力资源社会保障部办公厅印发《关于做好长江流域禁捕退捕渔民职业技能培训工作的通知》（人社厅发〔2020〕81号），要求做好退捕渔民职业技能培训工作，提升其就业创业能力，实现上岸转移就业，并从迅速将长江流域退捕渔民纳入职业技能提升行动免费培训范围、加强工作协调联动、分类施策开展技能培训、加大创业培训力度、大力开展以工代训、提供线上培训服务、靠前做好培训组织管理、做好调度宣传工作8个方面提出具体要求。

7月22日，李克强总理主持召开国务院常务会议，部署加强新型城镇化建设，补短板扩内需提升群众生活品质，确定支持多渠道灵活就业的措施，促进增加居民就业和收入。会议指出，今年就业形势严峻，灵活就业规模大、空间大，是稳就业的重要途径。要取消对灵活就业的不合理限制，引导劳动者合理有序经营。一是鼓励个体经营，二是支持非全日制就业，三是对网络零售、移动出行、线上教育培训、在线医疗等新就业形态实行包容审慎监管，四是加强就业公共服务，五是动态发布社会需要的新职业。

7月23日,国务院办公厅印发《关于提升大众创业万众创新示范基地带动作用 进一步促改革稳就业强动能的实施意见》(国办发〔2020〕26号),明确从六个方面着力提升双创示范基地带动作用。一是落实创业企业纾困政策,强化双创复工达产服务,鼓励双创示范基地积极应对疫情影响,巩固壮大创新创业内生活力。二是实施社会服务创业带动就业示范行动,加强返乡入乡创业政策保障,提升高校学生创新创业能力,发挥大企业创业就业带动作用,发挥双创示范基地多元主体带动作用。三是构建大中小企业融通创新生态,构筑产学研融通创新创业体系。四是深化金融服务创新创业示范,完善创新创业创投生态链,着力破解融资难题。五是做强开放创业孵化载体,搭建多双边创业合作平台,深化对外开放合作。六是探索完善包容创新监管机制,深化双创体制改革创新试点。

7月28日,国务院办公厅印发《关于支持多渠道灵活就业的意见》(国办发〔2020〕27号),强调个体经营、非全日制以及新就业形态等灵活多样的就业方式,是劳动者就业增收的重要途径,对拓宽就业新渠道、培育发展新动能具有重要作用,并从拓宽灵活就业发展渠道、优化自主创业环境、加大对灵活就业保障支持三方面提出政策措施。

7月29日,李克强总理主持召开国务院常务会议,部署进一步扩大开放稳外贸稳外资,推出支持农民工就业创业新举措,助力保就业保民生。会议指出,进一步支持农民工就业创业,是促进稳就业和农民增收的重要内容。要压实地方责任；要支持农民工就地就近就业；要以创业带动就业；要加大帮扶力度，优先保障贫困劳动力稳岗就业。

2020 年 8 月

8月6日，人力资源社会保障部、国家发展改革委等十五部门印发《关于做好当前农民工就业创业工作的意见》（人社部发〔2020〕61号），从拓宽外出就业渠道、促进就地就近就业、强化平等就业服务和权益保障、优先保障贫困劳动力稳岗就业、加强组织保障4个方面提出16条意见，进一步做好当前农民工就业创业工作。

8月20日，人力资源社会保障部办公厅印发《关于上线"高校毕业生就业服务平台"的通知》（人社厅函〔2020〕122号），通过搭建全国统一、多方联动的线上服务平台，为高校毕业生和各类用人单位提供常态化不间断就业服务。

8月28日，人力资源社会保障部李忠副部长在广东省出席全国部分省市稳就业工作座谈会，调度各地稳就业工作特色做法，听取各地对稳就业工作及编制《"十四五"就业促进规划》的意见建议，推动落实灵活就业及农民工就业创业政策。

8月31日，中共中央组织部、人力资源社会保障部、教育部等七部门联合印发《关于实施高校毕业生就业创业推进行动的通知》（人社部发〔2020〕65号），通过开展专项摸排、加快岗位落实、扶持创业创新、提供不断线服务、提升就业能力、加大困难帮扶、保护就业权益7项主要措施，实现把未就业毕业生全面纳入就业创业推进行动，普遍落实实名帮扶举措，使有就业创业需求的毕业生都能得到相应服务支持，着力提升就业能力，充分激发创业活力，进一步提高人力资源配置效率，促进毕业生尽早就业的工作目标。

2020年9月

9月8日，全国抗击新冠肺炎疫情表彰大会在京隆重举行，习近平总书记向国家勋章和国家荣誉称号获得者颁授勋章奖章并发表重要讲话。他指出，新冠肺炎疫情是百年来全球发生的最严重的传染病大流行，是新中国成立以来我国遭遇的传播速度最快、感染范围最广、防控难度最大的重大突发公共卫生事件。我们坚持人民至上、生命至上，以坚定果敢的勇气和坚韧不拔的决心，同时间赛跑、与病魔较量，迅速打响疫情防控的人民战争、总体战、阻击战，用1个多月的时间初步遏制疫情蔓延势头，用2个月左右的时间将本土每日新增病例控制在个位数以内，用3个月左右的时间取得武汉保卫战、湖北保卫战的决定性成果，夺取了全国抗疫斗争重大战略成果。在此基础上，我们统筹推进疫情防控和经济社会发展工作，抓紧恢复生产生活秩序，取得显著成效。中国的抗疫斗争，充分展现了中国精神、中国力量、中国担当。

9月9日,李克强总理主持召开国务院常务会议,确定支持新业态新模式加快发展带动新型消费的措施,促进经济恢复性增长。会议指出,促进新业态新模式从业人员参加社会保险,强化灵活就业劳动保障,支持企业开展"共享用工"。

9月10日,人力资源社会保障部召开稳就业相关工作座谈会,张纪南部长发表重要讲话,对湖北定向就业援助、高校毕业生就业等工作作出部署。

9月10日,二十国集团劳工就业部长会议在线召开,交流各国应对新冠肺炎疫情稳定劳动力市场的政策措施,探讨减轻疫情对劳动力市场的影响。人力资源社会保障部李忠副部长出席会议,介绍中国政府积极应对疫情稳就业保就业举措。

9月16日,国务院办公厅印发《关于以新业态新模式引领新型消费加快发展的意见》(国办发〔2020〕32号),要求扎实做好"六稳"工作,全面落实"六保"任务,坚定实施扩大内需战略,加快推动新型消费扩容提质。强调完善劳动保障政策。鼓励发展新就业形态,支持灵活就业,加快完善相关劳动保障制度。指导企业规范开展用工余缺调剂,帮助有"共享用工"需求的企业精准、高效匹配人力资源。促进新业态新模式从业人员参加社会保险。通过发放失业保险金、一次性生活补助等多措并举,加快构建城乡参保失业人员应发尽发、应保尽保长效机制。

9月16日,教育部、国家发展改革委、工业和信息化部、财政部、人力资源社会保障部等九部门联合印发《职业教育提质培优行动计划（2020—2023年）》（教职成〔2020〕7号），提出27条具体措施，加快构建纵向贯通、横向融通的中国特色现代职业教育体系，大幅提升新时代职业教育现代化水平和服务能力，为促进经济社会持续发展和提高国家竞争力提供多层次高质量的技术技能人才支撑。

9月24日，人力资源社会保障部印发《关于开展就业创业服务攻坚季行动的通知》（人社部函〔2020〕99号），定于2020年第四季度在全国开展就业创业服务攻坚季行动，有效解决重点群体联系不及时、服务针对性不强等问题，集中帮扶重点群体就业创业。通过做实帮扶台账、全面摸排联系、强化就业服务、密集招聘对接、优化创业服务、加强困难援助6条具体措施夯实基本公共就业服务；聚焦重点群体实施特色服务，为高校毕业生提供品质化就业服务，为农民工实行平等就业服务，为贫困劳动力开展优先稳岗就业服务，为长江禁捕退捕渔民实施全覆盖就业服务。

9月28日，人力资源社会保障部、退役军人事务部、中华全国总工会、全国工商联联合印发《关于开展2020年金秋招聘月活动的通知》（人社部函〔2020〕102号），定于2020年10月15日至11月14日开展金秋招聘月活动。服务对象包括以纳入重点企业用工服务的企业、民营企业为重点，同时面向各类有招聘需求的企业；以下岗失业人员、离校未就业高校毕业生、退役军人、农民工等为重点，同时服务于各类求职群体。

9月30日，人力资源社会保障部办公厅印发《关于做好共享用工指导和服务的通知》（人社厅发〔2020〕98号），从支持企业间开展共享用工、加强对共享用工的就业服务、指导开展共享用工的企业及时签订合作协议、指导企业充分尊重劳动者的意愿和知情权、指导企业依法变更劳动合同、维护好劳动者在共享用工期间的合法权益、保障企业用工和劳动者工作的自主权、妥善处理劳动争议和查处违法行为8个方面促进共享用工有序开展,发挥共享用工对稳就业的作用。

2020年10月

10月9日,李克强总理主持召开国务院常务会议,部署进一步做好稳就业工作,确保完成全年目标任务。李克强总理主持会议。他强调,一要继续保市场主体、稳就业岗位;二要突出抓好重点群体就业;三要更大释放就业潜力。

10月9日,人力资源社会保障部、民政部、财政部、商务部、全国妇联联合印发《关于实施康养职业技能培训计划的通知》(人社部发〔2020〕73号),要求聚焦当前人民群众反映强烈的康养服务从业人员数量不足、职业技能水平不高等实际问题,在建立康养服务人员培训制度、全面提升康养服务人员职业技能水平、健全康养服务培训标准体系、大力培育康养服务企业和培训机构、开展康养服务人员职业技能评价、加强康养服务人员激励保障、广泛组织职业技能竞赛活动、加强组织领导、加大培训补贴政策落实力度、加大宣传和推动力度等方面做好工作。

10月15日，李克强总理出席全国大众创业万众创新活动周启动仪式，强调推动大众创业万众创新向纵深发展，持续增强经济发展韧性和内生动力。

10月26日，人力资源社会保障部印发《关于实施2020年职业技能提升攻坚行动的通知》（人社部函〔2020〕105号），从加大专账资金使用效能、激发以工代训政策新动能、加大政策落实力度、健全工作协调机制、开展常态化的大规模职业技能培训、提高培训针对性实效性、强化监管保证培训质量、强化风险防控、提高培训管理服务水平、加大工作督导和宣传工作力度10个方面推进职业技能提升行动实施。

10月28日，国务院新闻办召开政策例行吹风会。人力资源社会保障部李忠副部长总结稳住就业基本盘的五项举措：一是稳定现有岗位；二是增加就业空间；三是保障重点就业；四是促进供需对接；五是实施困难帮扶。

10月28日，第11届东盟与中日韩劳工部长会议以视频方式召开，审议通过了《第11届东盟与中日韩劳工部长会议联合声明》。人力资源社会保障部汤涛副部长出席会议，介绍了中国积极应对新冠肺炎疫情在稳定就业、职业技能开发和社会保障等方面的做法。

10月29日，中国共产党第十九届中央委员会第五次全体会议通过《中共中央关于制定国民经济和社会发展第十四个五年规划和二〇三五年远景目标的建议》，提出以推动高质量发展为主题，加快构建以国内大循环为主体、国内国际双循环相互促进的新发展格局，促进全体人民共同富裕等新的重点要求。在确立经济社会发展的目标中，进一步明确要实现更加充分更高质量就业的目标。

2020年11月

11月2日，习近平总书记主持召开中央全面深化改革委员会第十六次会议，强调全面贯彻党的十九届五中全会精神，推动改革和发展深度融合高效联动。

11月3日，人力资源社会保障部办公厅印发《关于举办2020年全国人力资源市场高校毕业生就业服务周活动的通知》，面向2021届高校毕业生、往届有就业意愿的离校未就业高校毕业生、"三支一扶"计划等基层服务项目服务期满未就业人员，开展全国人力资源市场高校毕业生就业服务周活动，更好促进高校毕业生市场化社会化就业。

11月4日，人力资源社会保障部印发《关于实施职业技能提升行动创业培训"马兰花计划"的通知》（人社部函〔2020〕109号），提出要针对不同的创业阶段，面向有创业意愿和培训需求的城乡各类劳动者开展创业培训。促进技能与创业创新结合，依托技能大师工作室等开展多种形式的创业创新活动，将学生在校期间开展的"试创业"实践活动纳入政策支持范围。完善创业培训资源建设，广泛发动更多优势资源参与创业培训。加强创业培训师资队伍建设，建立创业培训师资库。完善创业培训质量监控和效果评估体系，强化创业培训后续服务。加强创业培训与创业服务的有效衔接和统筹推进。推动创业培训助力脱贫致富。

11月5日，国务院根治拖欠农民工工资工作领导小组办公室印发《关于开展根治欠薪冬季专项行动的通知》（人社部明电〔2020〕7号），随着2021年元旦、春节临近，为进一步落实党中央、国务院"六稳""六保"决策部署，全面贯彻实施《保障农民工工资支付条例》，决定从2020年11月6日至2021年春节前，在全国组织开展根治欠薪冬季专项行动。

11月7日，人力资源社会保障部办公厅印发《关于支持企业大力开展技能人才评价工作的通知》（人社厅发〔2020〕104号），从支持企业自主确定评价范围、自主设置职业技能等级，依托企业开发评价标准规范，支持企业自主运用评价方法、自主开发展技能人才评价，积极开展职业技能竞赛评价，贯通企业技能人才职业发展，提升企业评价服务能力，加强质量督导和服务保障工作等方面推进企业技能人才评价工作，深化技能人才评价制度改革。

11月11日，人力资源社会保障部办公厅印发《关于进一步做好人才公共服务机构市场供求信息发布工作的通知》（人社厅函〔2020〕159号），从高度重视市场供求信息发布工作，充分发挥市场供求信息采集点作用，严格按照要求统计市场供求情况，确保市场供求信息采集分析质量，严格按照时限上报数据，加强工作进展情况督导6个方面进一步做好人才公共服务机构市场供求信息分析工作。

2020年12月

12月9日,国务院办公厅印发《关于建设第三批大众创业万众创新示范基地的通知》(国办发〔2020〕51号),要求围绕做好"六稳"工作、落实"六保"任务,深入实施创新驱动发展战略,支持创新创业主体积极应对疫情影响,更好发挥示范带动作用。从聚焦稳就业和激发市场主体活力,着力打造创业就业的重要载体;聚焦保障产业链供应链安全,着力打造融通创新的引领标杆;聚焦支持创新型中小微企业成长为创新重要发源地,着力打造精益创业的集聚平台;聚焦深化开放创新合作,着力打造全球化创业的重要节点4个方面推动双创示范基地特色化、功能化、专业化发展。

12月10日,中华人民共和国第一届职业技能大赛召开。习近平总书记发来贺信指出,技术工人队伍是支撑中国制造、中国创造的重要力量。职业技能竞赛为广大技能人才提供了展示精湛技能、相互切磋技艺的平台,具有积极作用。李克强总理作出批示,要进一步完善技能人才培训培养体系,积极营造良好环境,引导青年追求提高技能,打造高素质技能人才队伍,为促进就业创业创新、推动经济高质量发展提供强有力支撑。

12月16日至18日,中央经济工作会议在北京市召开,习近平总书记、李克强总理发表重要讲话。会议确定,要抓好坚持扩大内需这个战略基点,扩大消费最根本的是促进就业,完善社保,优化收入分配结构,扩大中等收入群体,扎实推进共同富裕。要完善职业技术教育体系，实现更加充分更高质量就业。要做好基本民生保障工作，促进重点群体多渠道就业，持续改善人民生活。

12月18日，人力资源社会保障部印发《网络招聘服务管理规定》（人力资源社会保障部令第44号），进一步规范网络招聘服务，促进网络招聘服务业态健康有序发展，促进就业和人力资源流动配置。规定共六章四十一条。

12月30日，李克强总理主持召开国务院常务会议，明确指出今年扩大失业保险保障范围有力帮扶了失业和困难农民工，下一步要继续用好这一政策，保持力度不减。

2021年1月

1月6日，中国、阿富汗、巴基斯坦、尼泊尔、斯里兰卡、孟加拉国六国举行司局级抗疫合作工作组和减贫合作工作组首次会议。六方代表分享了抗疫和减贫经验，就应对疫情冲击、恢复经贸合作、应对非传统安全挑战、推进可持续发展议程和消除贫困等议题深入交换意见。

1月14日，人力资源社会保障部、工业和信息化部、民政部、交通运输部、国务院扶贫办、中华全国总工会、全国妇联联合印发《关于开展"迎新春送温暖、稳岗留工"专项行动的通知》（人社部函〔2021〕8号），为贯彻落实党中央、国务院决策部署，巩固疫情防控来之不易的防控成果，确保员工健康安全、企业生产有序、就业形势总体稳定，决定春节前后在全国范围内开展"迎新春送温暖、稳岗留工"专项行动。通过送温暖留心、强政策留岗、稳生产留工、优服务留人等方式，鼓励引导农民工等务工人员就地过年，使他们能得到就业服务；使重点企业和其他有用工需求的用人单位能享受相关用工服务和政策支持，实现开工复工有保障；使有转移就业意愿的农村劳动力、重点帮扶对象、节后返岗农民工等能得到政策咨询、岗位信息、劳务对接等服务，实现节后务工有支持。

1月18日，全国人力资源社会保障工作会议以视频方式召开。会议指出，2020年，就业局势总体稳定并好于预期，年度目标任务全面完成，稳住了就业基本盘。会议强调，把稳定和扩大就业作为工作主线，稳住市场主体稳岗位，稳住高校毕业生、农民工等重点群体就业基本盘，兜牢困难人员就业，确保就业局势总体稳定。

1月26日，人力资源社会保障部办公厅印发《技能人才薪酬分配指引》（人社厅发〔2021〕7号），在引导企业适应多职级技能人才职业发展通道、完善体现技能价值激励导向的薪酬分配制度等方面，提出了可参考的方式方法。

1月27日，国务院农民工工作领导小组和根治拖欠农民工工资工作领导小组全体会议召开，胡春华副总理主持会议并讲话。他强调，要抓好农民工就业创业和保障工资支付工作，切实加强权益维护和服务保障，更好服务于经济社会发展大局。他指出，农民工就业创业事关就业大局稳定、农民增收和脱贫攻坚成果巩固拓展。

2021年2月

2月3日,李克强总理主持召开国务院常务会议,听取区域全面经济伙伴关系协定生效实施国内相关工作汇报,要求以深化改革开放促进产业升级,部署完善企业特别是中小微企业退出相关政策,提升市场主体活跃度。

2月23日,国务院就业工作领导小组全体会议召开,胡春华副总理主持会议并讲话。他强调,要谋划和做好新发展阶段的就业工作,不断强化就业优先政策,努力实现更加充分更高质量就业。

2月24日,人力资源社会保障部、公安部、交通运输部、国家卫生健康委、国家乡村振兴局、中国民航局、国家铁路集团联合印发《关于做好农民工返岗复工"点对点"服务保障工作的通知》(人社部明电〔2021〕4号),建立部门和地方工作调度协调机制,切实做好农民工返岗服务保障。

2月26日,国务院新闻办举行新闻发布会,人力资源社会保障部张纪南部长介绍就业有关情况。他表示,2020年,在就业方面采取了四项措施:一是创新用工保障机制,推动企业复工复产;二是实施"减免缓降返补"政策组合,有效缓解企业困难和压力,稳住就业存量;三是千方百计拓宽就业渠道,重点群体就业保持稳定;四是优化公共就业服务,深入实施职业技能提升行动,提高供需匹配效率。他介绍,下一步,将深入实施就业优先政策,在以下五个方面发力:一是着力稳定就业岗位;二是着力抓好重点群体;三是着力拓宽就业渠道；四是着力加强职业培训；五是着力强化兜底帮扶。

2021年3月

3月5日，第十三届全国人民代表大会第四次会议在北京市召开，李克强总理代表国务院作政府工作报告。报告总结了过去一年统筹推进疫情防控和经济社会发展情况：围绕市场主体的急需制定和实施宏观政策，稳住了经济基本盘；优先稳就业保民生，人民生活得到切实保障。同时对今后就业工作作出了重要部署和安排。

3月10日，人力资源社会保障部印发《关于做好2021年全国高校毕业生就业创业工作的通知》（人社部函〔2021〕27号），要求各地要全面贯彻党的十九届五中全会精神和党中央、国务院决策部署，将高校毕业生就业作为就业工作重中之重，以实施高校毕业生就业创业促进计划为统领，以品质就业服务为支撑，精准施策，多方发力，确保高校毕业生就业局势总体稳定。该通知提出9条具体工作：落实政策拓宽渠道、引导扶持创业创新、强化精准招聘服务、加大职业技能培训、加快跟进实名服务、积极拓展就业见习、扎实做好困难帮扶、加大就业权益保护、加强领导落实责任。

3月15日，李克强总理主持召开国务院常务会议，确定《政府工作报告》重点任务分工，要求扎实有力抓好落实，推动经济稳中加固、行稳致远。会议指出，要抓紧已确定的政策落实，加快把扩大范围后的财政直达资金落到基层，突出用于保就业保民生保市场主体。抓实抓细针对小微企业的减税降费政策，特别是新的结构性减税举措落地。财政、金融等政策都要围绕增加就业协同发力。加强高校毕业生、退役军人、农民工等重点群体就业促进和服务。发挥劳动力、人才、零工"三个市场"作用，拓展就业渠道。

3月19日，国务院印发《关于落实〈政府工作报告〉重点工作分工的意见》（国发〔2021〕6号），要求着力稳定现有岗位，对不裁员少裁员的企业，继续给予必要的财税、金融等政策支持；延续降低失业和工伤保险费率，扩大失业保险返还等阶段性稳岗政策惠及范围，延长以工代训政策实施期限；拓宽市场化就业渠道，促进创业带动就业；推动降低就业门槛，降低或取消部分准入类职业资格考试工作年限要求；支持和规范发展新就业形态，加快推进职业伤害保障试点；继续对灵活就业人员给予社保补贴；推动放开在就业地参加社会保险的户籍限制；做好重点群体就业工作，完善困难人员就业帮扶政策，促进失业人员再就业。

2021年5月

5月4日，人力资源社会保障部、国家发展改革委、财政部、农业农村部、国家乡村振兴局联合印发《关于切实加强就业帮扶巩固拓展脱贫攻坚成果助力乡村振兴的指导意见》（人社部发〔2021〕26号）。

就业是巩固脱贫攻坚成果的基本措施。为贯彻党中央、国务院决策部署，持续做好脱贫人口、农村低收入人口就业帮扶，巩固拓展脱贫攻坚成果，助力全面推进乡村振兴，提出如下意见：一是稳定外出务工规模；二是支持就地就近就业；三是健全就业帮扶长效机制。

5月12日，李克强总理主持召开国务院常务会议，明确指出失业保险政策的调整，对在岗培训和稳岗扩就业都发挥了重要作用，虽然具体到每个企业头上的金额并不大，但它是雪中送炭的"救命钱"，帮助他们渡过了难关，决定将部分减负稳岗扩就业政策期限延长到今年年底，确定进一步支持灵活就业的措施。会议指出，去年按照党中央、国务院部署，推出一系列超常规、阶段性减负稳岗扩就业举措。今年要继续坚持就业优先，保持对市场主体特别是中小微企业稳岗、重点群体就业的政策支持。为加大对疫情持续影响行业企业的支持，会议确定了三项政策延长和三项支持灵活就业的措施。

5月20日，人力资源社会保障部、国家发展改革委、教育部、财政部、中央军委国防动员部联合印发《关于延续实施部分减负稳岗扩就业政策措施的通知》（人社部发〔2021〕29号）。该通知提出，为贯彻落实2021年《政府工作报告》关于就业优先政策要继续强化、聚力增效的部署，做好部分减负稳岗扩就业政策延续实施工作，安排如下：一是继续实施普惠性失业保险稳岗返还政策；二是继续实施以工代训扩围政策；三是继续实施困难人员培训生活费补贴政策；四是继续放宽技能提升补贴申领条件；五是继续实施就业见习补贴提前发放政策；六是继续实施失业保险保障扩围政策；七是支持毕业生基层就业和升学入伍；八是支持毕业生自强自立、就业创业。上述第一至七项政策受理期限截至 2021 年 12 月 31 日。对 2020 年度已受理、享受期未满的减负稳岗扩就业政策，可继续按原政策享受至期满为止。鼓励各地根据就业工作需要，按规定制定符合本地实际的就业创业扶持政策。

2021 年 6 月

6 月 9 日，李克强总理主持召开国务院常务会议，部署推进实施"十四五"规划《纲要》确定的重大工程项目。会议要求，要尊重经济规律，遵循市场化原则，统筹强基础、增功能、利长远、惠民生、防风险。

6 月 22 日，李克强总理主持召开国务院常务会议，部署"十四五"时期纵深推进大众创业万众创新，更大激发市场活力促发展扩就业惠民生。确定加快发展外贸新业态新模式的措施，推动外贸升级培育竞争新优势。

2021 年 7 月

7 月 1 日，庆祝中国共产党成立一百周年大会召开，习近平总书记作重要讲话。

7 月 7 日，李克强总理主持召开国务院常务会议。会议指出，维护好新就业形态劳动者劳动保障权益，有利于促进灵活就业、增加就业岗位和群众收入，并确定了加强新就业形态劳动者权益保障的若干政策措施。

7月8日，国务院发布《关于印发"十四五"残疾人保障和发展规划的通知》（国发〔2021〕10号），要求多渠道、多形式促进残疾人就业创业。开展残疾人就业促进专项行动。对超比例安排残疾人就业的用人单位给予奖励。规范残疾人按比例就业年审并实现全国联网认证。统筹现有公益性岗位，安排符合条件的残疾人就业。拓宽残疾人就业渠道。支持手工制作等残疾妇女就业创业项目，鼓励残疾人参与文化产业。实现零就业残疾人家庭至少有一人就业。

7月16日，人力资源社会保障部、国家发展改革委、交通运输部、应急部、市场监管总局、国家医保局、最高人民法院、中华全国总工会联合印发《关于维护新就业形态劳动者劳动保障权益的指导意见》（人社部发〔2021〕56号），明确平台企业对劳动者权益保障应承担相应责任。针对新就业形态劳动者权益保障面临的痛点难点问题，该指导意见从劳动报酬、休息、劳动安全、社会保险等多方面补齐制度短板，并将所有新就业形态劳动者纳入劳动保障基本公共服务范围。

2021年8月

8月16日，李克强总理主持召开国务院常务会议，要求抓好政策落实，针对经济运行新情况加强跨周期调节；审议通过《"十四五"就业促进规划》，全面强化就业优先政策，推动就业扩容提质。会议指出，要突出做好保就业工作。"十四五"时期我国就业压力依然较大，要继续把就业摆在经济社会发展和宏观政策优先位置，推动实现更加充分更高质量就业。

8月18日，国务院新闻办召开政策例行吹风会，人力资源社会保障部游钧副部长介绍《关于维护新就业形态劳动者劳动保障权益的指导意见》情况。该指导意见从四方面加强新就业形态劳动者权益保障：一是明确了劳动者权益保障责任；二是健全了劳动者权益保障制度；三是优化劳动者权益保障服务；四是完善了劳动者权益保障工作机制。

8月23日，国务院印发《"十四五"就业促进规划》（国发〔2021〕14号），对"十四五"的就业工作作出了规划部署安排，提出了政策措施和工作要求。《"十四五"就业促进规划》明确要求"十四五"时期要以实现更加充分更高质量就业为主要目标，深入实施就业优先战略，健全有利于更加充分更高质量就业的促进机制，完善政策体系、强化培训服务、注重权益保障，千方百计扩大就业容量，努力提升就业质量，着力缓解结构性就业矛盾，切实防范和有效化解规模性失业风险，不断增进民生福祉，推动全体人民共同富裕迈出坚实步伐。

8月24日，人力资源社会保障部、国家发展改革委等20部门印发《关于劳务品牌建设的指导意见》（人社部发〔2021〕66号）。该指导意见指出劳务品牌具有地域特色、行业特征和技能特点，带动就业能力强，是推动产业发展、推进乡村振兴的有力支撑。"十四五"期间，要通过市场化运作、规范化培育、技能化开发、规模化输出、品牌化推广、产业化发展，推动领军劳务品牌持续涌现，劳务品牌知名度明显提升，带动就业创业、助推产业发展效果显著增强。

2021年9月

9月12日，人力资源社会保障部、国家发展改革委、民政部、财政部印发《关于实施提升就业服务质量工程的通知》（人社部发〔2021〕80号），要求按照均等化服务制度更加健全、广覆盖服务功能和体系不断完善、专业化智慧化服务能力显著提升、劳动者和用人单位对就业服务满意度保持在较高水平的工作目标，重点做好提升就业失业管理服务覆盖面、提升免费招聘匹配服务供给量、提升重点群体重点企业就业帮扶主动性、提升重大任务专项服务保障力等工作。

2021年10月

10月19日，李克强总理出席全国大众创业万众创新活动周启动仪式，强调推动双创不断迈上新台阶，汇聚推动经济发展的澎湃力量。李克强总理指出，近年来，新动能加快成长，对稳定就业和经济大局提供了强力支撑。面对当前经济增长放缓等挑战，要继续做好"六保"工作，特别是注重保就业保民生保市场主体这前三保，不断深化改革开放，强化创新驱动，用市场化办法纵深推进双创。聚众智汇众力，让人民群众的勤劳智慧更充分发挥出来，促进经济平稳运行和持续健康发展。

10月27日，李克强总理主持召开国务院常务会议，部署推进公司注册资本登记制度改革，降低创业成本，激发社会投资活力。会议指出，改革注册资本登记制度，有利于保障劳动创业权利，营造良好营商环境，创造更多就业机会。

2021年11月

11月8日至11日，中国共产党第十九届中央委员会第六次全体会议召开。全会听取和讨论了习近平受中共中央政治局委托作的工作报告，审议通过了《中共中央关于党的百年奋斗重大成就和历史经验的决议》，审议通过了《关于召开党的第二十次全国代表大会的决议》。

2021年12月

12月8日至10日，中央经济工作会议在北京市举行。习近平总书记在会上发表重要讲话，总结 2021 年经济工作，分析当前国际国内经济形势，部署 2022 年经济工作。李克强总理在讲话中对明年经济工作作出具体部署。会议提出坚持稳中求进工作总基调，统筹疫情防控和经济社会发展，统筹发展和安全，继续做好"六稳""六保"工作，持续改善民生，着力稳定宏观经济大盘，保持经济运行在合理区间，保持社会大局稳定。

12月15日，人力资源社会保障部、教育部、国家发展改革委、财政部联合印发《"十四五"职业技能培训规划》（人社部发〔2021〕102号），指出开展大规模职业技能培训，是提升劳动者就业创业能力、缓解结构性就业矛盾、促进扩大就业的重要举措，是推动高质量发展的重要支撑。

12月25日至26日，中央农村工作会议在北京市召开，习近平总书记出席会议并讲话。会议强调，要巩固拓展好脱贫攻坚成果，加大对乡村振兴重点帮扶县倾斜支持力度，抓紧完善和落实监测帮扶机制，加强产业和就业帮扶，确保不发生规模性返贫。